U0927748

国内首套分行业、多领域的绩效管理实用工具书

- 周考核、月考核、季考核、年考核，流于形式
- 员工忙、主管忙、人力资源经理忙，忙而无果
- 客户不满意、老板不满意、员工也是很不满意
- 绩效难升怎么办? 完美的绩效管理方案来帮你
- 流程、指标、制度、表格，四位一体助你实现

Zhizaoye Jixiaoguanli

Liucheng Zhibiao Zhidu Biaoge

绩效管理实用工具书

制造业绩效管理

流程 指标 制度 表格

吴定兵 王生平◎主编

8个部门63个岗位

34个绩效管理制度

203个绩效指标

11份绩效合约

88个绩效管理表格

廣東省出版集團
广东经济出版社

图书在版编目（CIP）数据

制造业绩效管理流程·指标·制度·表格／吴定兵，王生平主编．—广州：广东经济出版社，2012.8

（绩效管理实用工具书）

ISBN 978-7-5454-1424-0

Ⅰ．①制… Ⅱ．①吴… ②王… Ⅲ．①制造工业-企业绩效-企业管理 Ⅳ．①F407.406

中国版本图书馆CIP数据核字(2012)第172315号

出版发行	广东经济出版社（广州市环市东路水荫路11号11～12楼）
经销	全国新华书店
印刷	广州家联印刷有限公司 （广州市天河区东圃镇吉山村坑尾路3-2号）
开本	787毫米×1092毫米 1/16
印张	18.5 2插页
字数	358 000字
版次	2012年8月第1版
印次	2012年8月第1次
印数	1～5 000册
书号	ISBN 978-7-5454-1424-0
定价	58.00元

如发现印装质量问题，影响阅读，请与承印厂联系调换。

发行部地址：广州市环市东路水荫路11号11楼

电话：(020)38306055 38306107 邮政编码：510075

邮购地址：广州市环市路水荫路11号11楼

电话：(020)37601980 邮政编码：510075

营销网址：http://www.gebook.com

经济出版社常年法律顾问：何剑桥律师

前 言

绩效管理是管理者和员工一起提高绩效、获得绩效的过程。

绩效管理的实施可以分析出员工绩效根源，让员工的绩效得以提高，企业的目标得以实现，上下级的关系得以转变，为培训、晋升、薪资管理和职业生涯提供依据。当然它还可以提高管理者的素质，这是一个互动的提升过程。因而，绩效管理的思想和方法正在被世界范围内众多的企业所采用，也被越来越多的中国企业家所重视，许多企业投入了较多的资源进行绩效管理的尝试，然而收效甚微，原因在哪里呢？许多企业的绩效管理太简单、太粗放！

许多企业以为绩效管理就是考核，于是定期地进行考核，有周考核、月考核、季考核、年考核，好像很规范，也费了不少精力，但就是没有效果，管理层和员工都只是在应付，并没有使员工的积极性真正地调动起来，也没有达到企业的绩效目标。究其原因，是他们不懂得绩效管理的流程，不知道如何去设立绩效考核的指标，没有建立绩效管理体系（绩效制度、绩效方案不完善，绩效考核管理表格不规范）。基于此，我们从实际操作的角度出发，设计了这套“绩效管理实用工具书”丛书，该丛书涵盖四个行业：制造业、酒店服务业、餐饮业、物业，每本书设立四大模块“流程·指标·制度·表格”。

★流程：以全视角介绍绩效管理的流程。绩效管理体系设计→制订绩效计划→开展绩效管理培训→进行绩效辅导→开展绩效考核→绩效考核结果的运用，每一个流程中的关键要点、技巧、方法都一一呈现。

★指标：首先阐述建立业绩指标库的步骤，接着一步一步地提供大量的、常用的绩效管理指标，以供参考。

★制度：由点到面地提供企业的绩效管理制度，内容涵盖整个行业。

★表格：分部门、分岗位地提供大量绩效考核量表，并分行业有针对性地提供绩效管理的表格。

《制造业绩效管理流程·指标·制度·表格》一书内容涵盖制造企业的各项业务——生产管理、质量管理、市场营销、客户服务、财务管理、物料控制、技术研发、广告公关、人力资源管理、行政管理，包括生产部、品管部、技术部、物控部、市场营销部、人事部、行政部、财务部等8个部门，涵盖63个岗位，共有203个绩效指标，34个绩效管理制度，11份绩效合约，88个绩效管理表格。这些指标、制度、表格人力资源管理者可以拿来就用，当然，在引入的过程中，一定要根据自己企业的实际情况，辩证地使用，不能盲目采用，大而全，这样，不仅没有效果，还会适得其反。

在《制造业绩效管理流程·指标·制度·表格》一书的编辑整理过程中，获得了许多朋友的帮助和支持，其中参与编写和提供资料的有：朱少军、朱仲华、柳景章、杨冬琼、邹凤等。同时本书参考了许多同类书籍，在此一并表示感谢，全书最后由王生平副教授审稿统筹完成。

目 录

第一部分 绩效管理流程

引言：

绩效管理是指制定员工的绩效目标并收集与绩效有关的信息，定期对员工的绩效目标完成情况作出评价和反馈，以改善员工工作绩效并最终提高组织整体绩效的制度化过程。绩效管理是一个系统的循环过程，它包括绩效管理体系设计、绩效计划的制订、绩效实施与监控、绩效评估、绩效沟通与反馈、绩效结果运用等环节。

第二部分 绩效管理指标

引言：

绩效管理工作一切都是围绕指标来进行的，它在绩效管理框架中处于核心地位。建立科学、合理的绩效指标体系是有效开展绩效考核等工作的前提。绩效指标是用来衡量企业、部门或员工绩效的标准，它同时还指明应该从哪些方面对工作进行衡量或评估，它必须符合SMART原则！

第三部分　绩效管理制度

引言：

对于员工的迟到、早退、旷工这些行为，管理者往往表现得很敏感，一旦发现立即追究，丝毫都不马虎。为什么？因为不能迟到、早退是企业制度的规定，谁也不能违反！要想使绩效管理像考勤一样被管理者重视，被管理者时刻记在心上，付诸于行动，企业就必须像抓考勤那样抓绩效管理，把绩效管理制度化，从制度上解决问题。

第四部分 绩效管理表格

引言：

表单化管理就是把各个岗位员工的绩效考核内容、工作质量标准和评价标准用简洁的考核表列出来，一岗一表、同岗同表，可以完成全部的考核工作，既一目了然又易于操作。企业要把制定好的绩效考核表事先发放到每个员工手里，让他们全面熟悉掌握，在实际工作中按照绩效考核的要求做好每一天、每一项工作。

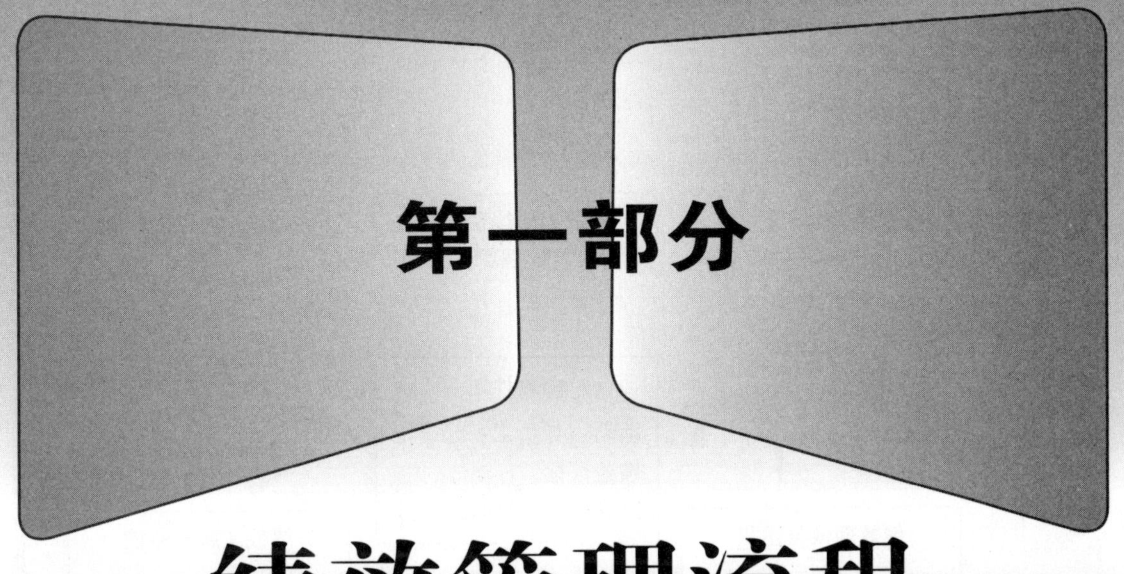

第一部分

绩效管理流程

引言：

绩效管理是指制定员工的绩效目标并收集与绩效有关的信息，定期对员工的绩效目标完成情况作出评价和反馈，以改善员工工作绩效并最终提高组织整体绩效的制度化过程。绩效管理是一个系统的循环过程，它包括绩效管理体系设计、绩效计划的制订、绩效实施与监控、绩效评估、绩效沟通与反馈、绩效结果运用等环节。

有效的绩效管理是一系列管理活动连续不断的循环过程，具体包括绩效管理培训、绩效计划、绩效辅导、绩效考核和绩效反馈面谈五个循环阶段。一个绩效管理阶段的结束，是另一个绩效管理阶段的开始，通过这种循环，个体和企业绩效得以持续发展。

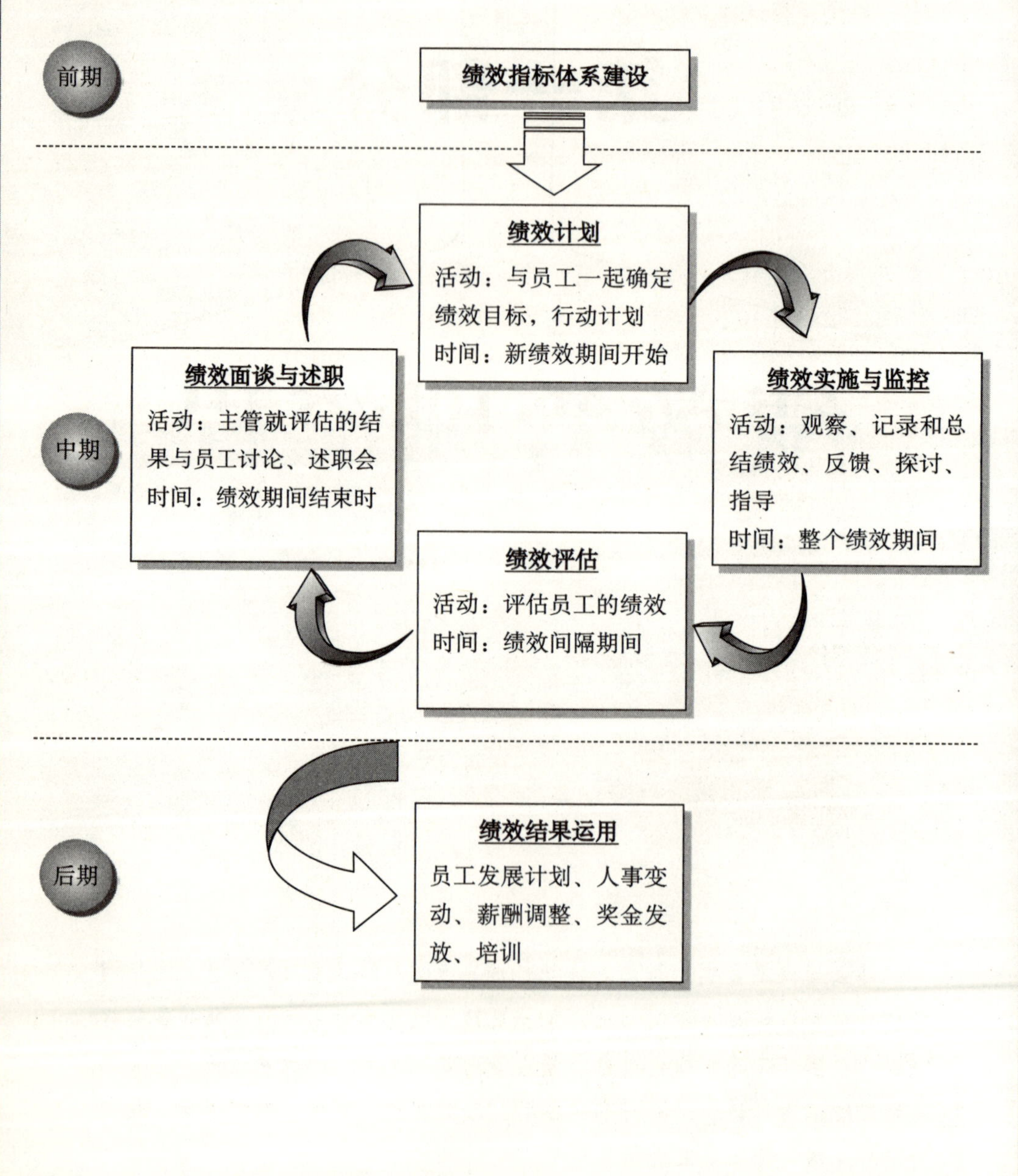

流程一 绩效管理体系设计

绩效管理规划是绩效管理流程中的第一个环节，发生在新的绩效期间的开始。绩效规划要解决以下几个问题：

谁参与——确定绩效管理的参与者。

考核什么——确定合适的绩效考核指标。

谁来考核——选择合适的考核者。

怎样考核——确定绩效考核的方法。

何时考核——确定绩效考核的时间和周期。

只有把这些项目确定下来，后续的工作才不会像无头苍蝇一样盲目。

1-1 确定绩效管理的参与者

有许多人认为绩效管理是人力资源部门的事，其实，这是一种误解。绩效管理不仅仅是人力资源部门的事情，更重要的是企业各级部门、各级管理者及全体员工的责任。只有全员参与了，才可能达到绩效管理的效果。

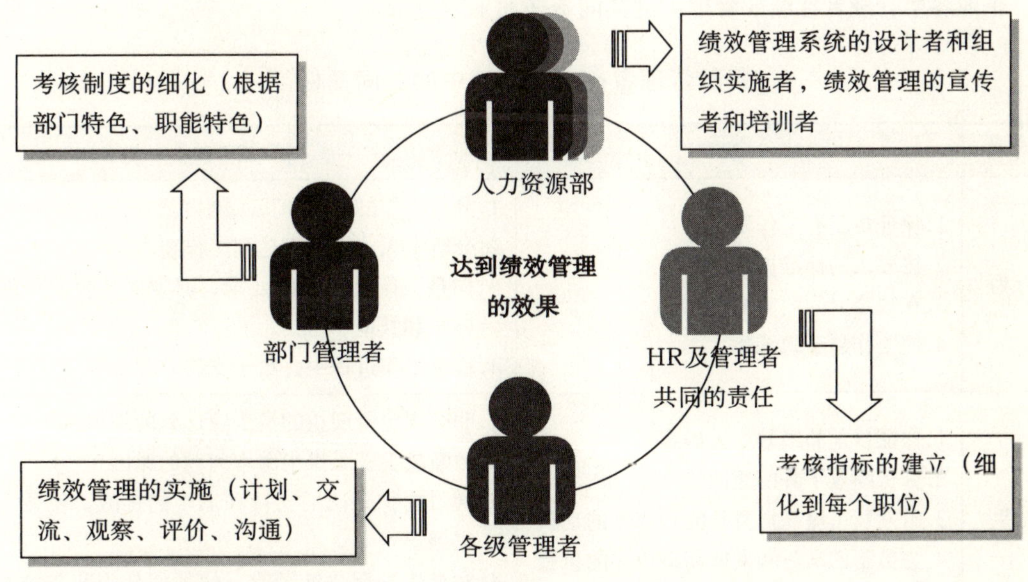

绩效管理者的角色

（一）相关部门在绩效管理中的分工

下图所示为相关部门和人员在绩效管理过程中的分工：

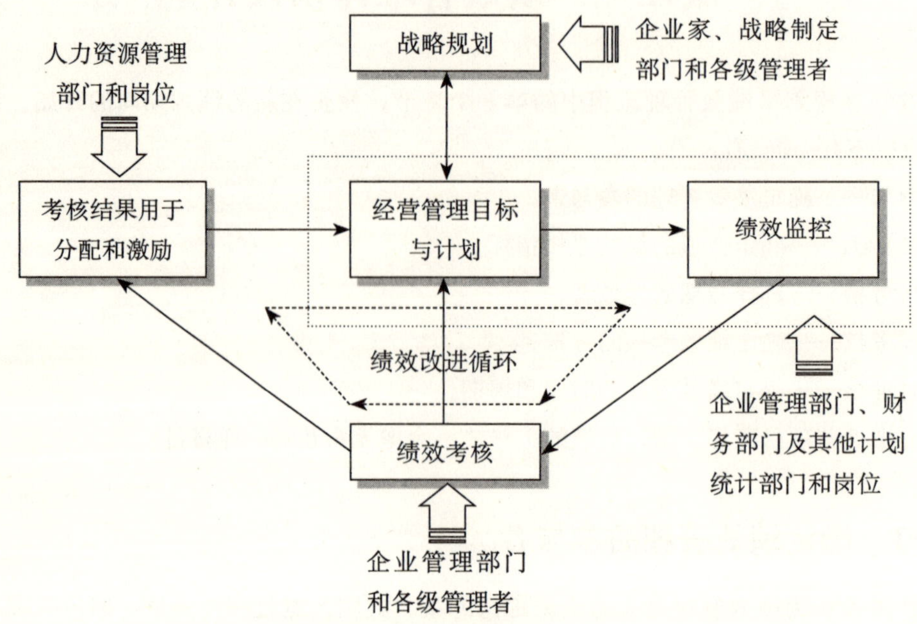

相关部门在绩效管理中的分工

（二）绩效管理是企业各层管理者的共同责任

企业各层管理者在绩效管理中的共同责任如下表所示。

各层管理者在绩效管理中的共同责任

类别	主管的责任	主管的能力
行为	1.保证员工有工作做 2.按要求的标准去做 3.在规定时间内完成 4.使工作趋于熟练化	1.分析工作的要求和员工能力 2.分析个人能力是否达到工作要求 3.向员工阐明工作的要求，必要时传授具体的知识和技能 4.检查工作过程中，给予支持，评价最后结果
结果	1.保证目前的绩效令人满意 2.分析绩效下降的原因 3.激发员工提高自身技能和水平的动机 4.为员工的学习和发展创造更多的机会	1.明确规定所期望的员工应达到的绩效水平 2.诊断员工在工作中出现问题的原因 3.通过提供正确的支持和适度的挑战，使员工得到学习 4.和员工一起总结经验，使他们从中获取最大的益处

（续表）

类别	主管的责任	主管的能力
职业	1.挖掘员工个人职业发展的潜力 2.对员工职业生涯的抉择提出建议 3.帮助员工作出最适当的选择 4.支持员工达到预期目的	1.了解员工内在需求和动机 2.如实地评价其职业发展愿望与自身能力是否相称 3.在本企业内和广阔的就业市场中，为他们的职业生涯发展设计最佳途径和制定实施策略
生涯	1.弄清楚问题的实质及其对员工个人和组织绩效的影响 2.协调员工个人和组织的利益 3.策划如何帮助员工达到预期生活目标的方案 4.在适当的时候，用感情表达方式，表明自己对员工的支持	1.倾听和了解员工的需求 2.弄清楚自己所能提供帮助的边界 3.让员工思考他们所面临的问题 4.帮助员工找出他们自己认为自理这些问题的最佳方法

（三）人力资源部门的管理责任

（1）设计、试验、改进和完善绩效管理制度，并向有关部门建议推广。

（2）在本部门认真贯彻执行企业的绩效管理制度，以起到示范作用。

（3）宣传企业员工的绩效管理制度，说明贯彻该项制度的重要意义、目的、方法与要求。

（4）督促、检查、帮助本企业各部门贯彻现有绩效管理制度，培训实施绩效管理的人员。

（5）收集反馈信息，包括存在的问题、难点、批评与建议，记录和积累有关资料，提出改进方案和措施。

（6）根据绩效管理的结果，制订相应的人力资源开发计划，并提出相应的人力资源管理决策。

（四）员工在绩效管理中的责任

（1）明确自己的绩效责任与目标（做什么、为什么做、结果是什么）。

（2）参与目标、计划的制订（组织的要求、目标必须达成的理由）。

（3）寻求上司的支持与所需资源（责权、费用、工具、渠道等）。

（4）及时获取评价、指导与认同（好不好、是否满意、如何改进偏离）。

（5）获取解释的机会（消除误解、解释原因）。

1-2 确定合适的绩效考核指标

绩效考核指标是进行绩效考核的基本要素，制定有效的绩效考核指标是绩效考核取得成功的保证，因此也成为建立绩效考核体系的中心环节。

（一）绩效考核指标的设计步骤

绩效考核指标的设计步骤如下图所示。

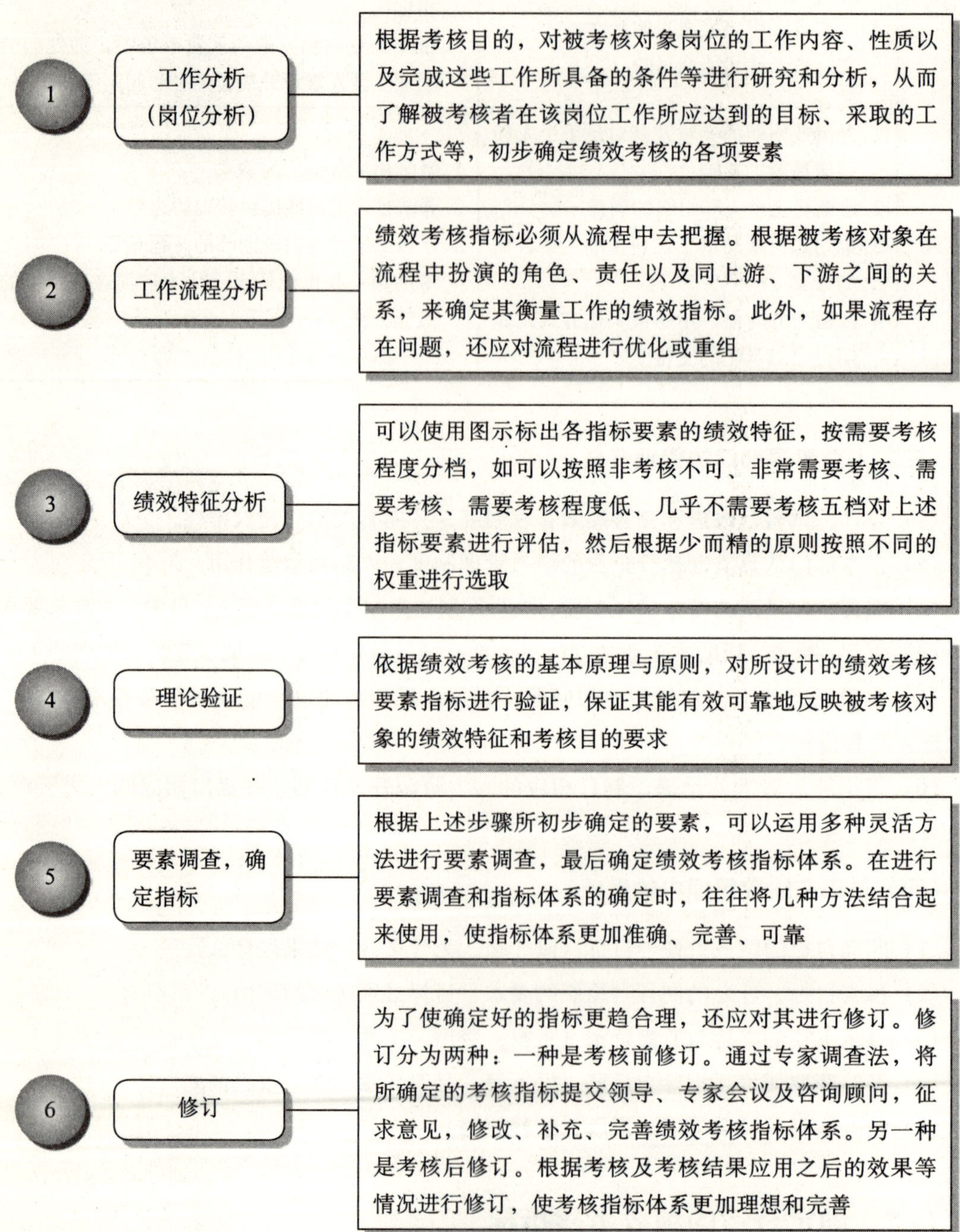

绩效考核指标的设计步骤

（二）绩效考核指标的设计原则

国外有的管理专家把绩效考核指标的设计规范归纳为一个英文单词，“SMART”。其实这里的“SMART”不是单词，是五个词的词头合起来的一组符号，一个字母一个含义，具体如下图所示。

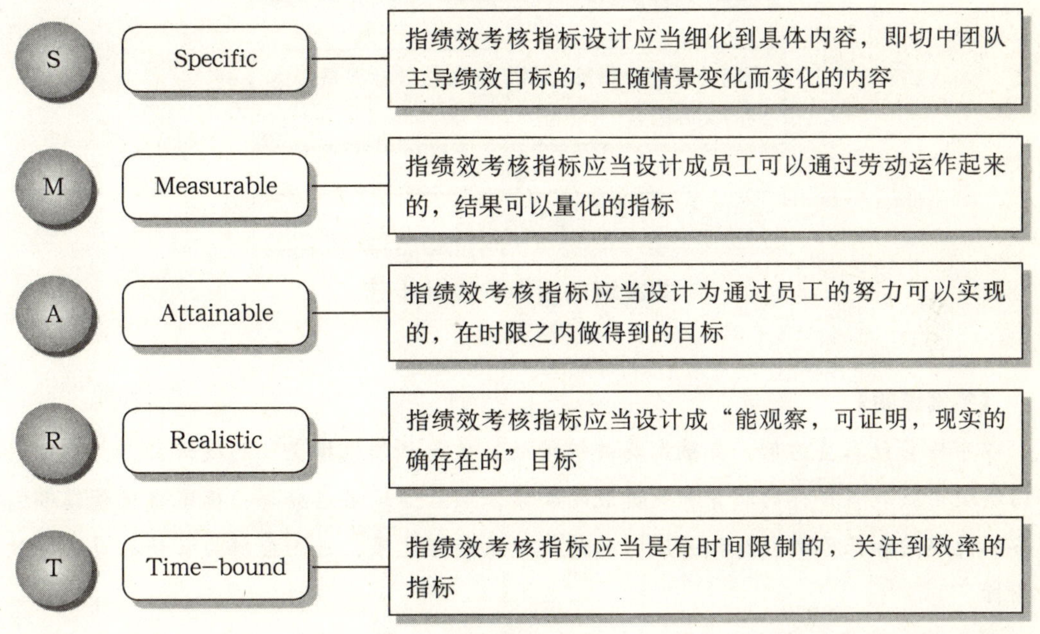

SMART原则

（三）关键绩效指标体系

1.关键绩效指标的特征

关键绩效指标（KPI）是对企业及组织运作过程中关键成功要素的提炼和归纳。因此，关键绩效指标具有以下特征：

（1）将员工的工作与企业远景、战略与部门相连接，层层分解，层层支持，使每一员工的个人绩效与部门绩效，与企业的整体效益直接挂钩。

（2）保证员工的绩效与内外部客户的价值相连接，共同为实现客户的价值服务。

（3）员工绩效考核指标的设计是基于企业的发展战略与流程，而非岗位的功能。

关键绩效指标体系要能使得员工按照绩效的测量标准和奖励标准去做，真正发挥绩效考核指标的牵引和导向作用。

2.关键绩效指标的设计思路

关键绩效指标的建立，通常使用的方法是“鱼骨图”分析法，其主要步骤包括：

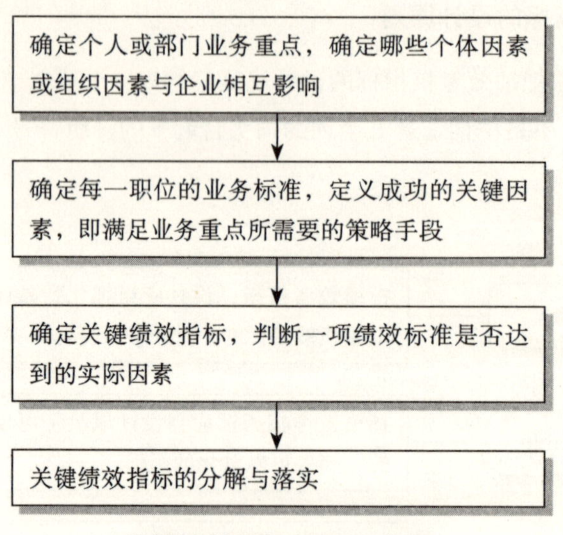

关键绩效指标的设计步骤

【实例说明】

以市场营销人员为例，要确定其关键绩效，首先必须根据企业的战略目标，确定营销部门实现企业战略目标的职责和关键成功要素，然后通过层层分解，确定市场营销部门内部各职能部门和业务部门及相关流程的关键绩效指标体系，进而分解为营销人员的绩效考核指标。

例如，如果将企业的战略目标定位于世界领先企业，那么，市场营销部的关键绩效目标必须定位于市场领先，而要实现这一目标，必须在三个方面处于世界领先地位：市场形象、营销网络和市场份额。而营销人员的职责决定了其关键绩效指标应围绕着“市场份额”展开。

由此我们可以确定，市场营销人员某一考核周期的关键绩效考核指标体系为：

客户满意度（如客户满意度提高率或客户投诉量）。

销售订货额（如销售订货额或销售订货额增长率）。

货款回收（如货款回收额或货款回收目标完成率）。

销售费用（如直接销售费用率或直接销售费用降低率）。

合同错误降低率。

除此之外，依据市场营销人员的业务现状，还可加入团队合作、市场分析、客户关系等定性关键绩效指标。

3.难以量化绩效者的处理

对于关键绩效指标难以量化的员工，如人力资源管理者、行政事务人员、财务人员，其关键绩效指标的确定难度相对大一些，但也并不是无法实现的。这类人员的关键绩效考核指标体系来源于：

（1）职位职责中的关键责任。

（2）对上级绩效目标的贡献（通过对企业目标或部门目标自上而下分解确定）。

（3）对相关部门绩效目标的贡献（从横向流程分析，确定其对相关流程的输出）。

依据这一原则，这类人员的关键绩效指标可以通过对其考核周期内的工作任务或工作要求的界定来实现。至于其衡量指标，可以通过时间来界定，从实质上讲，被时间所界定的工作任务或工作目标也是定量指标。只要能够对员工的工作任务或工作目标作出明确的说明，同时提出明确的时间要求，这些关键绩效考核指标就具备了可操作性。

1-3　选择合适的考核者

（一）考核者的组成

绩效的考核应由以下五类人员组成考核小组：直接上级、同事、被考核者本人、被考核者下级和外部人员（用户等）或人力资源部门人员。有时候，需要由几个方面的人共同或分别对相同的对象作出考核。上述五类人员各有其参加考核的优势。

1.直接上级

直接上级是被考核者的上级领导，他对被考核者承担直接管理与监督责任，对下属人员是否完成了任务等工作情况比较了解，而且对被考核者也较少顾忌，能较客观地进行考核。

2.同事

同事通常与被考核者共同处事，密切联系，比上级更了解被考核者，但他们的考核常受人际关系状况影响。

3.被考核者本人

员工对自己进行评价，抵触情绪少，但通常不客观，会出现自夸现象。

4.被考核者下级

下级对上级评价因为怕被打击、记恨，通常都只会说好话，客观性不强。

5.外部人员

外部人员可以包括供应商、中间商、消费者或上下游部门等，对与之有业务关系的员工进行评价。

（二）怎样确定考核人员

具体考核人员由哪些人组成，取决于三种因素：考核的目的、考核的标准、被考核人的类型。

例如，在一项有关企业中车床操作工人的考核中，目的是通过考核，了解员工绩效提高的程度。这就应该以员工的直接管理人员作为信息的主要来源，由他们进行考核。因为这些人最熟悉员工的工作情况，并能作出比较符合实际的判断。

1-4 确定绩效考核的方法

绩效考核的方法有很多，有相对评价法、绝对评价法、描述法、目标绩效考核法等，具体选用哪种方法要看所在企业是属于哪个行业、规模多大等。

（一）绩效考核方法的优缺点分析

常用的绩效考核方法通常有以下几种：

1.强制分布法

强制分布法根据正态分布规律和二八原则以群体的形式对员工进行归类。这种方法要求管理人员将一定比例的员工放入事先定好的各种不同种类中去，例如卓越、优秀、达标、还需改进、很差等。

优点：容易设计和使用，具有一定的科学性；可以有效地避免过分严厉或过分宽容的误差，克服平均主义。

缺点：主观性强；无法与组织的战略目标联系在一起；缺乏反馈机制；强制分布法会促使管理者根据分布比例的要求而不是员工的绩效表现来归类。

2.行为锚定等级考核法

行为锚定等级考核法是一种通过建立与不同绩效水平相联系的行为锚定来对绩效进行考核的方法。它通过搜集大量代表工作中的优秀和无效绩效的关键事件来确定每一关键事件所代表的绩效水平的等级，以此作为员工绩效的锚定标准。

优点：可以向员工提供企业对于他们绩效的期望水平和反馈意见，具有良好的连贯性和较高的可信度；绩效考评标准比较明确。

缺点：设计锚定标准比较复杂，而且考核某些复杂的工作时，特别是对于那些工作行为与效果的联系不太清楚的工作，管理者容易着眼于对结果的评定而非依据锚定事件进行考核。

3.目标管理法

目标管理法是相对成熟的一种绩效考核方法。它是以目标的设置和分解、目标的实施及完成情况的检查、奖惩为手段，通过员工的自我管理来实现企业经营目的的一种管理方法。

优点：通过目标制定和分解使个人和部门的责、权、利明确、促进分工和协作，提高工作效率和业绩；通过上下沟通，促进了全员参与；通过上下级共同制定评价标准和目标，能够客观、公正地考核绩效和实施相应的奖惩。

缺点：管理者进行考核时通常会忽视一些不受员工控制的因素对员工绩效的影响，如经济周期对销售业绩的影响；没有对工作绩效的所有重要方面进行客观衡量，如考核销售员时只重视业绩；客观上引导员工将重心放在业绩中会被评价的那些方面而忽视了其他方面的改进和完善；反馈信息不明。

4.360度全方位绩效考核体系

360度全方位绩效考核体系是由与考核者有密切关系的上级领导、下属、同级同事和外部客户分别匿名评价。分管领导再根据评价意见和评分，对比被考核者的自我考核向被考核者提供回馈，以帮助被考核者提高其能力水平和业绩。

优点：360度全方位绩效考核体系分别考核了员工的任务绩效、周边绩效，其结果更加客观和公平；可以引导员工加强上下级之间、同级之间、内外部之间的沟通，促进组织的和谐健康发展。

缺点：当考核者与被考核者有利益冲突时，考核者就会考虑个人利益得失，考核结果就有可能出现失真。此外，360度全方位考核法需要搜集来自不同方面考核者的大量评价信息，操作比较耗时，而且如何正确筛选和处理这些信息也存在一定的难度。

（二）绩效考核的方法选择

通常来说，企业在选择绩效考核方法时，可以从以下角度进行考虑：

(1) 从绩效考核方法本身特性的角度来考虑。强制分布法强行将员工的绩效分为好、中、差几个等级，在人数越多的企业或部门中效果越好。

(2)从不同岗位的特征来考虑。通常来说，基层的工作岗位比较固定，工作职责比较简单，绩效标准比较清晰，宜采用目标管理法或者强制分布法来考核。

(3) 从绩效考核的操作成本来考虑。量化评价的考核方法的成本通常要高于定性评价的方法，但定性评价又会因为信息传递过程中的失真较大而增加管理运作成本和组织成本。

(4) 绩效考核的成本跟企业规模的大小也有一定的关联。

1-5 确定绩效考核的时间和周期

通常，在确定考核周期时，要考虑考核目的、考核对象的职务、奖金发放的周期等因素，只有综合考虑到各类因素，才能设计出符合企业实际的考核周期。

（一）根据考核目的来确定

不同的考核目的其考核间隔的时间是不一样的，如下页表所示。

不同考核目的的考核周期表

序号	考核目的	考核周期
1	试用期满转正	以试用周期为准，如试用期为一年，则周期为一年；若试用期为三个月，则周期为三个月
2	绩效薪酬的发放	可分一年、一季、一月
3	检查奖励资格	与奖励周期一致
4	能力开发调动配置	按年连续考核
5	续签聘用合同	在合同期限内综合每年考核

（二）根据员工的职务类型来确定

(1) 对基层操作类员工，其绩效结果有时当天就可以看到，所以考核的周期相对要短一些。

(2) 对于管理类和技术类的员工，他们出成果的周期相对长一些，所以，考核的周期相对长一些。

（三）根据考核的工作量来确定

如果考核的工作量非常大，那么考核周期短，其质量就很难保证，这时，考核周期宜长一些；反之，如果工作量不大，则周期可以短一些。

（四）根据绩效目标的完成周期来确定

对一些项目管理来说，要根据项目的完成周期来确定。

（五）根据薪酬的发放周期来确定

如果企业每半年或每一年分配一次奖金，那么，绩效考核的周期与奖金发放的时间要相对应。

流程二　制订绩效计划

2-1　什么是绩效计划

绩效计划，是由管理者和员工根据既定的绩效标准共同制订、修正绩效目标以及实现目标的过程。

绩效标准：针对特定职务工作，要求员工在工作中应达到的各种基本要求。

绩效目标：在绩效标准的基础上，考虑员工现有的绩效水平对员工提出的具体要求。

2-2　绩效计划的内容

绩效计划是用于指导员工行为的一份计划书。简单地说，绩效计划包括两个方面的内容：做什么和如何做。

（1）员工在本绩效期间的主要工作内容和职责是什么？应达到何种工作效果？

（2）员工在本绩效期间应如何分阶段地实现各种目标，从而实现整个绩效期间的工作目标？

（3）员工在完成工作任务时拥有哪些权利，决策权限如何？

（4）员工从事该工作内容的目的和意义何在？工作的重要性排序如何？

（5）管理者和员工计划如何对工作的进展情况进行沟通，并防止偏差的出现？

（6）为了完成工作任务，员工是否有必要接受某一方面的培训或通过自我开发的手段掌握某种工作技能？

2-3　谁来制订绩效计划

绩效计划是管理者与员工双向沟通的过程，所以，这个计划应该是由管理者和被管理者来共同制订。

2-4　如何制订绩效计划

（一）绩效计划的准备

1.准备信息

（1）关于组织的信息。

为了使绩效计划能够与组织的目标结合在一起，在制订绩效计划前，管理者与被管理者都需要重新回顾组织目标，保证在进行沟通之前双方都熟悉了组织的目标。

（2）关于部门和团队的信息。

每个部门和团队的目标都是根据组织的整体目标分解下来的。不仅组织的经营型指标可以分解到生产、销售等部门，而且对于业务支持性的部门，其工作目标也必须与组织的经营目标紧密相连。

例如，某企业的总体经营目标是：

——将市场占有率提高到本地区50%以上。

——提高消费者的品牌忠诚度。

——不断提高产品性能。

——把产品合格率提高到99%以上。

——降低产品成本。

（3）关于员工个人的信息。

员工个人的信息主要包括两个方面：所在岗位工作描述的信息，员工上一个绩效期间的绩效评估结果。

2.沟通方式和环境的准备

（1）确定绩效计划沟通的方式。

进行绩效计划沟通时，采用什么样的方式对绩效计划的内容达成共识，需要考虑不同的环境因素，如企业文化、员工特点以及所要达到工作目标的特点。如果希望借助绩效计划机会向全体员工作一次动员，使员工了解企业发展前景和战略目标，以激发员工的士气，那么就可以召开员工大会。如果一项工作目标需要一个部门或团队的员工密切合作才能够完成，那么就可以召集部门或团队的员工一块讨论，明确每个人在实现目标过程中的分工，有助于不同成员间的协调配合，通过讨论还可以提前发现工作中可能存在的问题。如果主要是员工个体性的工作目标，则可以采取单独沟通的方式。

（2）沟通环境的准备。

绩效计划沟通前，管理者和被管理者应该确定一个双方都空闲的时间用于绩效沟通，在沟通的时候应尽可能避免干扰。沟通的气氛要尽可能宽松，不要使被管理者感受到太大的心理压力。

（二）绩效计划沟通的过程

绩效计划沟通的过程，如下页图所示。

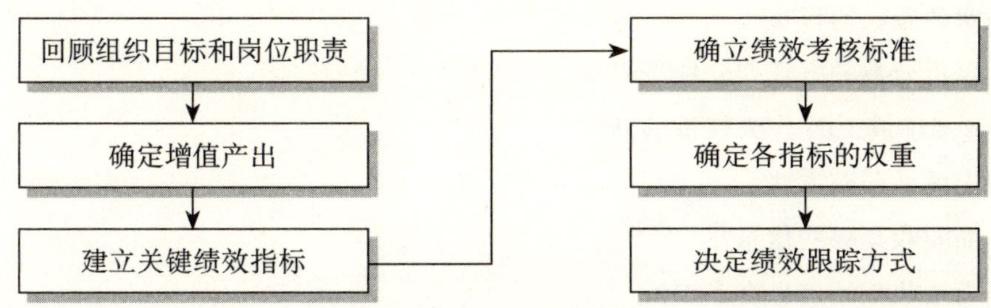

绩效计划沟通的过程

1.回顾企业目标和岗位职责

（1）本考核期内，企业的工作目标是什么？

（2）员工在本绩效期内要完成的工作目标是什么？

（3）员工应该在什么时候完成这些工作目标？

（4）员工在本绩效期内的工作职责是什么？

2.确定增值产出

（1）考核对象有哪些日常性工作任务？

（2）有哪些专项工作任务？

（3）这些任务应该达到什么样的结果？

（4）员工在工作过程中应表现出什么样的典型工作行为？

3.建立关键绩效指标

针对具体任务，从数量、质量、费用、时间四个方面界定量化指标。

4.确立绩效考核标准

（1）定量化标准——绩效指标应当尽可能地建立定量化的标准。

（2）行为描述性标准——对于难以建立定量化指标的工作；采用行为锚定法建立可观察、可度量的行为系列，以此作为绩效评估的标准。

制定绩效考核标准的方式有以下四种：

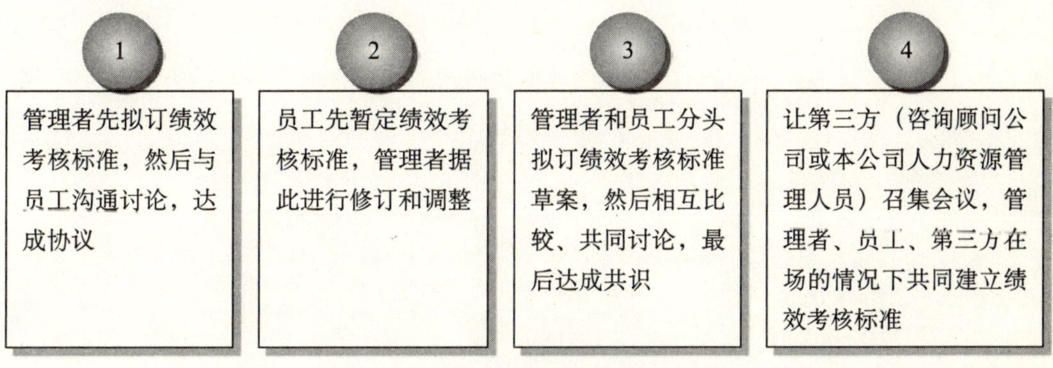

制定绩效考核标准的四大方式

5.确定各指标的权重

（1）以百分数的方式划分任务权重。

（2）以 5% 或 10% 作为权重的刻度。

6.决定绩效跟踪方式

（1）需要收集哪些信息?

（2）需要收集的信息有多少?

（3）什么时候收集信息?

（4）谁去收集信息?

（5）谁会收到这些信息?

（三）绩效计划的确认

通过绩效计划的沟通过程，管理者与下属共同确定下属工作计划（安排）的要点，填写绩效计划书，管理者与被管理者双方都要在绩效计划书上签字认可，绩效计划书一式两份，管理者与下属各自保留一份，作为下属在未来绩效周期内的工作指南，也是管理者对员工的工作进行监督、检查与评定的重要依据。

流程三　开展绩效管理培训

要保证绩效管理有效实施，绩效管理的培训不可缺少，因为员工对绩效管理存在认识上的偏差和误解，势必会影响绩效管理的有效实施。

3-1　开展绩效管理培训的目的

（一）消除误解和认识上的偏差

员工对任何形式的评估都会很敏感，有的员工希望绩效评估工作公正和公平，害怕自己受到不公正的评估。有的员工平时对主管人员缺乏信任感，内心容易产生抵触情绪。有的主管人员认为绩效管理是扩充自己权力的机会，可以整一下某些人，也可以拉拢一下某些人。有的主管人员担心给某些员工打不好的分数会影响自己同他们的关系……主管人员和员工对绩效管理有这么多的误解和抵触情绪，通过绩效管理培训，使管理人员和员工对绩效管理有一个全面正确的理解，并主动积极地支持配合实施绩效管理。

（二）掌握绩效管理的操作技能

绩效管理中有许多操作技能，如何操作绩效指标和标准，如何做好工作现场的表现记录，怎样评分，如何进行绩效沟通等。如果实施绩效管理的人不能掌握这些技能，就很难保证他们正确地运用绩效管理的手段，绩效管理的目的也就无法达到。

3-2　绩效管理培训的内容

（一）绩效管理的介绍

这是大多数绩效管理的培训课程都有的开始性课程。对任何绩效管理课程来说，比较符合逻辑的开端是向员工解释组织为什么要使用绩效管理系统，它的目的是什么，有什么用途，以及企业中现在要使用的是一套怎样的绩效管理系统等。

本课程概要性地讲解关于绩效管理整个过程的知识。讲师将通过讲解，举一些企业中的例子让学员了解绩效管理的目的和过程，消除由于不了解绩效管理而带来的紧张和焦虑。

课前要发给学员一份绩效管理手册，内容包括：

（1）什么是绩效管理？

（2）绩效管理的方法和提供的信息有什么作用？

（3）企业中用什么样的程序来保证绩效管理的客观性和准确性？

（4）在绩效管理中使用什么工具？

（二）绩效评估的介绍

讲师要与学员讨论和分享目前绩效评估中存在的影响准确性的因素，包括绩效评估方法的选择、工作描述的准确性和绩效标准设定中的问题等。

通过实际操作性的活动使学员学会如何做好工作描述。这一课程最重要的内容是关于绩效评估中的偏差。可使用角色扮演、案例分析、录像带等方法使学员认识到光环效应、趋中误差、首因效应、对比效应等评估误差以及避免的方法，使评估者了解自己在有效的绩效管理操作过程中的影响，以便更好地实施绩效管理，参加培训的人员一般为参加绩效管理的评估人员（主要是管理人员）。

（三）关键绩效指标的介绍

本课程主要是为了使员工了解：

（1）关键绩效指标的定义、内容，学会设定关键绩效指标。

（2）讨论设定关键绩效指标的重要性。

（3）了解关键绩效指标的 SMART 原则。

（4）学会建立客户关系示意图和定义工作产出。

（5）学会设定关键绩效指标和标准。

关键绩效指标的设定是进行绩效管理的基础，讲师将与学员讨论和分享目前绩效指标设定中的问题。

通过实际操作性的活动使学员学会如何运用客户关系示意图的方法定义工作产出和关键绩效指标。

（四）绩效评估工具的介绍

本课程主要是为了使员工了解：

（1）绩效评估中常用的评估工具，学会正确使用这些评估工具。

（2）描述评估工具的设计。

（3）解释如何将被评估者的行为对应到评估量表中。

（4）了解不同评估者评估的差异。

本课程通过讲解、练习等方法使评估者正确掌握评估工具的使用，并了解评估者对评估结果的影响。

（五）绩效反馈面谈的介绍

本课程主要是为了使员工了解：

（1）如何有效地准备绩效反馈面谈。

（2）列出绩效反馈面谈中所要做的活动。

（3）计划绩效反馈面谈的时间。

本课程通过讲解、练习等方法使评估者正确掌握如何准备绩效反馈面谈，预期在面谈中可能出现的问题，以及如何计划面谈各个环节的时间等。

（六）实施绩效反馈面谈的介绍

本课程主要是为了使员工了解：

（1）如何有效地实施绩效反馈面谈，提高面谈技巧。

（2）对照有效的和无效的绩效反馈面谈技巧。

（3）描述非语言行为在绩效反馈面谈中的作用。

（4）掌握如何控制面谈的过程使之不偏离预期的轨道。

本课程通过讲解、练习等方法使评估者正确掌握如何实施绩效反馈面谈，掌握面谈中的各种技巧，例如，如何建立双向沟通关系、如何利用非语言交流、如何控制谈话的方向等。

（七）绩效改进的介绍

本课程主要是为了使员工了解：

（1）绩效中出现的问题和障碍，并学会怎样克服它们。

（2）识别员工在绩效方面存在的有关知识和技能、兴趣、动机、努力程度等方面的问题。

（3）掌握针对各种具体问题如何给予督导和帮助。

对于一名合格的主管和评估者来说，教导和咨询的技能是基本必备的技能。讲师将帮助学员了解下属在绩效方面存在问题的可能原因，以及如何给下属提供一些教导和帮助。

流程四　绩效辅导

这个阶段在整个绩效管理过程中处于中间环节，是体现主管人员和员工共同完成绩效目标的关键环节，直接影响着绩效管理的成败。

4-1　持续不断地进行绩效沟通

绩效沟通贯穿于绩效管理的整个过程，在不同的阶段其重点也有所不同。沟通的主要目的是主管人员和员工对工作目标和标准达成一致的过程。首先是主管人员为团队的工作制订计划后，进行分解并提出对于团队中每一成员的目标要求，员工作为团队中的一员则要根据分解给自己的工作进行详细地计划，提出自己的主要工作达成标准，并就这些工作和标准与主管人员进行反复地沟通。双方达成一致后，这些工作和标准就成为评判绩效的依据和标准。

4-2　数据收集形成记录

绩效管理是一项长期、复杂的工作，对作为评估基础的数据收集工作要求很高。主管人员必须注重数据的收集工作，随时收集员工绩效的相关数据，使数据收集工作形成一种制度。其主要方法包括：

数据收集的方法

序号	方　法	说　明
1	生产记录法	对于生产、加工、销售、运输、服务的数量、质量、成本及工作风险和难度等，按规定填写原始记录和统计
2	定期抽查法	定期抽查生产、加工、服务的数量、质量、成本及工作风险和难度等，用以评定考核期内的工作情况
3	项目评定法	采用问卷调查形式，指定专人对员工逐项评定
4	关键事件记录法	就是对员工特别突出或异常失误的情况进行记录。关键事件的记录有利于主管人员对员工的突出业绩及时进行奖励，对员工存在的问题及时进行反馈和纠偏
5	减分搜查法	在职位要求规定的基础上，制定出违反规定的扣分方法，定期进行登记。主管人员除了本人平时注意跟踪员工计划进展外，还应当注意让相关人员提供相关数据。在对员工出现的失误或绩效差的事实进行记录的同时，应当及时向员工指出，并且帮助及时改正。在考核期较长时，还应该设计专用的表格正式记录，而且应就记录与员工进行沟通

流程五　绩效考核

有很多企业主管人员认为绩效管理就是绩效考核，但事实上绩效考核只是绩效管理循环中的一个环节。在绩效考核阶段，主管人员要依据绩效计划阶段所确立的标准和辅导阶段收集的数据来对员工在考核期内的绩效进行评价。

5-1　汇总检查员工的相关绩效数据

评价的程序应当是首先汇总检查员工的相关绩效数据。检查的目的是为了保证数据的质量，主管人员应当确认有关绩效的数据是否准确、是否完整以及适用性如何，如果发现数据中有不符合要求的地方，或者还需要对某些数据进行证实时，主管人员要把这些数据和通过另一种渠道（如工作样本分析、错误报告、抱怨记录、主管人员反馈等）收集的数据进行对比，以判断所收集的原始信息的准确性和可信性。

5-2　选择合适的评价方法

在确认数据充分而且没有错误后，才可以根据这些数据对员工的绩效完成情况进行评价。在评价中主管人员根据员工不同的工作特点和情况可以采取不同的评价方式。要保证重要的评价指标没有遗漏；评价标准与工作绩效紧密相关；评价的过程公正有效。

5-3　绩效反馈面谈

在最终的绩效评价结果生效之前，主管人员还必须与下属就评价结果进行讨论，一方面是为了使主管人员和下属对绩效考核结果形成共识，使下属接受绩效评价结果。绩效面谈具体可分为以下三个步骤。

（一）绩效面谈准备

要保证面谈的效果，主管人员和员工都必须有充分的事先准备。绩效面谈前，主管人员最重要的准备工作应当是相关数据和分析的准备，也就是要求主管人员在面谈前一定要进行绩效诊断。

1.主管人员应做的准备

绩效反馈面谈前主管人员应做的准备如下页表所示。

主管人员应做的准备

序号	准备事项	详细内容
1	选择适当的时间	（1）和员工约定一个双方都比较空闲的时间。例如：不要选择接近下班的时间 （2）计划好面谈将要花费的时间，有利于把握面谈反馈的进度和双方工作安排
2	选择适当的地点	（1）主管办公室、小型会议室或类似咖啡厅等休闲地点 （2）还应注意安排好谈话者的空间距离和位置。距离太近，造成压抑感；距离太远，沟通双方无法清晰地获得信息
3	准备面谈评估资料	（1）充分了解被面谈员工过去和现在的情况。包括教育背景、家庭环境、工作经历、性格特点、职务以及业绩情况等。 （2）其他面谈所需的各种资料。包括员工的绩效进行评估表格、员工日常工作表现的记录等
4	计划好面谈的程序	（1）计划好如何开始。采取什么样的开场白取决于具体的谈话对象和情境 （2）计划好面谈的过程。先谈什么，后谈什么，要达到何种目的，运用什么技巧 （3）计划好在什么时候结束面谈以及如何结束面谈

2.员工应做的准备

绩效反馈面谈前员工应做的准备为：

（1）回顾上一绩效周期的表现与业绩，准备一些表明自己绩效状况的事实。

（2）对自己的职业发展有一个初步的规划，正视自己的优缺点和有待提高的能力，以便和主管一起制订改进计划。

（3）面谈是个双向交流的过程，准备好向管理者提问的问题，解决自己工作过程中的疑惑和障碍。

（4）事先安排好工作时间，避开重要的和紧急的事情。

（二）面谈过程的控制

建立彼此的信赖关系是绩效沟通面谈成功的首要前提。要清楚地说明面谈的目的和作用，要能够充分调动对方参与讨论的积极性，赢得员工的合作。注意倾听被考核者的意见，有利于考核者全面了解情况，印证自己的判断，把握交流的基调，问得多、讲得少，有利于为面谈营造一个积极的氛围。面谈的主要内容为：

（1）回顾和讨论过去一段时间工作进展情况，包括工作态度、工作绩效、企业文化建设等。

（2）主管和员工讨论计划完成情况及效果、目标是否实现。

（3）对员工作出评估。

（4）主管向员工提出工作建议或意见。

（5）讨论对员工的要求或期望。

（6）讨论可以从主管那里得到的支持和指导。

（7）讨论员工工作现状及存在的问题，如工作量、工作动力、与同事合作、工作环境、工作方法。

（8）在分析工作优缺点的基础上提出改进建议或解决办法。

（9）主管阐述本部门中短期目标及做法。

（10）员工阐述自己的工作目标、双方努力把个人目标和本部门目标结合起来。

（11）共同讨论并确定下个绩效期的工作计划和目标，以及为此目标应采取相应的措施。

（三）确定绩效改进计划

在绩效面谈中，双方在讨论绩效产生的原因时，对于达成的共识应当及时记录下来，同时也对下阶段绩效重点和目标进行计划，这就使整个绩效管理的过程形成一个不断提高的循环。面谈结束后，双方要将达成共识的结论性意见或双方确认的关键事件或数据，及时予以记录、整理，填写在考核表中。对于达成共识的下期绩效目标也要进行整理，形成新的考核指标和考核标准。

流程六　绩效考核结果的运用

绩效考核的应用范围很广，它的结果可以供管理人员为人力资源管理的决策提供信息，还可以用于员工个人在绩效改进、职业生涯发展方面提供借鉴。

6-1　管理应用

管理应用，指的就是将绩效考核的结果应用于人力资源管理中计划、招聘、甄选、薪酬、晋升、调配、辞退等各项具体的决策中。

（一）用于招聘决策

通过分析员工的绩效考核结果，人力资源管理人员对企业各个岗位的优秀人才所应该具备的优秀品质与绩效特征，会有更深的理解，这会为招聘过程的甄选环节提供十分有益的参考。例如，通过对企业优秀基层管理人员绩效特征的分析，如果这些特征主要是“能吃苦”、“有一定的管理能力”、“有良好的人际能力”，等等；那么，在以后招聘基层管理人员时，甄选的标准就会进行针对性的调整或改进，以便更好地满足企业绩效提升的需要。

通过分析员工的绩效考核结果，如果发现员工在工作能力或态度上存在欠缺，而又无法通过及时而有效的培训得到解决，企业就要考虑制订或改进相应的招聘计划，注重招聘工作能力强、态度端正的人才，以满足提升工作绩效的实际需要。

（二）用于员工报酬分配和调整

绩效考核结果应用于薪酬决策主要有三种形式，具体包括：

（1）用于确定奖金分配方案。即决策短期薪酬，也可称为“刺激薪资”。

（2）作为调整员工固定薪酬的依据。这部分薪酬是以员工的劳动熟练程度、所承担工作的复杂程度、责任大小及劳动强度为基准确定的。

（3）作为福利、津贴制度变革的尝试。

（三）用于人员调配和职位变动

依据绩效考核的结果决策人员调配和职位变动，对于人事相宜、事人相称目标的达成，具有举足轻重的作用。通过绩效管理活动，可以掌握员工各种相关的工作信息，如劳动态度、岗位适合度、工作成就、知识和技能的运用程度等。根据这些信息，企业更易于正确地作出人事决策，有效地组织员工提升、晋级、降职、降级等人力资源管理工作。

（四）用于确定员工培训需求

下图是基于绩效考核的培训决策。

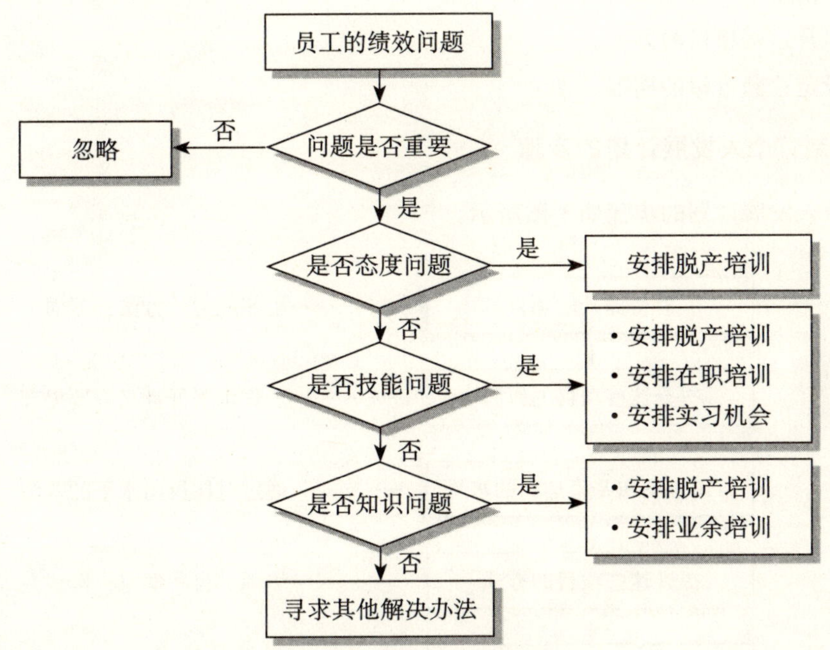

基于绩效考核的培训决策

上图中的模型提供了运用绩效考核结果确定培训需求的具体思路与过程。在对绩效考核结果分析的基础上，要找出绩效差距的问题与原因，属于知识不足、能力欠缺、还是态度方面需要转变，进而拟订出针对性的员工培训内容与方案。对于有效地改进所存在的问题，提高培训绩效无疑是个帮助。

6-2 开发应用——个人发展计划

个人发展计划（Individual Development Plan，IDP），是指员工在一定时期内完成的有关工作绩效和工作能力改进与提高的系统计划。它是一种直接从绩效考核延伸出来的实际且有效的由一系列表格组成的绩效改进计划。

（一）个人发展计划的目的

（1）帮助员工在现有工作上改进绩效。

（2）帮助员工发挥潜力，使其在经过一系列学习之后能有升迁的可能，其重点仍是改进现有工作绩效。

（二）个人发展计划的内容

（1）有待提升的项目。

（2）提升这些项目的原因。

（3）目前水平和期望达到的水平。

（4）提升这些项目的方式。

（5）设定达到目标的期限。

（三）制订个人发展计划的步骤

制订个人发展计划的步骤如下图所示。

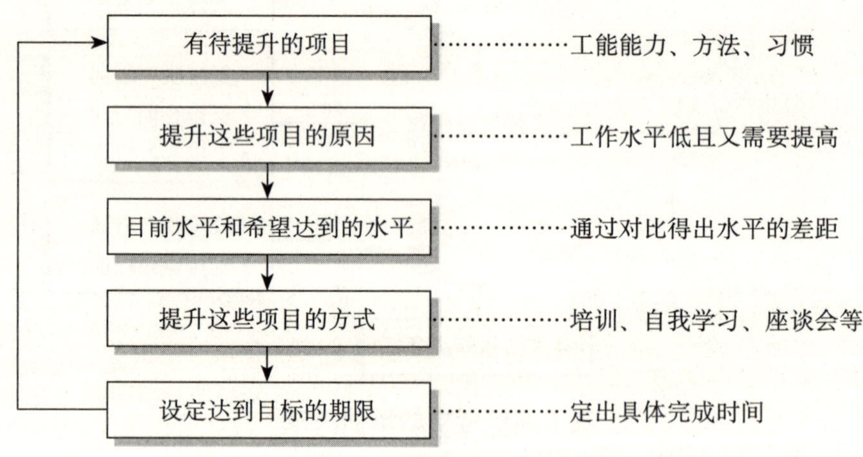

制订个人发展计划的步骤

（四）制订个人发展计划的过程

（1）主管人员与员工进行绩效评估沟通。在主管人员的帮助下，员工会很快认识到自己在工作当中哪些方面做得好，哪些方面做得不够好，认识到目前存在的绩效差距。

（2）主管人员与员工共同就员工绩效方面存在的差距分析原因，找出员工在工作能力、方法或工作习惯方面有待提升的方面。

（3）主管人员与员工根据未来的工作目标的要求，选取员工目前存在的工作能力、方法或工作习惯方面有待提升的地方中最为迫切需要提升的地方作为个人发展项目。

（4）双方共同制定改进这些工作能力、方法、习惯的具体行动方案，制定个人发展项目的期望水平和目标实现期限以及改进的方式。必要时确定实施过程中的检查核实计划，以便分步骤地达到目标。

（5）列出提升个人发展项目所需的资源，并指出哪些资源需要哪些人员提供义不容辞的帮助。

第二部分

绩效管理指标

引言：

绩效管理工作一切都是围绕指标来进行的，它在绩效管理框架中处于核心地位。建立科学、合理的绩效指标体系是有效开展绩效考核等工作的前提。绩效指标是用来衡量企业、部门或员工绩效的标准，它同时还指明应该从哪些方面对工作进行衡量或评估，它必须符合SMART原则！

关键点一 如何建立业绩指标库

业绩指标库是绩效管理中最常见和最主要的工具之一。

1-1 业绩指标库的作用

建立业绩指标库的目的是实现对绩效指标的管理。因为，在实际工作中的考核指标会随着工作重点的变化而不断变化，需要通过指标库对这些信息进行管理，指标库是当期考核指标的备选库。企业不能在每个周期考核的时候才制定指标，而下个周期修改后旧指标就丢弃不要了。应该对指标进行持续管理，追踪指标的变化情况和实际完成业绩。

1-2 业绩指标库的建立步骤

业绩指标库的建立步骤如下图所示：

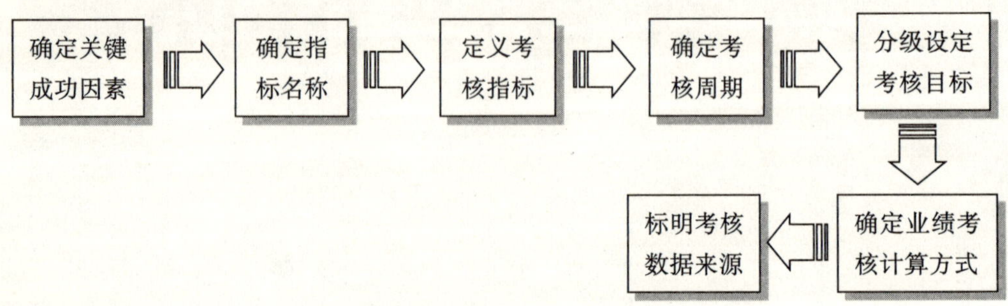

业绩指标库的建立步骤

（一）确定关键成功因素

在制定绩效指标前，应明确为什么要考核这个指标，因此，应该先找到关键业绩领域或关键成功因素，可以通过平衡计分卡分解战略或者通过岗位职责分解得到。

选择关键业绩领域和关键成功因素的标准通常是，对企业利润影响较大的，或该领域工作业绩波动较大的，或该业绩领域改善潜力较大的，或与同行业或同级部门相比绩效差距较大的。主要工作职责是关键业绩领域的主要来源，因此，确定关键成功因素时，应从该岗位的主要职责出发。

（二）确定指标名称

在找到关键领域或关键成功因素后，就可以使用格利·波特四分法来编写指标名称，也就是从“时间、数量、质量、成本”四个角度编写业绩指标名称，如下图所示。

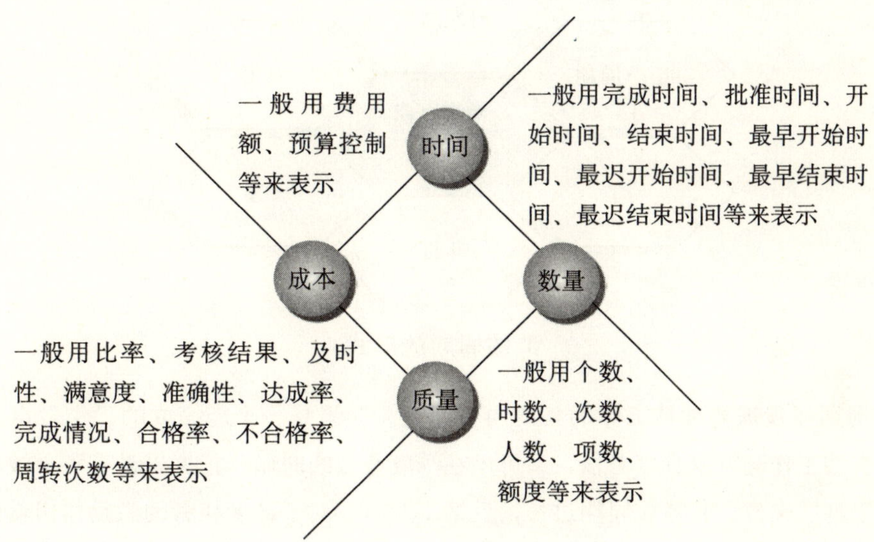

四个维度的绩效指标的提炼

对于这四个角度分别可以列出很多的指标，例如，对于企业效果进行考核，在质量方面可以有“考试及格率”、“考试优秀率”、“考试不及格人数”等几个考核指标，这里面最容易完成的是“考试及格率”，最容易考核和计算的是“考试不及格人数”。当“考试不及格人数”已经不能满足考核要求，需要提升考核难度的时候，就会考虑采用“考试优秀率”等指标，从而达到提升培训绩效的目的。

（三）定义考核指标

指标的名称与定义互相关联，但不可混淆。如某一指标的名称是“完成时间与计划相差天数”，而该指标定义为“完成日期－计划日期”。定量的指标要描述计算公式；而定性指标，则要描述具体考核的行为标准，如下表所示。

具体考核的行为标准示例

指标名称	指标定义	备注
平均回款天数	各客户实际回款时间的加权平均天数	
制度建设成效性	对企业制度建立、宣导、推行及优化的有效程度	

（四）确定考核周期

考核周期的形式如下图所示。

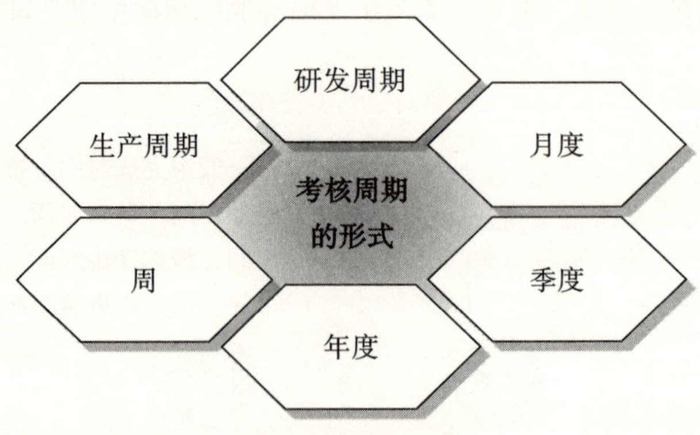

考核周期的形式

考核周期要视需要考核工作的具体内容而定。如果是一个能完成的工作，自然要按季度考核。有些工作既可以月度考核，又可以在季度考核的时候，把握以最有利于被考核者的原则。对于基层岗位，若考核周期过长，反馈不及时，对于被考核者的激励作用就会明显削弱。而对于高层岗位，由于其形成工作成果需要较长的周期，则考核周期要长一些。

区分考核周期的方式如下表所示。

区分考核周期的方式

序号	方　式	说　明
1	每期考核	一般以一个月为标准。适用于 （1）一年内每期的目标计划相对比较平衡，波动比较小，内部可控的项目 （2）绩效数据跨期比较少的项目
2	滚动考核	在对下期目标进行考核时，同时将上期的数据进行平均处理，一般以季度或者半年为滚动期。适用于 （1）考核项目跨度较长的项目 （2）制订计划时不确定因素较多的项目
3	叠加考核	是对滚动考核方式的延伸，一般以年为考核周期，以避免计划不准确导致的误差。将全年的数据进行叠加，计算最后的目标完成情况

（五）分级设定考核目标

1.目标的分级

（1）最低目标的设立。最低目标是组织的最低期望，出现这个数值时企业绩效将会受到较大的损害，当绩效结果低于这个数据时，该项考核得分为0。

（2）最高目标的设立。最高目标是现实中有可能实现的目标，但难度非常大，当绩效结果高于这个数据时，该项考核得分为配分的120%或150%。

（3）考核指标的设立。考核指标是组织的正常期望，并且70%的人通过正常努力可以达到的指标，当绩效结果等于这个数据时，可以得到该项配分的100%。

2.确定项目目标方法

（1）内部历史数据法。

（2）外部竞争数据法。

（3）假设求证法。

3.需要考虑的因素

（1）分解企业目标数据。

（2）同行数据。

（3）国家标准或法律法规。

（4）企业目前所处的现状。

（5）顾客的要求。

（6）企业的现有资源情况。

绩效考核目标值示例如下表所示。

绩效考核目标值示例

指标名称	目标值	备　注
销售目标完成率	≥90%	
产品熟悉度	≥90分	
应收账款逾期率	≤10%	

（六）确定业绩考核计算方法

接下来要确定业绩考核的计算方法，计算的方法如下表所示。

计算方法

方法	要点描述	优　点	不　足	适用情景
倒扣型	不需要考虑太多的其他因素，发现一次扣一次	·操作简便 ·数据来源直观	·偶然性大 ·增分的可能性小，易挫伤积极性	·重大、禁止发生的项目 ·发生较小或统计成本太高的项目

（续表）

方法	要点描述	优　点	不　足	适用情景
统计型	·将结果统计，形成一个数值 ·绩效目标与计算结果往往是一个数值	列出数据收集范围与统计方式即可，易操作	不易体现实际完成与目标之间的比例关系	·绝对值比相对值更有考评价值的项目 ·运用比例型和数据收集难的项目
比例型	·实际完成值与预计期值之比 ·绩效目标与计算结果往往是一个百分比值	·通过公式计算，结果比较精确 ·强调实绩与目标的比例，更能体现责任者的完成程度	·公式不易列准确 ·分子、分母数据收集难度大	·数据性较强的项目 ·数据来源稳定的项目 ·强调完成率的项目 ·数值绝对值较大的项目

（七）标明考核数据来源

最后一个环节，需要每个指标均标明数据来源部门和文件，以便于考核时向对口部门索取数据。解决数据来源问题，注意以下四点：

（1）避免绩效数据来源与考核对象为同一人或同一部门，防止考核数据做假。

（2）分子分母的每一个数据都应有具体的来源，便于及时发现存在的问题，进而采取针对性的措施进行改善。

（3）数据来源于多个岗位或部门要甄别。

（4）多个部门相互提供绩效数据要验证。

数据来源的标记样式如下表所示。

数据来源的标记样式

指标名称	数据来源		备　注
	信息统计人	数据提供人	
销售目标完成率	销售统计员	财务部会计	
产品熟悉度	直属上级	人力资源部	
应收账款逾期率	财务部会计	财务部会计	

关键点二　常见业绩KPI指标

KPI（Key Performance Indication）即关键业绩指标，来自美国哈佛商学院教授罗伯·柯普朗（Robert S. Kaplan）和管理大师戴维·诺顿（David P. Norton）的“平衡计分卡”（Balanced Scorecard）体系。具体主要是对各部门（流程）的工作绩效特征的分析，提炼出最能代表绩效的若干关键指标体系。以下就制造企业各个管理模块提供一些常见业绩KPI指标，企业的管理者可以结合本企业的实际情况选择应用。

2-1　生产管理类业绩KPI指标

生产管理类业绩KPI指标如下表所示。

生产管理类业绩KPI指标

序号	考核指标	数据提供	指标说明
1	单位制造费用控制率	财务部	$\frac{\text{实际发生单位制造费用}}{\text{额定单位制造费用}}\times 100\%$
2	成品批次检验合格率	品管部	$\frac{\text{检验合格次数}}{\text{检验总次数}}\times 100\%$
3	设备正常运转率	生产部/工程部	$\frac{\text{实际运行时间}-\text{故障时间}}{\text{实际运行时间}}\times 100\%$ 停电、水、气原因除外，由工程部签字确认
4	生产计划完成率	财务部/业务部	$\frac{\text{已入库量总数}}{\text{生产计划量总数}}\times 100\%$
5	5S现场与安全生产管理	企业检查通报	根据检查办法
6	损耗率控制率	财务部	$\frac{\text{实际损耗之和}}{\text{额定损耗之和}}\times 100\%$
7	生产计划完成率	生管部	$\frac{\text{实际完成产量}}{\text{计划完成产量}}\times 100\%$
8	生产计划准时完成率	生管部	$\frac{\text{实际生产计划准时完成次数}}{\text{生产计划次数}}\times 100\%$

（续表）

序号	考核指标	数据提供	指标说明
9	产品一次合格率（直通率）	品管部	$1-\frac{\text{月不良产次量}}{\text{月产量}}\times 100\%$
10	产品返工返修率	品管部	$\frac{\text{返工返修产品数量}}{\text{实际生产量}}\times 100\%$
11	用户投诉率（生产原因造成）	品管部	$\frac{\text{产品投诉数}}{\text{产品销售数}}\times 100\%$
12	原材料消耗率	物控部	$\frac{\text{原材料实际消耗额}}{\text{原材料消耗定额}}\times 100\%$
13	辅助用品消耗率	物控部	$\frac{\text{辅助用品实际消耗额}}{\text{辅助用品消耗定额}}\times 100\%$
14	事故损失额（万元）	财务部	生产过程中造成的人身、财产损失额
15	在制品周转率	财务部	$\frac{\text{入库成品原料总成本}}{\frac{\text{在制品期初库存额}+\text{在制品期末库存额}}{2}}\times 100\%$
16	生产效率	各车间	$\frac{\Sigma\text{产成品核定工时}}{\Sigma\text{产成品投入工时}}\times 100\%$
17	原料收率	财务部	$\frac{\Sigma\text{产成品标准用料合计}}{\Sigma\text{产成品领用原料合计}}\times 100\%$
18	设备时间利用率	生产调度	$1-\frac{\text{停机总工时}}{\text{设备可用总工时}}\times 100\%$
19	设备有效生产率	生产调度	$\frac{\text{设备开机总工时}-\text{外部停机总工时}}{\text{设备开机总工时}}\times 100\%$
20	合同准时完成率	市场部	$1-\frac{\text{当月延迟合同数量}}{\text{当月应交货合同数量}}\times 100\%$
21	订单交货期准确率	业务部	$\frac{\text{当期应出货笔数}-\text{当期延误出货笔数}}{\text{当期应出货笔数}}\times 100\%$
22	制损金额比率	财务部	$\frac{\text{材料制损领料金额}}{\text{当月派工领料金额}}\times 100\%$
23	成品不合格率	品管部	$\frac{\text{拒收批数}}{\text{总验货批数}}\times 100\%$
24	工时达标率	生管部	$\frac{\text{当月入库产品的标准工时时数}}{\text{当月实际耗用工时时数}}\times 100\%$

（续表）

序号	考核指标	数据提供	指标说明
25	员工流动率	人力资源部	$\frac{\text{离职人数}}{\text{在编的平均人数}} \times 100\%$
26	制单准时完成率	生管部	$1 - \frac{\text{当月延迟制单笔数}}{\text{当月应完成制单笔数}} \times 100\%$
27	生产成本下降率	财务部	$\frac{\text{上期生产成本}-\text{当期生产成本}}{\text{上期生产成本}} \times 100\%$
28	产品抽检合格率	品管部	$\frac{\text{实际合格数}}{\text{抽样产品总数}} \times 100\%$

2-2 质量管理类业绩KPI指标

质量管理类业绩KPI指标如下表所示。

质量管理类业绩KPI指标

序号	考核指标	数据提供	指标说明
1	产品抽检比例	品管部	$\frac{\text{物料抽检率}}{\text{标准规定比率}} \times 100\%$
2	辅料最终合格率	品管部	$\frac{\text{生产中正常使用的辅料数量}}{\text{辅料总量}} \times 100\%$
3	质量反馈及时率	品管部	$\frac{\text{及时答复报告数量}}{\text{各部门提交到品管部关于质量问题的报告总量}} \times 100\%$
4	上线进料品质错判率	厂务部门、品管部	$\frac{\text{IQC检验错误笔数}}{\text{本期进料检验笔数}} \times 100\%$
5	客户翻箱率	品管部	$\frac{\text{拒收批数}}{\text{验货批数}} \times 100\%$
6	原辅材料现场使用合格率	品管部	$1 - \frac{\text{发现的不合格原辅材料量}}{\text{现场使用的原辅材料总数量}} \times 100\%$
7	质量会签率	品管部	$\frac{\text{实际会签文件数量}}{\text{应会签文件数量}} \times 100\%$
8	批次产品质量投诉率	售后服务部	$\frac{\text{客户投诉次数}}{\text{产品出货总批次}} \times 100\%$

（续表）

序号	考核指标	数据提供	指标说明
9	客户投诉改善率	售后服务部	$\frac{客户投诉按时改善的件数}{客户投诉总件数}\times 100\%$
10	质量体系认证一次性通过率	品管部	$\frac{质量体系认证一次性通过的次数}{质量体系认证申请总次数}\times 100\%$
11	产品质量原因退货率	品管部	$\frac{质量原因产品退货数量}{交付的产品总数量}\times 100\%$
12	质量整改项目按时完成率	品管部	$\frac{当期已完成的质量整改项目数}{质量整改项目数}\times 100\%$
13	质量培训计划完成率	品管部	$\frac{已完成的质量培训项目数}{质量培训项目数}\times 100\%$

2-3 市场营销类业绩KPI指标

市场营销类业绩KPI指标如下表所示。

市场营销类业绩KPI指标

序号	考核指标	数据提供	指标说明
1	销售收入	财务部	$\frac{实际销售额}{计划销售额}\times 100\%$
2	货款回收额	财务部	$\frac{货款实际回收额}{计划货款回收额}\times 100\%$
3	销售费用	财务部	$\frac{实际销售费用}{计划销售额}\times 100\%$
4	坏账准备金率	财务部	$\frac{坏账金额}{实际销售额}\times 100\%$
5	新增客户数	市场部	$\frac{增加新客户数}{计划新增客户数}\times 100\%$
6	销售目标完成率	市场部 财务部	$\frac{实际销售发货额（KVA）}{目标销售额（KVA）}\times 100\%$
7	销售增长率	市场部 财务部	$\frac{本月实际销售额（KVA）-去年同期销售额（KVA）}{去年同期销售额（KVA）}\times 100\%$

（续表）

序号	考核指标	数据提供	指标说明
8	市场拓展投入产出比	市场部	$\frac{\text{市场拓展销售费用}}{\text{销售额}}\times 100\%$
9	货款回收计划完成率	市场部 财务部	$\frac{\text{货款回款金额}}{\text{计划回款金额}}\times 100\%$
10	合同执行比率	市场部 财务部	$\frac{\text{当期合同执行金额（KVA）}}{\text{当期合同应执行金额（KVA）}}\times 100\%$
11	成品库存周转率	市场部	$\frac{\text{本期出货金额}}{\frac{\text{期初库存额+期末库存额}}{2}}\times 100\%$
12	市场占有率	市场调查 政府公报	$\frac{\text{年度产品销售量（额）}}{\text{国内年度同类产品销售量（额）}}\times 100\%$
13	市场竞争比率	市场部	$\frac{\text{实际销售额}}{\text{主要竞争对手销售额}}\times 100\%$
14	品牌认识度	市场部或 调查机构	$\frac{\text{受访的认知人数}}{\text{受访总人数}}\times 100\%$
15	订单错误/修改金额比率	财务部 生产部	$\frac{\frac{\text{订单错误}}{\text{修改变更金额}}}{\frac{\text{本年度销售预估金额}}{12}}\times 100\%$
16	客诉及折让金额比率	客户服务部	$\frac{\text{该月份客诉及折让金额}}{\frac{\text{本年度销售预估金额}}{12}}\times 100\%$
17	应收账款周转率	财务部	$\frac{\text{当月销售金额}}{\text{当月平均应收账款}}\times 100\%$
18	应收账款周转天数	财务部	$\frac{\text{当月天数}}{\text{应收账款周转率}}$
19	订单交货期准确率	生管部	$\frac{\text{当期应出货笔数}-\text{当期延误出货数}}{\text{当期应出货笔数}}\times 100\%$
20	成品库存周转率	生管部	$\frac{\text{本期出货金额}}{\frac{\text{期初库存额+期末库存额}}{2}}\times 100\%$

（续表）

序号	考核指标	数据提供	指标说明
21	成品库存周转天数	生管部	$\frac{\text{当月天数}}{\text{成品库存周转率}}$
22	样品成交（大货）率	业务部	$\frac{\text{接单成交笔数}}{\text{样品下单笔数}}\times 100\%$
23	销售金额增长率	财务部	$\frac{\text{本月实际销售额}-\text{去年同期销售额}}{\text{去年同期销售额}}\times 100\%$
24	促销费用节省率	财务部	$\frac{\text{促销费用预算}-\text{实际发生促销费用}}{\text{促销费用预算}}\times 100\%$
25	促销效果评估	市场部	促销效果评估一般采用综合投入产出比评估法、销售增量回报比评估法、效益增量回报比评估法三种方法
26	促销方案预期目标完成率	营销部	$\frac{\text{经验证达到预期目标的促销方案}}{\text{促销活动方案总数}}\times 100\%$
27	渠道开发计划实现率	营销部	$\frac{\text{实际完成渠道开发目标数量}}{\text{渠道开发计划目标}}\times 100\%$
28	代理商培训计划完成率	营销部 人力资源部	$\frac{\text{实际完成的培训项目（次数）}}{\text{计划培训的项目（次数）}}\times 100\%$

2-4　客户服务类业绩KPI指标

客户服务类业绩KPI指标如下表所示。

客户服务类业绩KPI指标

序号	考核指标	数据提供	指标说明
1	用户满意综合指数	问卷调查，管理部门	用户对技术、产品质量、交货期、售后服务等方面的综合满意程度，根据调查结果进行统计分析
2	投诉处理率	客户投诉管理部门	$\frac{\text{每月实际处理的投诉数量}}{\text{投诉总量}}\times 100\%$
3	客户档案完整率	市场部	$\frac{\text{合格档案数}}{\text{客户总数}}\times 100\%$
4	客户意见反馈及时率	客服部	$\frac{\text{在标准时间内反馈客户意见的次数}}{\text{总共需要反馈的次数}}\times 100\%$
5	客户服务信息传递及时率	客服部	$\frac{\text{标准时间内传递信息次数}}{\text{需要向相关部门传递信息次数}}\times 100\%$

（续表）

序号	考核指标	数据提供	指标说明
6	客户回访率	客服部	$\frac{实际回访客户数}{计划回访客户数}\times 100\%$
7	客户投诉解决速度	客服部	$\frac{月客户投诉解决总时间}{月解决投诉总数}\times 100\%$
8	客户投诉解决满意率	客服部	$\frac{客户对解决结果满意的投诉数量}{总投诉数量}\times 100\%$
9	大客户流失数	客服部	考核期内大客户流失数量
10	大客户回访次数	客服部	考核期内大客户回访的总次数
11	客户满意度	客服部	接受调研的客户对客服部工作满意度评分的算术平均值
12	服务费用预算控制率	财务部	$\frac{服务费用开支额}{服务费预算额}\times 100\%$
13	客户调研计划完成率	客服部	$\frac{客户调研计划实际完成量}{客户调研计划完成量}\times 100\%$

2-5　财务管理类业绩KPI指标

财务管理类业绩KPI指标如下表所示。

财务管理类业绩KPI指标

序号	考核指标	数据提供	指标说明
1	结算延迟天数	财务部 相关部门	考核财务部门财务结算时效和日常单据处理的能力，结算延迟天数以规定的结算完成日计算
2	支出审核失误率	审计	$\frac{不当支出金额}{支出总额}\times 100\%$
3	资金调度完成率	财务部	$\frac{资金调度完成金额}{经核准的资金需求总额}$
4	财务数据及时、准确反馈率	财务部	$\frac{及时、准确反馈数据次数}{反馈总次数}\times 100\%$
5	财务分析报告完成率	财务部	$\frac{已完成报告的数量}{每季度应完成的报告数量}\times 100\%$
6	会计业务电子化率	财务部	$\frac{已用的电子化会计业务种类}{会计业务种类之和}\times 100\%$

（续表）

序号	考核指标	数据提供	指标说明
7	非生产资金运用收益率	财务部	$\frac{\text{非生产资金收益额}}{\text{非生产资金总额}} \times 100\%$
8	计划预算控制完成率	财务部 各部门	$1-\frac{\text{计划预算超支部门数}}{\text{部门总数}} \times 100\%$
9	资金筹措落实到位及时率	财务部	$\frac{\text{根据规章制度和流程资金按时到位的次数}}{\text{根据规章制度和流程资金应按时到位的总次数}} \times 100\%$
10	收款计划完成率(应收账款降低率)	财务部	$1-\frac{\text{考核期应收账款余额}}{\text{期初应收账款余额}} \times 100\%$
11	存货资金控制率	财务部	$1-\frac{\text{考核期存货资金余额}}{\text{期初存货资金余额}} \times 100\%$
12	现金净流量完成率(库存资金降低率)	财务部	$\frac{\text{全年营运资金总流入}-\text{全年营运资金总流出}}{\text{年度利润总额}} \times 100\%$
13	提供财务数据和分析报告	财务部	要及时、准确、完整地提供
14	费用预算计划控制率	财务部	$\frac{\text{报告期实际费用支出}}{\text{报告期计划费用额}} \times 100\%$
15	报表的及时率	财务部	$\frac{\text{在规定日期实际提交的报表数}}{\text{在规定日期应提交的报表数}} \times 100\%$
16	月成本统计准确率	财务部	$\frac{\text{统计出错次数}}{\text{统计总次数}} \times 100\%$

2-6 物控类业绩KPI指标

物控类业绩KPI指标如下表所示。

物控类业绩KPI指标

序号	考核指标	数据提供	指标说明
1	采购价格指数	MRPⅡ系统	$\frac{\text{单价变动额}\times\text{当期用量}}{\text{当期原料标准成本总额}}$
2	采购达成率	采购部 仓储部	$\frac{\text{交货完成的采购笔数}}{\text{到交期的请购笔数}} \times 100\%$

（续表）

序号	考核指标	数据提供	指标说明
3	供应商交货一次合格率	品管部	$1-\frac{\text{退货批数}+\text{特采批数}}{\text{交货批数}}\times 100\%$
4	供货商交货不合格率	品管部	$\frac{\text{拒收批数}}{\text{验货批数}}\times 100\%$
5	采购合格率	品管部	$\frac{\text{采购不合格次数}}{\text{总采购次数}}\times 100\%$
6	库存周转率	财务部	$\frac{\text{考核期内出库物资总值}}{\text{期初库存占用资金}+\text{期末库存占用资金}}\times 100\%$
7	采购延误生产情况	仓库、生产部	$\frac{\text{采购不及时导致生产延误次数}}{\text{总采购次数}}\times 100\%$
8	外购件不合格率（逆指标）	品管部	$\frac{\text{外购件不合格数}}{\text{外购件总数}}\times 100\%$
9	准时到货率	仓库	$\frac{\text{准时到货批次}}{\text{总采购批次}}\times 100\%$
10	采购费用率（逆指标）	财务部	$\frac{\text{实际采购费用}}{\text{采购总额}}\times 100\%$
11	外协件批次质量合格率	品管部	$\frac{\text{检验合格批次}}{\text{总采购批次}}\times 100\%$
12	外协件不合格率（逆指标）	品管部	$\frac{\text{外协件不合格数}}{\text{外协件总数}}\times 100\%$
13	交期延误率	仓库	$\frac{\text{延误笔数}}{\text{当期交制单笔数}}\times 100\%$
14	原料库存周转率	仓库	$\frac{\text{生产领料总金额}}{\frac{\text{期出库存额}+\text{期末库存额}}{2}}\times 100\%$
15	发货出错率	市场部	$\frac{\text{发货出错次数}}{\text{总发货次数}}\times 100\%$
16	发货不满意率（逆指标）	市场部	$\frac{\text{发货不满意次数}}{\text{总发货次数}}\times 100\%$
17	收发准确率	仓库 财务部	$\frac{\text{库存物资收发准确次数}}{\text{库存物资收发总次数}}\times 100\%$

（续表）

序号	考核指标	数据提供	指标说明
18	账物卡相符率		$\frac{\text{账物卡准确次数}}{\text{抽查总次数}} \times 100\%$
19	存货正确率		$\frac{\text{抽盘笔数}-\text{抽盘错误笔数}}{\text{抽盘笔数}} \times 100\%$
20	盘亏金额比率	仓库 财务部	$\frac{\text{盘亏金额}}{\text{当期进料金额}} \times 100\%$
21	库存盘点准确率	仓库 财务部	$\frac{\text{实际库存}-\text{账面库存}}{\text{账面库存}} \times 100\%$
22	物资抽检合格率	品管部	$\frac{\text{所抽取样品中合格品的数量}}{\text{所抽取的样品总数}} \times 100\%$ 参考质量管理部出具的质量检验报告
23	仓库报表与台账出错次数	仓库	考核期内发现仓库报表台账出错的次数
24	仓储设施完好率	仓库	$\frac{\text{仓储设施完好}}{\text{仓储设施总数}} \times 100\%$

2-7 技术研发类业绩KPI指标

技术研发类业绩KPI指标如下表所示。

技术研发类业绩KPI指标

序号	考核指标	数据提供	指标说明
1	申请立项通过率	研发部门	$\frac{\text{产品立项通过数}}{\text{立项总数}} \times 100\%$
2	技术问题投诉解决率	研发部门	$\frac{\text{产品技术投诉解决次数}}{\text{总投诉次数}} \times 100\%$
3	新产品研制按时完成率	研发部门	$\frac{\text{实际研制新产品完成数}}{\text{计划研制新产品数}} \times 100\%$
4	设计目标认定通过率	研发部门	$\frac{\text{新产品设计认定通过数}}{\text{计划研制新产品数}} \times 100\%$
5	设计任务完成率	研发部门	$\frac{\text{完成设计任务数}}{\text{设计任务总数}} \times 100\%$

（续表）

序号	考核指标	数据提供	指标说明
6	试制任务按时完成率	研发部门	$\frac{\text{按时完成试制任务数}}{\text{试制任务总数}}\times 100\%$
7	一次试制成功率	研发部门	$\frac{\text{一次试制成功数量}}{\text{试制产品总量}}\times 100\%$
8	项目及时完成率（月度计划完成率）	研发部门	$\frac{\text{实际完成量}}{\text{计划完成量}}\times 100\%$
9	产品开发收益率	财务部	$\frac{\text{开发产品的当年回款额}}{\text{该产品投入}}\times 100\%$
10	人均产量	技术部	$\frac{\text{交付量产图纸数量KVA}}{\text{月平均人数}}$
11	设计及时完成率	技术部门	$\frac{\text{实际按期完成量}}{\text{计划完成量}}\times 100\%$
12	设计损失率	财务部	$\frac{\Sigma\text{设计损失金额}}{\Sigma\text{合同成本金额}}\times 100\%$
13	错误再发生数	技术部门	Σ错误再发生数
14	技术服务满意度	调研资料	显示技术部在产、销上的技术支持服务的满意度，通过调研满意度来了解
15	样品及时完成率	业务部	$\frac{\text{当期依交货期完成样品笔数}}{\text{当期交货期所需样品完成笔数}}\times 100\%$
16	大货样品正确率	品管部	$\frac{\text{本期生产交制单笔数}}{\text{本期异常笔数}}\times 100\%$
17	大货样品错误异常金额比率	品管部	$\frac{\text{本期异常金额}}{\text{当期产值}}\times 100\%$
18	技术创新使标准工时降低率	财务部	$\frac{\text{改进前标准工时}-\text{改进后标准工时}}{\text{改进前标准工时}}\times 100\%$
19	技术创新使材料消耗降低率	财务部	$\frac{\text{改进前工序材料消耗}-\text{改进后消耗}}{\text{改进前工序材料消耗}}\times 100\%$
20	技术改造费用控制率	财务部	$\frac{\text{技术改造发生费用}}{\text{技术改造费用预算}}\times 100\%$
21	重大技术改进项目完成数	技术部	当期完成并通过验收的重大技术改进项目总数
22	新产品工艺设计任务完成准时率	工艺管理部	$\frac{\text{实际设计周期}}{\text{计划设计周期}}\times 100\%$

（续表）

序号	考核指标	数据提供	指标说明
23	工艺试验及时完成率	工艺管理部	$\frac{\text{按时完成工艺试验次数}}{\text{工艺试验总次数}} \times 100\%$
24	工艺工装文件差错率	质量管理部	$\frac{\text{出错的工艺工装文件份数}}{\text{工艺工装文件总份数}} \times 100\%$
25	工艺工装文件出错损失	生产管理部 财务部	因本部门提供的工艺工装文件错误造成的经济损失金额
26	标准工时降低率	工艺管理部	$\frac{\text{改进前标准工时} - \text{改进后标准工时}}{\text{工艺改进前标准工时}} \times 100\%$
27	工艺改进成本降低率	生产管理部 财务部	$\frac{\text{改进前生产成本} - \text{改进后生成成本}}{\text{工艺改进前生产成本}} \times 100\%$
28	设计资料完整率	研发部	$\frac{\text{已具备的设备资料数}}{\text{应具备的设计资料数}} \times 100\%$

2-8　广告公关类业绩KPI指标

广告公关类业绩KPI指标如下表所示。

广告公关类业绩KPI指标

序号	考核指标	数据提供	指标说明
1	广告宣传计划按时完成率	广告部	$\frac{\text{按时完成的广告项目数}}{\text{广告项目总数}} \times 100\%$
2	广告策划方案通过率	广告部专业调查机构	$\frac{\text{已通过的广告方案}}{\text{制作的广告方案总数}} \times 100\%$
3	广告投放有效率	财务部	$\frac{\text{广告费用增长率}}{\text{销售收入增长率}} \times 100\%$
4	千人成本	广告部专业调查机构	$\frac{\text{一期广告成本}}{\text{该期广告受众规模}} \times 100\%$
5	广告成功度	广告部专业调查机构	广告的创意度、偏好度、促购度、理解度、印象度等受众综合满意程度，由广告部或第三方调查公司抽样调查后获得相关数据
6	广告认知度	财务部	受众对广告和广告产品的认知程度，通常由企业或专业调查机构根据问卷调查的认知度评分计算得出

（续表）

序号	考核指标	数据提供	指标说明
7	公关传播计划完成率	公关部	$\frac{\text{实际完成的项目数量}}{\text{计划完成的项目数量}} \times 100\%$
8	公关策略目标实现率	公关部	$\frac{\text{公关策略目标实现数}}{\text{公关策略目标计划实施数}} \times 100\%$
9	公关效果评估报告提交及时率	公关部	$\frac{\text{公关效果评估报告提交及时数}}{\text{公关效果评估报告提交总数}} \times 100\%$
10	大型活动组织的次数	公关部	以公共关系传播为目的，有计划、有步骤地组织大型社会专题活动的次数
11	危机公关处理认可度	公关部专业调查机构	相关公共关系危机处理的社会公众的认可度抽样调查评分的算术平均值
12	媒体正面曝光次数	公关部	在公众媒体上发表的正面宣传公司的新闻报道及宣传广告的次数
13	品牌市场价值增长率	公关部	品牌市场价值数据经第三方权威机构测评获得
14	企业美誉度	公关部专业调查机构	大众心中的企业及其产品的品牌形象和市场地位

2-9 人力资源管理类业绩KPI指标

人力资源管理类业绩KPI指标如下表所示。

人力资源管理类业绩KPI指标

序号	考核指标	数据提供	指标说明
1	员工自然流动率	各部门	$\frac{\text{离职人数}}{\text{在编的平均人数}} \times 100\%$
2	人员需求完成率	各部门	$\frac{\text{经试用合格人数}}{\text{需求人数}} \times 100\%$
3	培训计划完成率	各部门	$\frac{\text{培训计划执行总时数}}{\text{培训计划总时数}} \times 100\%$
4	员工内部流动率	人力资源部	$\frac{\text{实际流动的内部职工人数}}{\text{计划流动人数}} \times 100\%$
5	要职要员考察计划完成率	人力资源部	$\frac{\text{已考核要员数}}{\text{计划考核数}} \times 100\%$

（续表）

序号	考核指标	数据提供	指标说明
6	员工职业生涯规划完成率	人力资源部	$\frac{\text{已设计的职业生涯的员工数量}}{\text{计划需进行职业生涯规划的员工总数}} \times 100\%$
7	薪资总量预算安排完成率	人力资源部	$\frac{\text{实际发生成本}}{\text{计划成本}} \times 100\%$
8	招聘费用预算完成率	人力资源部	$\frac{\text{实际发生费用}}{\text{计划费用}} \times 100\%$
9	培训费用预算完成率	人力资源部	$\frac{\text{实际发生费用}}{\text{计划费用}} \times 100\%$
10	员工工资出错次数	人力资源部	$\frac{\text{错误发放的工资次数}}{\text{发放的工资次数}} \times 100\%$ $\frac{\text{错误发放的人数}}{\text{发放的工资人数}} \times 100\%$
11	员工绩效计划按时完成率	人力资源部	$\frac{\text{按时完成的绩效考核数}}{\text{绩效考核总数}} \times 100\%$
12	员工绩效考核申诉处理及时性	人力资源部	$\frac{\text{按时完成的考核申诉}}{\text{考核申诉的总数}} \times 100\%$
13	招聘空缺职位所需的平均天数	人力资源部	$\frac{\text{空缺职位总数}}{\text{招聘空缺职位所用的总天数}} \times 100\%$
14	人员编制控制率	人力资源部	$\frac{\text{实际人数}}{\text{计划编制人数}} \times 100\%$
15	员工四险一金办理的及时性和计算出错率	人力资源部	$\frac{\text{错误办理的福利次数}}{\text{办理的福利次数}} \times 100\%$ $\frac{\text{错误办理的人数}}{\text{办理的工资人数}} \times 100\%$ $\frac{\text{按时完成的人数}}{\text{应办理的总人数}} \times 100\%$
16	企业员工培训完成率	人力资源部	$\frac{\text{按时完成的培训数量}}{\text{培训计划总量}} \times 100\%$
17	员工对培训的满意度	人力资源部	对员工进行培训满意度调查的算术平均值
18	劳动合同的签订率	人力资源部	$\frac{\text{已签订劳动合同的员工}}{\text{应签订劳动合同的员工}} \times 100\%$
19	员工入、离职手续的办理	人力资源部	员工实际办理入（离）职时间－员工应按规定办理入（离）职时间

（续表）

序号	考核指标	数据提供	指标说明
20	人才档案的完整性及数据更新的及时性	人力资源部	$\frac{\text{已归档人数}}{\text{应归档人数}} \times 100\%$
21	部门培训完成率	人力资源部	$\frac{\text{部门培训实际完成情况}}{\text{计划完成量}} \times 100\%$
22	部门员工培训参加率	人力资源部	$\frac{\text{实际参加培训数量}}{\text{应参加培训总量}} \times 100\%$

2-10　行政管理类业绩KPI指标

行政管理类业绩KPI指标如下表所示。

行政管理类业绩KPI指标

序号	考核指标	数据提供	指标说明
1	企业催办查办事件执行率	行政部	$\frac{\text{已反馈催办查办事件数}}{\text{上级要求催办查办数}} \times 100\%$
2	管理制度汇编计划完成率	行政部	$\frac{\text{实际汇编完成的管理制度数量}}{\text{计划完成数量}} \times 100\%$
3	档案管理达标率	行政部	$\frac{\text{已达标档案类别}}{\text{全部档案类别}} \times 100\%$
4	接待活动标准化率	行政部	$\frac{\text{实际按标准流程执行的接待活动次数}}{\text{接待总次数}} \times 100\%$
5	文书记录起草差错次数	行政部	发生影响文书记录质量的严重错误次数
6	印鉴违规使用次数	行政部	没有按照制度规定使用印鉴的次数
7	文件传递及时性	行政部	考核期内没有及时传递文件的次数
8	会议准备的充分性	行政部	因会议准备不足而造成会议延误或会议中断的次数
9	档案资料归档及时率	网络中心各部门	$\frac{\text{规定时间归档的文件数}}{\text{规定时间内应归档的文件总数}} \times 100\%$
10	企业宣传网站更新频率	行政部	考核期内企业宣传网站每周更新的次数
11	后勤工作计划完成率	行政部	$\frac{\text{后勤工作实际完成量}}{\text{后勤工作计划完成量}} \times 100\%$

（续表）

序号	考核指标	数据提供	指标说明
12	行政费用预算控制率	财务部	$\frac{\text{行政费用开支数额}}{\text{行政费用预算数额}} \times 100\%$
13	行政办公设备完好率	行政部	$\frac{\text{完好设备台数}}{\text{设备总台数}} \times 100\%$
14	办公用品采购按时完成率	行政部	$\frac{\text{办公用品采购按时完成量}}{\text{办公用品应采购量}} \times 100\%$
15	后勤服务满意度	行政部	企业员工对后勤服务的满意度评价的算术平均值
16	车辆调度合理性	行政部	相关部门因车辆调度不合理而对行政部投诉的次数
17	消防安全事故发生次数	行政部	考核期内消防安全事故发生的次数

第三部分

绩效管理制度

引言：

对于员工的迟到、早退、旷工这些行为，管理者往往表现得很敏感，一旦发现立即追究，丝毫都不马虎。为什么？因为不能迟到、早退是企业制度的规定，谁也不能违反！要想使绩效管理像考勤一样被管理者重视，被管理者时刻记在心上，付诸于行动，企业就必须像抓考勤那样抓绩效管理，把绩效管理制度化，从制度上解决问题。

范本一　绩效考核综合管理制度

1-1　绩效考核与绩效管理方案

绩效考核与绩效管理方案

1.目的

为加强企业对员工的绩效管理和绩效考核工作，特制定本方案。

2.适用范围

适用于企业内所有正式签约的员工，除企业副总经理及以上领导、业务员、操作工外的本企业的全体员工均适用之；试用期（见习期）人员的考核，不属于本制度范围，由企业招聘与录用制度作出具体规定。

3.责任主体

3.1 本制度规定的绩效管理与绩效考核的责任主体是各职位的直接管理者，不采取全方位考核的方式，但上级管理者拥有员工考核结果调整的权力。

3.2 各级管理者必须强化对绩效管理与绩效考核的观念，牢固树立绩效管理与绩效考核的责任意识，包括：

（1）员工的业绩就是管理者的业绩。

（2）各级管理者是员工责任的最终承担者对被评估人的工作业绩进行公正地评估，确定被评估人的绩效评估等级；为被评估人的业绩达成提供必要的支持。

（3）不断提高和改善员工的职业能力和工作业绩，是管理者不可推卸的责任。

（4）在绩效管理与绩效考核过程中，员工必须始终保持高度的参与性，有如实填写个人业绩的义务，并有权对不公正、不合理的绩效评估提出申诉，各级管理者必须随时与员工进行沟通。

4.绩效管理与绩效考核的程序

绩效管理与绩效考核是一个不断循环往复的过程，其基本程序见下页图。

4.1 制订绩效计划：

4.1.1 各级主管根据本年度（或考核周期）企业对员工要求和期望，在与员工协商的基础上确定年度（或考核周期）工作目标。

4.1.2 部门负责人的考核内容包括：业绩目标、行为目标、管理目标、个人发展

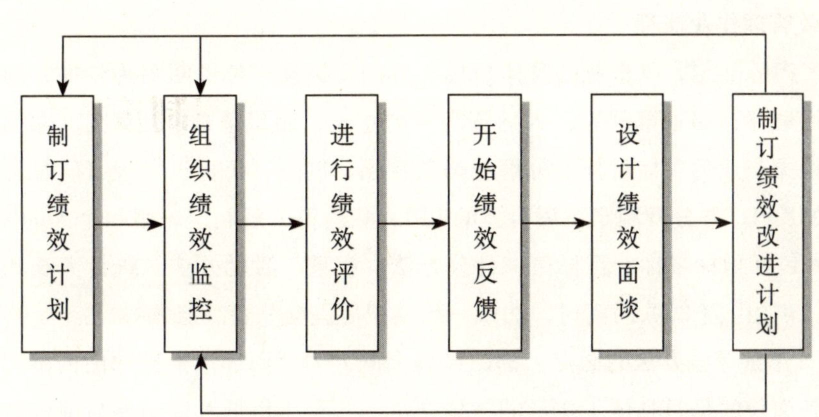

绩效管理与绩效考核的基本程序

目标。

4.1.3 非管理职能职位的考核内容包括：业绩目标、行为目标、个人发展目标。

4.1.4 各级主管将设定的目标填写到相应的年度（或考核周期）考核表中，并确定每项目标的权重；呈报上级主管认定后，统一交至人力资源部备案。

4.2 管理者必须在员工绩效形成过程中予以有效的指导，并把员工在业绩形成过程中存在的比较突出的问题、良好的表现以及指导，如实随时记录，以便为实施绩效管理积累客观依据。

4.3 各级主管在考核时，必须依据客观事实进行评价，尽量避免主观，同时做好评价记录，以便进行考核面谈。

4.4 在考核结束后，各级主管必须与每一位员工进行考核面谈，面谈的主要目的在于：

4.4.1 肯定业绩，指出不足，为员工职业能力和工作业绩的不断提高指明方向。

4.4.2 讨论员工产生不足的原因，区分下属和管理者应承担的责任，以便形成双方共同认可的绩效改善点，并将其列入下年度（或考核周期）的绩效改进目标。

4.4.3 在员工与主管互动的过程中，确定下年度（或考核周期）的各项工作目标和目标任务指导书。

4.5 考核的结果，经上级主管核准后报人力资源部，以便进行必要的调整。

4.6 人力资源部在对各部门考核结果进行调整后（如需要），呈报总经理核准，并按核准后的考核结果执行。

4.7 考核资料必须严格管理，一经考核结束，人力资源部须将原始表格归入员工档案，员工个人和主管只能保留复印件。

5.绩效管理作业流程

5.1 KPI的制定。以企业的整体目标、部门目标及岗位说明书为依据，绩效主管听取分管高层领导、事业部经理、人力资源部的意见，组织草拟KPI草案。遵循自上而下的原则，根据企业的整体目标，分解战略鱼骨图，制定“目标设定表（研发部）”制定各事业部的KPI，并分解制定下属科室的KPI，然后再分解制定班组和个人的KPI。制定的KPI内容包括指标名称、目标值、计分方法、权重、激励办法、统计方法和统计负责人等内容。需由上下级共同商讨，达成一致共识后提交分管高层领导。

5.2 工作量考核办法的制定。部门经理会同人力资源部，根据部门内不同岗位的情况，制定各岗位的每月具体工作量的考核办法，并将工作量考核结果与绩效评估得分直接挂钩，部门经理及人力资源部根据新的部门目标或岗位的调整可提出修改办法。

5.3 沟通达成共识。人力资源部会同事业部门针对制定或修改的草案进行沟通，收集相关信息，提出修改意见，并初步制定或修改方案。

5.4 对研发部门业绩指标等级量表制定或修改的审核。分管高层领导负责对KPI制定或修改的方案进行审核，批准生效交人力资源部备案或退回重新修改。

5.5 研发部门业绩指标等级量表的资料管理。人力资源部负责对获得批准的KPI资料管理，分别以书面形式保存和以电子文件形式保存。

5.6 部门按目标开展工作。部门应以关键绩效指标及具体工作计划为工作重点和努力方向。

5.7 提交相关信息评估周期结束后，统计负责人应将负责记录统计的信息在规定时间内提交给绩效主管转交。

5.8 自我评估。事业单位在获得相关信息后完成行为观察量表相关内容的填写。

5.9 绩效沟通。人力资源部依据研发部门业绩指标等级量表的相关信息和被评估人的具体工作任务，在收到事业单位提交的行为观察量表后进行面谈沟通，明确前阶段的工作业绩，分析异常情况，提出改善措施；确定下阶段的工作目标和计划，提出被评估人的期望和要求，以及为被评估人提供必要的帮助和资源。

5.10 绩效评估。评估人根据绩效沟通达成意见。

5.11 行为观察量表考察。评估人根据行为观察量表和相关统计负责人提供的信息计算被评估人具体的考核结果。

5.12 审核。分管高层领导应了解评估结果的公正性，并保持在所有员工评估结果一致性的原则上，对评估人提交的行为观察量表和考核结果进行审核批准，如未通过审核则退回重新评估。

5.13 人力资源部应对行为观察量表评估结果和考核结果进行进一步审核，追溯原始信息，了解评估过程的规范性，确保行为观察量表评估结果的真实性，并交总经理审阅后保存。

5.14 核发考核工资。薪资专员根据个人的KPI评估分值，按考核工资（实际评估分值÷5）于15日前核发考核工资。

5.15 绩效评估结果分析。

5.16 行为观察量表修改意见的审核。修改意见交人力资源部进行审核，审核后由部门开展修改行为观察量表的制定工作，形成绩效管理的良性循环。

5.17 被评估人的申诉。被评估人如认为评估结果不公平或不合理，应在获得评估结果的2个工作日内向高层分管主管或人事处提出申诉，申诉受理人需在3个工作日完成调查并给被申诉人以明确答复。

6.员工考核对象及内容

考核人员分为五类：

6.1 管理类：三级管理（监督者）、四级管理（管理者）、五级管理（领导者）。

6.2 技术类：系统、软件、硬件、IT、技术支援、制造。

6.3 营销类：产品、销售、营销策划、市场财经、公共关系。

6.4 专业类：计划、流程管理、人力资源、财经、采购、项目管理、秘书。

6.5 操作类：事务、司机、保安、基层管理、现场工程师、技术员、装配、调测。

7.考核周期

7.1 分为定期考核（每周、旬、月度、季度、半年、年度）、不定期考核。季度考核于各季度结束后10日内完成，年度考核于翌年1月20日前完成。

7.2 基层人员考核以月为周期；中高层考核以季度为周期；高层以年为周期；计件工人以半年为周期；职能部门人员包括销售人员和销售支持人员以月为周期；研发人员以项目周期为评价周期；高层管理人员以年度为周期。

7.3 季度考核。季度考核时间（如遇节假日顺延）：

7.3.1 第一季度考核：4月1～10日。

7.3.2 第二季度考核：7月1～10日。

7.3.3 第三季度考核：9月1～10日。

7.3.4 第四季度考核：1月8～20日（其中包括年度考核）。

7.4 年度考核。年度考核分为个人考核和部门考核两种情况。

7.4.1 个人年度考核：企业除总经理之外的所有人员均需参加年度考核。主要是对员工本年度的工作业绩、工作能力和工作态度进行全面综合考核。年度考核要对员工的能力、长期表现进行评价，在季度考核维度上增加能力维度。年度考核作为晋升、淘汰、评职以及计算年终奖金、培训的依据。对新入职员工、调动新岗位的员工、在公司全年工作时间不足6个月或有其他特殊原因的员工，经考核管理委员会批准可以不参加年度考核，考核结果视为合格。

7.4.2 部门考核：反映部门整体对于企业的贡献。

8.考核维度

考核维度必须根据考核内容而设计，考核维度即对考核对象考核时的不同角度、不同方面。企业对员工的考核维度包括业绩目标、行为目标、管理目标、个人发展目标。每一个考核维度由相应的测评指标组成，对不同的考核对象采用不同的考核维度、不同的测评指标。

9.考核指标的权重

权重表示单个考核指标在指标体系中的相对重要程度，以及该指标由不同的考核人评价时的相对重要程度。

10.综合评定等级

通过加权计算个人考核统计表中的考核指标得分与考核维度得分，得到被考核人的个人综合得分。根据个人评分情况与比例限制综合评定个人等级。综合评定结果共分为四级，分别是优秀、合格、基本合格、不合格。

11.员工申诉

11.1 申诉受理机构被考核人如对考核结果不清楚或者持有异议，可以采取书面形式向人力资源部申诉。考核管理委员会是员工考核申诉的最终处理机构。人力资源部是考核管理委员会的日常办事机构，一般申诉由人力资源部负责协调、处理。

11.2 申诉受理：

11.2.1 人力资源部接到职工申诉后，应在3个工作日内作出是否受理的答复。

11.2.2 受理的申诉事件，首先由人力资源部对员工申诉内容进行调查，然后与员工所在部门经理/主管进行协调、沟通。不能协调的，人力资源部上报考核管理委员会处理。

11.2.3 申诉处理答复：人力资源部应在15个工作日内明确答复申诉人；人力资源部不能解决的申诉，应及时上报考核管理委员会处理，并将进展情况告知申诉人。考核管理委员会在接到申诉后，一周内必须就申诉的内容组织审查，并将处理结果通知申诉人。

11.3 申诉流程图。

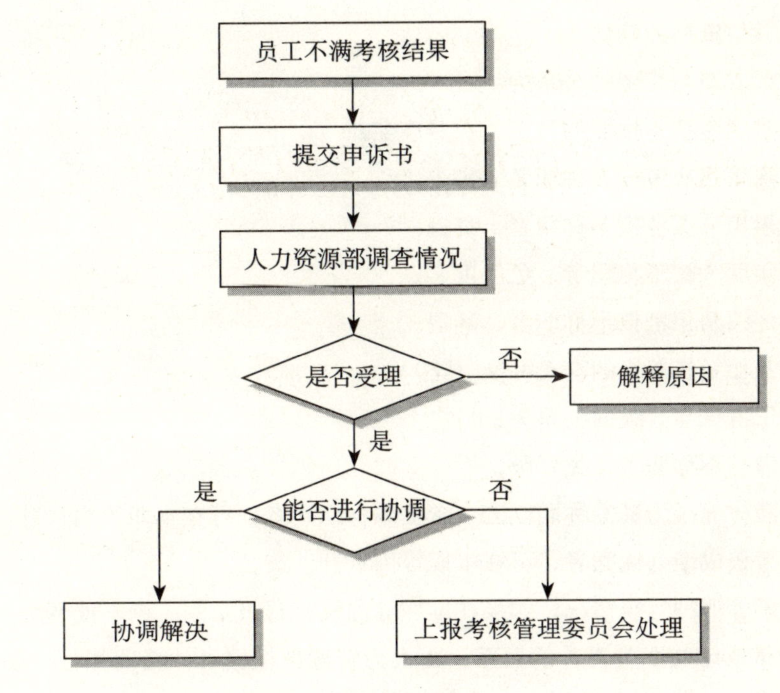

申诉流程图

12.考核结果的应用及违纪处罚条例

12.1 考核结果应用在月度奖金的分配、年度奖金的分配、绩效工资的确认。采用强制分步法具体划分为五个等级，考核等级对应的分配比例如下表所示。

考核等级对应的分配比例

等级	A（优秀）	B（良好）	C（称职）	D（基本称职）	E（不称职）
标准	40%月基本薪酬	30%月基本薪酬	20%月基本薪酬	10%月基本薪酬	无
比率（%）	5	20	50	20	5

注：基本薪酬＝基本工资＋绩效工资

12.2 考核结果应用在不良事故考核方面，根据相关不良事故造成不良后果的程度，划分为重大、一般、轻微三个等级。

12.3 考核结果应用于以下几个方面：

12.3.1 晋级资格的确认。

12.3.2 晋等资格的确认。

12.3.3 晋职资格的确认。

12.3.4 培训资格的确认。

12.3.5 其他资格的确认。

12.4 考核成绩与奖金的关系为：

12.4.1 月度考核不称职的员工，免月度奖。

12.4.2 连续两次考核不称职者，警告。

12.4.3 累积三次考核不称职者，辞退。

12.4.4 年度考核不称职者，免年度奖。

12.4.5 连续两年考核不称职者，辞退。

12.4.6 其他考核等级的享受标准（略）。

12.5 员工考核与晋级的关系为：

12.5.1 考核不称职者，免晋级。

12.5.2 考核等级为基本称职以上（含基本称职）者，可在本职等内晋升一级。

12.5.3 考核成绩为优秀者，可在本职等内晋升一级。

12.5.4 不管哪种晋级情况，如果在本职等内没有晋级空间，则不能晋级。

12.6 考核成绩与职务晋升的关系，由人力资源部根据具体情况拟订，呈报总经理核准后执行。

12.7 培训资格的确认：

12.7.1 凡涉及需要提高员工履行工作职责能力的培训，由各级主管根据考核结果提出，经部门汇总后报人力资源部统一安排。

12.7.2 凡涉及员工职业发展能力培养，由部门经理根据员工连续两年考核优秀的结果以及员工职业发展报告，报人力资源部，以便编制单独的职业培训计划。

12.7.3 部门经理及部门经理以上人员的脱产培训条件，见相关管理制度。

12.8 凡出现涉及劳动合同规定的严重违纪、违规行为，实行单项否决，予以辞退。

12.9 享受等级工资制员工在出现以下几种情况时，不予考核：

12.9.1 病事假月度累计3天者，不予以月度考核，同时免奖。

12.9.2 病事假全年累计15天者，不予以年度考核，同时免奖；其他总经理认为不予以考核的事项。

1-2 绩效考核管理制度

绩效考核管理制度

1.目的

为保证企业计划目标的实现，促进组织和个人绩效改善，为利益分配和员工发展提供评判标准，特制定本制度。

2.适用范围

2.1 适用于公司各部门（各职能部门、分厂、车间及其他同级单位）及各部门所属员工（各级管理人员及一般员工）。

2.2 下列人员除外：

2.2.1 公司总裁（由控股公司考核）。

2.2.2 试用期员工。

2.2.3 考核期休假、停职愈半数时间以上者。

2.2.4 严重违反公司规章、制度或违犯国家法律的人员。

3.考核原则

3.1 公开的原则：考核过程公开化、制度化。

3.2 客观性原则：用事实标准说话，切忌带有个人主观因素。

3.3 反馈的原则：在考核结束后，考核结果必须反馈给被考核者，同时听取被考核者对考核结果的意见，对考核结果存在的问题作出合理解释或及时修正。

3.4 时限性原则：绩效考核反映考核期内被考核者的综合状况，不涉及本考核期之前的行为，不能以考核期内被考核者部分表现代替其整体业绩。

3.5 逐级负责原则：自下而上，层层逐级考核；谁负责谁评价、谁执行评价谁。通过绩效考核促进上下级沟通和各部门间的相互协作。

3.6 目标导向原则：绩效考核中工作业绩考核的核心是目标考核，以协商的方式订立各级责任人目标，实行分级负责。

3.7 以正激励为主，负激励为辅的原则。

4.职责划分

4.1 考核管理委员会。

考核管理委员会承担以下职责：

4.1.1 年度最终考核结果的审批。

4.1.2 员工考核申诉的最终处理。

4.1.3 修订企业内各部门之间评估尺度不同而产生的偏差，解决在绩效评估中考核者与被考核者就考核成绩不能达成一致而产生的投诉，综合对月度、年终绩效进行考核。

4.2 人力资源部。

作为考核工作具体组织者和指导者，主要负责：

4.2.1 制定考核原则、方针和政策。

4.2.2 拟订考核制度和考核工作计划。

4.2.3 组织协调各部门、各分厂的考核工作。

4.2.4 进行各项考核工作的培训与指导。

4.2.5 对考核过程进行监督与检查。

4.2.6 汇总统计各职能部门、各分厂考核评分结果。

4.2.7 协调、处理各级人员关于考核申诉的具体工作。

4.2.8 对各职能部门、各分厂月度、年度考核工作情况进行通报。

4.2.9 对考核过程中不规范行为进行纠正、指导与处罚。

4.2.10 为核心员工建立考核档案，作为奖金发放、工资调整、职务升降、岗位调动等的依据。

4.3 各级管理人员。

在考核工作中起主要作用的是各级管理人员，主要负责：

4.3.1 负责本部门考核工作的整体组织及监督管理。

4.3.2 负责处理本部门关于考核工作的申诉。

4.3.3 负责对本部门考核工作中不规范行为进行纠正和处罚。

4.3.4 负责帮助本部门员工制订月度工作计划和考核标准。

4.3.5 负责所属员工的考核评分。

4.3.6 负责所属员工的绩效面谈，并帮助员工改进工作。

5.考核程序

绩效考核的过程分为：制定绩效考核指标、实施考核、考核结果的分析和评定、结果反馈与实施纠正、结果运用。

6.考核类别

考核分为月度考核和年度考核，所有人员均采用月度绩效考核和年度绩效考核相结合的办法。

7.年度绩效考核

年度绩效考核周期为每年1月1日至12月31日；年度绩效考核按照员工职级制定不同的考核办法。

7.1 领导层、各分厂正职、各职能部门正职。

7.1.1 计划指标分解。

（1）每年11月15日由营销计划部提出下一年度的经营目标，经总裁办公会研究后在12月1日前定稿。

（2）12月5日由人力资源部召集各部门进行指标分解，形成年度工作计划，12月15日定稿。

（3）12月25日由人力资源部完成年度绩效指标分解工作。

（4）翌年1月10日前签订“目标责任书”。

7.1.2 绩效指标体系。

（1）以上人员的年度绩效考核指标划分为关键绩效指标、关联绩效指标、日常绩效、工作能力和态度考核。

（2）各类指标（略）。

7.1.3 考核。

（1）营销计划部、财务部及相关部门为考核资料提供者，每年1月10日提供考核所需数据。

（2）1月15日前由人力资源部汇总上报考核管理委员会。

7.1.4 打分。

以上人员通过年终述职的方式进行工作汇报，考核管理委员会根据述职报告及日常考勤记录确定年终绩效分数。

7.1.5 绩效工资。

根据职级不同，每月扣除一定比例的岗位工资作为绩效工资，年终根据考核结果发放。

7.2 各分厂、各职能部门副职及一般管理人员。

7.2.1 以上人员的年度考核办法同上，但其考核人为直接上级。

7.2.2 年度绩效分数计算办法见“年度经营目标责任书”。

7.3 基层员工。

各分厂工资总额的5%于年终考核后发放（乙方年度绩效指标考核得分即为厂部年度绩效考核得分）。具体分配办法由各厂拟订，经公司审批后实施。

8.月度绩效考核（月初至月末）

月度绩效考核按照计划管理的思路实施，由营销计划部根据年度计划逐级分解为月度计划，并确定为被考核者的绩效指标。月度考核指标不作具体分解，仅做格式的统一。

8.1 各分厂的月度考核：

8.1.1 各分厂的月度考核指标由两部分组成：生产计划部分（权重为60%）；人力资源部分（权重为40%）。

(1) 生产计划部分主要考核：销售额、利润、成品率、订单完成率（销售额和利润为固定值，数值＝年度总额 ÷12)。

计划完成率仅作参考，不列入考核范围。

(2) 人力资源部分主要考核：安全生产、设备管理、部门建设、生产现场、培训实施情况（具体见《现场管理（安全）考核实施细则》）。人力资源部分的考核由人力资源部门负责，依据检查记录和各分厂的月度计划。

8.1.2 考核过程中各部门职责如下：

考核过程中各部门职责

序号	部门	职责
1	营销计划部	(1) 负责每月25日下达下月生产计划并分解到各分厂，生产计划报总裁、分管副总裁、人力资源部各一份 (2) 负责每月5日前将各厂上月生产计划完成情况汇总、打分，报分管副总裁、人力资源部，相关分厂各一份
2	各分厂	(1) 负责每月30日前完善月度重点工作计划表并将计划逐级分解 (2) 如需对上月考核情况申诉，于每月6日前上报人力资源部
3	人力资源部	(1) 负责每月5日前汇总人力资源部分考核资料、打分 (2) 负责收集计划部分的考核结果，并计算最终得分负责提出考核意见，报总裁审核并签字确认
4	各分厂副职、分厂的部门负责人、车间负责人	(1) 制订月度工作计划。被考核人每月30日前根据厂部月度工作计划制订自己的工作计划，报直接上级审核并确认，作为考核依据 (2) 被考核人定期汇报工作进度，考核人核实后作为评分依据 (3) 考核人每月5日将考核结果报至各分厂考核管理员处 (4) 考核管理员将考核结果汇总至人力资源部一份
5	基层员工、车间工人	(1) 上列人员不需要填写月度计划表格，其直接领导根据员工任务完成情况、工作记录及员工行为表现按照工作评价打分量表（通用）所列各项进行考核 (2) 考核人员每月5日将考核结果报至各分厂考核管理员处

8.2 领导层及各职能部门的月度考核。

8.2.1 领导层及各职能部门负责人指标构成。

领导层及各职能部门负责人的月度考核指标由两部分组成：计划部分（权重为

60%）；人力资源部分（权重为40%）。

（1）计划部分主要考核当月计划完成情况。考核依据各部门每月制订的工作计划。

（2）人力资源部分主要考核：服务质量、工作表现及办公区域的现场管理状况。具体见《现场管理（安全）考核实施细则》中的办公区域检查部分。

考核内容和要求

序号	考核内容	要　求
1	月度工作计划考核	（1）被考核人每月5日前根据年度工作计订制订下月工作计划，报总裁和人力资源部各一份，作为考核依据 （2）被考核人每月5日将上月计划完成情况报总裁和人力资源部各一份
2	人力资源部分考核	（1）人力资源部由各分厂评价、自我评价、领导评价和人力资源部检查结果组成 ·分厂评价（权重为30%）：每月各分厂填写评估表格，取平均值 ·自我评价（权重为20%）：每月由被考核部门填写自评表格 ·分管领导评价（权重为50%）：每月由分管领导填写评估表格 （2）人力资源部检查结果：每月根据人力资源部检查结果扣分
3	考核打分	人力资源部每月8日前搜集考核资料，提出考核意见，报总裁审核、批准，作为当月考核得分

8.2.2 各职能部门副职及下属部门负责人考核管理办法与各分厂副职、部门负责人考核办法相同。

8.2.3 各职能部门基层员工考核管理办法与分厂基层员工考核办法相同。

9.指导性考核比例

要求考评结果要符合一定的分布规律，避免考核人员的个人因素而产生考核误差。根据正态分布原理，原则要求考核结果限定在以下区间：优秀的员工（95分以上）不超过20%；良好的员工（80～94分）不低于70%；其他类不高于10%。

10.考核结果的运用

10.1 考绩的结论应与被考核员工面谈，使其了解公司对他们的看法与评价，从而发扬优点，克服缺点，同时，还要针对考绩中的问题，采取纠正措施，促进绩效改进。

10.2 人力资源部将根据个人得分与部门得分计算员工的年度绩效得分。

11.申诉及其处理

11.1 管理部门。

被考核人如对考核结果不清楚或者持有异议，可以采取书面形式向所在单位人力资源管理人员申诉。考核管理委员会是员工考核申诉的最终处理机构。人力资源部是考核管理委员会的日常办事机构，一般申诉由人力资源部负责调查协调，提出建议。

11.2 提交申诉。

员工以书面形式向所在单位人力资源管理人员提交申诉书。

11.3 申诉受理。

11.3.1 人力资源管理人员接到员工申诉后，应在3个工作日作出是否受理的答复。对于申诉事项无客观事实依据，仅凭主观臆断的申诉不予受理。

11.3.2 受理的申诉事件，首先由所在单位人力资源管理人员对员工申诉内容进行调查，然后与员工直接上级、共同上级、所在单位负责人进行协调、沟通。不能协调的，上报公司人力资源部进行协调。仍不能协调的，上报考核管理委员会处理。

11.4 申诉处理答复。

11.4.1 人力资源部应在接到申诉申请书的10个工作日内明确答复申诉人。

11.4.2 人力资源部不能解决的申诉，应及时上报考核管理委员会处理，并将进展情况告知申诉人。

11.4.3 考核管理委员会在接到申诉处理记录后，一周内必须就申诉的内容组织审查，并将处理结果通知申诉人。

1-3 生产工厂绩效考核实施方案

生产工厂绩效考核实施方案

1.目的

对员工业绩进行有效评价，逐步完善企业用人机制和薪酬分配机制，确保公司年度目标的顺利完成，持续不断地提升企业核心竞争力。

2.原则

根据集团公司《绩效考核手册》，依据公司实际，确定可行的绩效指标与考核标准，实行具有可操作性绩效考核办法，有利于实现本年公司生产及安全管理的目标。

3.适用范围

本方案适用于生产部全体员工。

4.考核期限

××××年1月1日～××××年12月31日。

5.管理规定

5.1 考核指标及标准的制定。

根据集团公司对生产工厂本年所确定的生产计划指标，结合上一年公司生产经营的实际情况，将本年下达给生产工厂的总目标和任务进行分解，确定出PVC车间、PE车间目标，建立起以成本为中心的目标体系。以上一年度目标的完成情况和考核数据为依据的基础上，本着立足现实、实事求是的原则，制定本年的绩效目标考核标准，加强对日常工作过程的管理和考核，全面反映员工绩效，实现多劳多得的报酬体系。

生产部制定本部门职能人员、生产班组、机修班的关键绩效指标3～6个，同时确定应达到的基准值（参考往年情况）。经主管生产副总经理审核并经公司批准后作为公司通用考核标准部分；同时制定生产部职能部门人员生产班组、机修班的一般绩效指标和工作标准（职责规范）。

5.2 考核方法和考核结果的计算。

5.2.1 考核方法。

关键绩效指标的考核由上一级主管按照职责范围和月度考核表中的要求对所属下一级进行打分考核；同时各班组横向打分，各班组对班组长、生产部进行横向打分。

5.2.2 集中统计、检查、考核。

根据每月生产部各类指标下达与统计、公司各类检查、整改汇总、生产部各类奖罚文件，实施汇总考核。

5.2.3 主管副总经理对生产部、车间主任的检查、考核。

对生产部、车间主任按照集团公司现行考核办法进行。

5.2.4 生产部、车间主任对各班组长的检查、考核。

对各班组按照各班的关键绩效指标与目标进行月度分解，并与其他临时性重要工作任务一起进行汇总，每月底填写下一个月的月度考核表与各班长进行沟通，沟通完毕后交生产部，作为生产部、车间主任考核各班组长的直接依据；次月6日前生产部、车间主任根据实际完成情况进行打分。对班组的考核包括：关键绩效指标考核、临时性重要工作任务、责任目标和工作标准考核一起形成整体考核，检查考核信息由生产部负责收集。

5.2.5 班组长对各班组成员的检查、考核。

各班长每月底填写下一个月的月度考核表与各成员进行沟通，沟通完毕后自行保存，作为其考核本班成员的直接依据；次月6日前班组长根据实际完成情况进行打分。对成员的考核包括：关键绩效指标考核、临时性重要工作任务、责任目标和工作标准考核一起形成整体考核，检查考核依据信息由班组长负责收集。

5.2.6 各考核责任部门对下级应认真进行考核，收集的考核信息应真实、准确，不得弄虚作假，对被考核单位提出的异议，应及时同有关部门和领导进行沟通，形成最终意见后按程序和表格填写的要求上报生产部，生产部进行汇总、分析，将考核结果报各主管副总审核，主管副总经理审核完毕后连同自己的考核信息和意见反馈生产部。

考核结果经主管副总审核批准后，由生产部反馈主管副总经理和被考核部门。

5.2.7 绩效考核得分的计算。

以百分制考核计分办法评价各部门的绩效，分为关键绩效目标、责任目标和工作标准，其权重分布如下。

绩效考核目标权重分布

指标 单位	关键绩效目标（KPI指标）	一般绩效目标（CPI指标）	工作标准（职责规范）	合计
生产部	60%	20%	20%	100%
车间主任	70%	20%	10%	100%
班组	80%	10%	10%	100%

最终得分计算公式为：F=F1A1+F2A2+F3A3（其中，F1、F2、F3分别指关键绩效目标、责任目标和工作标准考核得分，A1、A2、A3分别指关键绩效目标、一般目标和工作标准所占权重）。

为激励全体员工积极寻求增加公司效益与增强核心竞争力的途径，凡是团队、员工某项工作业绩突出或主动提出实施方案并报总公司精益小组评比获奖的，对公司的生产经营、技术进步、企业管理等有重大影响并取得经济效益的，主管领导可以单独给予5～10分的加分。取得重大经济效益并使公司长期受益的除给予加分外，公司还将根据实际效果给予特别嘉奖。

一般目标和工作标准实施百分制，最低扣罚标准为1分，只扣分不加分，扣除所扣分数为该单位的得分。

各单位的考核结果需经公司考评后认定。

5.3 绩效工资的组成和奖惩办法。

5.3.1 根据集团公司生产一线工人实行产量工资，管理人员固定工资的原则，将生产一线工人的产量工资中提取40%进行绩效考核，职能部门管理人员固定工资中提取30%进行绩效考核，同时废止原有生产线员工绩效考核办法。

5.3.2 出现下列情况之一，根据责任大小扣除职能部门管理人员、班组长、班组员工部分或当月全部绩效工资：

（1）出现违反国家法律、法规的事件，对公司造成恶劣影响的。

（2）出现责任内重、特大安全事故、设备事故、质量事故、工艺事故。

（3）因工作失误给公司造成重大损失的。

（4）出现责任内重大治安案件、盗窃案件的。

（5）绩效考核得分低于 70 分的。

5.3.3 如果最终绩效工资分配出现较大的偏颇，本着合理和谐的原则由公司进行调整，但是考核分值作为考评的直接依据不能进行调整。

5.4 绩效工资的分配。

5.4.1 完全产量工资制人员工资的计算：除剔除其他部门应提工资外，将所有完全按产量提取工资的员工考核分汇总后，计算出每分金额，与每人分值相乘后即计算出本人应得绩效工资。

5.4.2 完全固定工资制人员工资的计算（除集团公司统一考核的中层人员外）：将所有完全按固定工资提取的员工考核分汇总后，计算出每分金额，与每人分值相乘后即计算出本人应得绩效工资。

5.4.3 实行部分产量、部分固定工资制人员的计算：将此部分人员考核分汇总后，按提取的产量工资总额相除，计算出每分金额，与每人分值相乘后即计算出本人应得绩效工资。

5.5 相关说明。

5.5.1 考虑到员工的承受能力，在与职工进行绩效兑现时，对直接责任人的扣罚不得超过个人应发工资的30%（公司事故处理及个人行为造成的处罚除外），最低不能超过最低工资标准。

5.5.2 休、病、事假人员，休哺乳假人员按照国家及公司的有关规定执行。

5.6 考核指标及打分标准见下表。

考核指标及打分标准

指标			序号	标准	分值	说明
职能部门员工	关键指标	安全管理	1	安全事故、安全检查培训、劳保发放	25	
		产量排产	2	科学、准确、及时	25	
		设备管理	3	完好率、开动率、利用率	25	
		工艺管理	4	科学、准确、规范	25	

（续表）

指标			序号	标准	分值	说明
职能部门员工	一般指标	报表	1	及时、准确	25	
		产量统计	2	及时、准确	25	
		废品统计	3	及时、准确	25	
		原料管理	4	及时、准确	25	
	工作标准	考勤	1	全勤、缺勤情况	25	
		态度	2	认真程度	25	
		执行力	3	安排工作完成及时度及质量	25	
		敬业精神	4	劳动奉献、加班次数	25	
生产班组员工	关键指标	产量	1	按时按计划	25	
		废品率	2	三个班排名次	25	废品率最低班组为满分
		安全	3	安全事故、安全检查培训、劳保穿戴	25	
		产品质量	4	自检记录、抽查结果	25	
	一般指标	工艺管理	1	记录真实、完整	25	
		现场管理	2	现场卫生、工器具管理	25	
		精益创新	3	上报项目数量质量	25	
		劳动组织	4	日常劳动分工合理	25	
	工作标准	考勤	1	全勤、缺勤情况	25	
		态度	2	是否认真，是否服从	25	
		执行力	3	安排工作完成时间和质量	25	
		敬业精神	4	劳动奉献、加班次数	25	
机修班组员工	关键指标	安全管理	1	安全事故、安全检查培训、劳保穿戴	25	

（续表）

指 标			序号	标 准	分值	说明
机修班组员工	关键指标	备品备件模具管理	2	有无登记、建账、盘存，管理是否规范	25	
		设备管理	3	完好率、开动率、利用率	25	
		设备维护	4	是否按集团公司要求、规范实施	25	
	一般指标	抢修	1	及时性、质量	25	
		技能	2	维修水平、培训学习	25	
		精益创新	3	上报项目数量质量	25	
		任务完成	4	及时、质量	25	
	工作标准	考勤	1	全勤、缺勤情况	25	
		态度	2	是否认真，是否服从	25	
		执行力	3	安排工作完成时间和质量	25	
		敬业精神	4	劳动奉献、加班次数	25	

1-4 生产系统绩效考核办法

生产系统绩效考核办法

1.目的

为对生产系统一线员工的业绩进行有效评价，特制定本办法。

2.适用范围

适用于生产系统一线员工。

3.考核内容、项目与标准

3.1 作业员、品管员、文员、仓管员、技术员。

作业员、品管员、文员、仓管员、技术员考核内容、项目与标准

序号	考核种类	考核项目	标准分
1	工作态度（20分）	（1）能够积极主动地工作，并能始终如一，很负责任	4分
		（2）对公司的规章制度能够严格遵守	4分
		（3）对公司和上级领导的指示、命令能够正确执行	4分
		（4）与同事的关系协调，并能一起坚持不懈地学习新知识、新事物，以利达到共同进步的目的	4分
		（5）能否对所在工作场所按照要求进行整理和整顿	4分
2	工作成绩（50分）	（1）能够完成既定的产量、品质、交货期、成本等工作目标	10分
		（2）能够很好地执行负责区域的5S	8分
		（3）能够按照作业指导书的内容进行设备的操作、维护和保养，并确保工业安全、卫生	7分
		（4）能够按照SOP规定的内容和顺序进行生产作业，并杜绝违规作业	7分
		（5）能按要求填写点检表、日报表等相关表单和报告书	5分
		（6）能按规定保管好各类生产物料、生产工具、生产设备、设备备品、在制品等生产物质	5分
		（7）能够节约经营费用，具备较强的成本意识，杜绝浪费	4分
		（8）能够对所在岗位的工作提出合理化的建议和良好的改进办法	4分
3	业务处理能力（30分）	（1）能够很好地理解上级的意图和想法	6分
		（2）能够明确表达自己的想法，并具备举一反三的能力	6分
		（3）对自己担当的工作，有充分的认识，并具备相关的专业技能	6分
		（4）具备把想法付诸实施的能力，并有按计划办事的工作能力	6分
		（5）能积极听取别人的意见和建议，并不断提升自己的能力	6分

3.2 计划员、培训师和助理工程师。

计划员、培训师和助理工程师考核内容、项目与标准

序号	考核种类	考核项目	标准分
1	工作态度（20分）	（1）能够积极主动地工作，并能始终如一，很负责任	4分
		（2）对公司的规章制度能够严格遵守	4分
		（3）对公司和上级领导的指示、命令能够正确执行	4分
		（4）与同事的关系协调，并能一起坚持不懈地学习新知识、新事物，以利达到共同进步的目的	4分
		（5）能否对所在工作场所按照要求进行整理和整顿	4分
2	工作成绩（50分）	（1）能够准确及时地完成既定的产量、品质、交货期、成本等工作目标	10分
		（2）对生产部、市场部等相关部门具备服务意识，并能积极主动地开展工作	8分
		（3）能够独立完成各项程序文件或相关文件的撰写或修订，并能对文件和资料进行妥善的保管或整理	8分
		（4）能够与供应商、同事、客户、领导等形成良好的沟通，并具备独立召开会议的能力	6分
		（5）能按要求填写点检表、日报表等相关表单和报告书	5分
		（6）能够按照标准作业程序规定的内容和顺序进行作业	5分
		（7）能够节约经营费用，具备较强的成本意识，杜绝浪费	4分
		（8）能够对所在岗位的工作提出合理化建议和良好的改进办法	4分
3	业务处理能力（30分）	（1）能够很好地理解上级的意图和想法	6分
		（2）能够明确表达自己的想法，并具备举一反三的能力	6分
		（3）对自己担当的工作，有充分的认识，并具备相关的专业技能	6分
		（4）具备把想法付诸实施的能力，并有按计划办事的工作能力	6分
		（5）能积极听取别人的意见和建议，并不断提升自己的能力	6分

3.3 组长、工程师和主管。

组长、工程师和主管考核内容、项目与标准

序号	考核种类	考核项目	标准分
1	工作态度（20分）	（1）能够积极主动地工作，并能始终如一，很负责任	4分
		（2）对公司的规章制度能够严格遵守	4分
		（3）对公司和上级领导的指示、命令能够正确执行	4分
		（4）与同事的关系协调，并能一起坚持不懈地学习新知识、新事物，以利达到共同进步的目的	4分
		（5）能否对所在工作场所按照要求进行整理和整顿	4分
2	工作成绩（50分）	（1）达到既定的产量、品质、交货期、成本等工作目标	10分
		（2）能够围绕公司的经营目标积极主动地开展工作，并采取行之有效的措施确保达成	8分
		（3）能够独立完成各项程序文件或相关文件的撰写或修订，并能对文件和资料进行妥善的保管或整理，以及对员工进行相关的培训	8分
		（4）能够与供应商、同事、客户、领导等形成良好的沟通，并具备独立召开会议的能力	6分
		（5）能够指导并确保员工按要求填写点检表、日报表等相关表单和报告书	5分
		（6）能够采取相关措施确保员工按照标准作业程序规定的内容和顺序进行作业，并强化预防的品质观念	5分
		（7）能够控制经营费用，具备非常强的成本意识	4分
		（8）能够采取有效的措施以保证员工的作业安全	4分
3	业务处理能力（30分）	（1）能够很好地理解上级的意图和想法，以及具有总结、概括员工意见的能力，并有为实现自己的目标而说服不同意见的人的能力	6分
		（2）具有对自己所作工作出现的问题进行分析、找出原因、寻求改善对策的能力（PDCA循环改善系统）	6分
		（3）能否跳出部门的局限从整个公司的角度看，发表自己的意见，开展自己的工作	6分
		（4）能积极听取别人的意见和建议，并不断提升自己，并把所属部门建设成为学习型组织的能力	6分
		（5）具备授权的能力	6分

范本二　生产部绩效管理制度

2-1　生产部管理人员绩效管理制度

生产部管理人员绩效管理制度

1.目的

为了调动生产管理人员的积极性，提高工作效率与整体凝聚力，优化资源配置，以最低廉成本准时、准量地生产出优质产品，特制定本制度。

2.适用范围

适用于生产部全体管理人员。

3.工资制度

3.1 对现有工资制度进行调整为原有基本工资80%+原有基本工资65%的奖罚浮动工资。

3.2 基本工资80%即为最低保底工资。浮动工资55%为奖罚幅度，即最高工资为现有工资的145%。

3.3 原有工资65%的奖罚、浮动工资，属绩效考核范围，由绩效考核成绩衡定其奖罚数量。

4.绩效考核具体标准

为了便于考核统计，所有绩效成绩均以分为统计单位（1分=5元）。

4.1 部门产值考核。

根据目前工厂实际生产能力（各部门人员配置均衡前提下，现有场地设备）。

在工厂资源充足的前提下，各部门月产值均需保持在×××万以上，对超出此标准的各部门，给主管人员超产值的0.05%予以奖励对未能达到此产值标准部门，给主管人员0.1%予以惩罚。（因停电机器故障，人员浮动等则视情况合理调整）达标奖10分。

4.2 生产进度控制考核。

部门主管需合理安排生产，按时、按量完成厂部所下达的每日生产计划，急赶补件返修等生产任务。

4.2.1 除原材料采购未到位设备故障等非本部门因素外而造成进度延期，打乱后序部门及整件进度时，按2分/天对主管予以处罚。超过1天，加扣2分，以此类推，且1个月不可超过3次。超标按4分/次进行处罚（另扣组织协调，领导能力分），1个月内能将处罚保持在2次以下（含2次）将予以主管20分奖励。

4.2.2 上序部门延期而后序部门能及时弥补跟进或本部门能提前完成生产计划，予以部门主管4分/天奖励，月超5次者，加奖2分/天（另奖组织协调领导能力分）。

4.2.3 各部门产品交接必须整套进行；尾数清理工作不得超过发货日期后2天时间，若在生产中因尾数清理不及时或板件不配套发放，而造成后道工序工作停滞不前现象。则对责任部门主管，予以4分/次处罚。造成严重进度影响（如不能满足客户交货期）将另给予6分/次重罚，且月累积不可超过4次，否则加罚3分/次（非本部门原因造成不能按期时除外）。月累积处罚保持在2次以下，将予以部门主管10分奖励。

4.2.4 车间跨部门的返修部件、补做部件，客户订做、补件、返修部件以及急赶产品，各部门必须予以优先作业，并按厂部规定之日内完成并第一时间交入下一道工序，如因未按时完成或完成后不交接入下一道工序而造成产品停滞，影响进度，将予以3分/天（或次）处罚。月内无受此项处罚予以20分奖励。

4.2.5 物料仓在板材、五金、油漆、纸箱等原材料或生产辅助材料以及包装所需五金配包必须根据计划按时完成到位，若因生产或辅助材料，设备未及时到位，而造成生产进度停滞不前时将予以4分/次处罚，且月内不超3次，否则加扣2分/次。因原材料质量原因返回厂商而未及时跟踪到位予以2分/次处罚。月内将处罚保持在3次内（含3次）予以10分奖励。

4.3 品质控制考核。

4.3.1 各部门品质控制标准。

各部门品质控制标准

序号	部门	品质控制标准
1	木工部	(1) 开料、锣机不良率控制在 3%，排钻不良率控制在 0，若累积出现 2 次小型可挽回且在木工部发现的质量事故，部门负责人（如锣机组长）扣 2 分 / 次，且月累积处罚不超过 10 次，否则，加扣 2 分 / 次。若出现重大批量品质事故或品质事故未在本部门发现处理而流入下一部门被后道工序发现时，予以主管人员 6 分 / 次处罚（另进行成本控制处罚）且月累积不超过 3 次，若超标则加扣 4 分 / 次。若月无重大批量品质事故且小型批量事故保持两次内予以 15 分奖励 (2) 榨板脱胶、爆裂、凹凸不平变形现象不良率控制在 ≤ 5%，若累积 2 次超标，主管人员将扣 2 分 / 次。若流入下一道工序发现造成损失扣 4 分 / 次(另扣成本控制)，月累积处罚不得超过 3 次，否则加扣 2 分 / 次，月累积处罚在 2 次以内将给予主管人员 10 分奖励

（续表）

序号	部门	品质控制标准
1	木工部	（3）板件划伤、缺边角等一些表面品质问题而并非结构原因应控制在≤ 8%，且必须在本部门发现修补，若累积超标 3 次或流入下一部门返工，则扣 2 分 / 次，月累积处罚不超过 3 次，否则加扣 2 分 / 次，月累积处罚在 2 次以下（含 2 次）予以主管人员 10 分奖励 （4）预埋件的漏件漏土现象必须完全杜绝，控制在零。若累积 3 次在后序部门发现，则扣 4 分 / 次，月累积处罚超过 3 次加扣 4 分 / 次，后序部门发现将予以 4 分 / 次奖励。月累积处罚在 2 次内将（不含 2 次）予以 10 分奖励 （5）封边。封边的不良率应控制在≤ 5%，若连续 3 次超标，且在本部门发现并能及时作出返修给予主管人员 2 分 / 次处罚，若流入下一道工序造成损失或月累只超过 3 次处罚的将扣 5 分 / 次（另扣成本控制分）（除机器因素造成封边返修外）月累积处罚在 2 次内（含 2 次）将予以主管人员 10 分奖励
2	贴面部	（1）灰磨。所有灰磨后的产品，必须平整、光滑、无明砂痕、不变形。保持原有棱角顺畅，无凹凸不平现象且尺寸、形状、厚度符合要求，返工率必须控制在≤ 10%，若连续 3 次超标，则扣 2 分 / 次且月累积不超过 5 次，否则，加扣 2 分 / 次。不可有变形等重大质量事故，否则扣 5 分 / 次，月累积超 2 次加扣 2 分 / 次（造成损失扣成本控制分）若月累积处罚在 4 次内，将予以 15 分奖励 （2）贴纸。贴纸的不良率应控制在≤ 5%，若连续 3 次超标，且在本部门发现并能及时作出返修给予主管人员 4 分 / 次处罚，若流入下一道工序造成损失或月累积超过 3 次处罚的将扣 5 分 / 次（另扣成本控制分）（除机器因素造成封边返修外）月累积处罚在 2 次内（含 2 次）将予以主管人员 15 分奖励
3	涂装部	（1）底油在漏油、针孔返白、脱层、少油、损伤等不良率的整体范围应控制在≤ 10%，连续 2 次超标时扣 2 分 / 次，若月累积超标处罚 4 次且造成前工序返工现象，则给予处罚 4 分 / 次。月累积处罚在 3 次以内（含 3 次）将予以主管人员 15 分奖励 （2）油磨是涂装至关重要部门，因此对砂穿、透色并透底损伤、凹凸不平、缺边、缺角、砂痕等不良率必须控制在≤ 5%，若连续 2 次超标并在后序喷涂后发现将对主管人员予以 2 分 / 次处罚，月累积处罚 3 次将予以 4 分 / 次处罚。若月累积处罚在 3 次以内（含 3 次）予以主管人员 25 分奖励

（续表）

序号	部门	品质控制标准
3	涂装部	（3）面油在尘粒、漏油、少油、橘皮及返白、针孔损伤、色差等不良率整体应控制在≤ 10%，若连续 3 次超标而造成返工将予以主管人员 3 分 / 次处罚，若因上道工序工作（跟本部门有关）遗留问题未检查，而造成返工或因调错油漆比例、调错颜色而造成批量返工将视情节予以 5 ~ 10 分处罚（另扣成本控制分）月累积处罚在 3 次以内（含 3 次）且无重大批量处罚给予 25 分奖励
4	包装部门	（1）安装产品部件，必须整件结构平稳、牢固，无弯曲、变形、倾斜、五金脱胶现象，不影响装配与使用功能。此不良率应控制在≤ 5%。若在本部门发现或在未出货前发现连续 2 次且数量极少情况下，予以主管人员 2 分 / 次处罚，若数量较大或多次出现则视情节给予 5 ~ 10 分处罚。若月累积处罚在 2 次内（含 2 次）予以主管人员 15 分奖励（无重大批量事故前提下） （2）安装与包装部件划伤、损伤（可返修好）整体不良率应控制在≤ 3%，若连续 3 次超标主管人员扣 3 分 / 次，对损坏无法修补需要补件的，超过 3 次（含 3 次）予以 3 分 / 次处罚（另扣成本分）。月累积处罚超过 3 次加扣 2 分 / 次，若月累积处罚在 3 次内（含 3 次）将予以 15 分奖励（无重大事故前提下） （3）部件少包、漏包、不配套、错包现象要严格杜绝，一经发现或客户投诉（核实无误）将予以主管人员 5 分 / 次处罚，月累积 2 次将加扣 5 分 / 次。月累积无处罚予以 20 分奖励 （4）包装不当而造成部件划伤、损伤、被客户投诉 2 次（经核实无误）予以主管人员 4 分 / 次处罚。若月处罚在 2 次内（含 2 次）给予 10 分奖励

4.3.2 生产资料。所有生产资料必须确定无误后方可发放使用，若在使用过程中，因技术图纸问题，或更改不彻底而导致品质、进度延误，原材料浪费，将视情节给予相关审核人员2～10分的处罚。

4.3.3 部门主管人员若能在月内将本部门品质状态较上月有明显好转，将另予以5～10分的奖励。

4.4 成本控制考核（制造成本）。

各部门主管人员必须严格控制本部门的失败成本（包括不合格产品所造成的二次成本，客户投诉返修所造成的损失成本）与原材料的利用与再利用，对机器设备、刀锯、砂纸、生产工具等辅助成本的控制。以最低成本生产出最大的产值。

4.4.1 部门作业人员因作业不当等人为因素而造成的失败成本金额在×××元以上（含×××元）将予以部门主管2分/次处罚，且月累积不超过2次，超标将加扣2～4分/次（另扣品质成本分）。

4.4.2 因本部门原因造成客户投诉需工厂赔偿或派人维修的，给予4分/次处罚（另扣品质分）。

4.4.3 若在本部门发现两次原材料重大浪费现象（如开小料用大板、调错油、倒油等）给予部门主管4分/次处罚。

4.4.4 若连续2次受到物控（仓管人员）投诉部门生产辅助成本过高情况，将扣部门主管2分/次。

4.4.5 能将重大失败成本（××××元）月保持在2次以下（含2次）或无物控人员投诉与原材料重大浪费现象可给予5～15分奖励。

4.4.6 现场组织协调、领导、服从管理意识、工作改进意见的考核、环境卫生的考核将由厂部人员视具体情况进行考核奖罚。

4.5 安全与消防意识考核。

部门主管人员必须以安全生产第一的意识动员全体人员积极参与安全防范意识活动，及时排除、预防安全与消防隐患。

4.5.1 对月内无生产安全事故（如工伤）、消防事故部门将给予主管8分以上的奖励。

4.5.2 月出现2次人为操作不当而致使的工伤事故，将予以主管人员2分/次处罚。

4.5.3 机修人员必须定期对工厂的线路、机器设备（尤其是油房）进行检查，监督并督促部门主管进行清理、保养工作，消除消防隐患。若因思想麻痹造成安全、消防事故将视情节予以严惩。

4.6 资料设备的维护考核。

4.6.1 生产资料包括生产数据、技术图纸、板件跟踪单等一切生产相关的在车间流动的文件与图纸，各部门主管人员必须督促部门人员进行维护回收工作。若发现资料遗失、外泄、损烂等现象，将视其情节予以主管人员处罚，对发现举报部门予以嘉奖。

4.6.2 设备的维护考核由机修人员进行月考核后交厂部评核后进行5～10分奖罚。

5.附则

以上绩效考核制度只是一种促进管理的监督手段而并非以罚款为目的，因此望各部门主管人员相互监督，以使提高企业整体效益，以实际行动来回报企业、回报社会。

2-2 生产部门主管绩效考核办法

生产部门主管绩效考核办法

1.目的

为了更好地调动主管的积极性和创造性，降低成本、降低消耗，全面评价主管的工作绩效，保证企业经营目标的实现，特制定主管绩效考核办法。

2.适用范围

适用于本部门各车间的生产主管。

3.考核规定

3.1 主管绩效考核基金。

3.1.1 主管绩效考核基金为×××～×××元，以×××元作为基数，其中：安全绩效为×××元；品质占×××元；生产管理为×××元；5S为××元；劳动纪律为××元；设备为××元。

3.1.2 采用月份考核，每月发考核基金的一半。春节前发积累的一半，余下部分来年3月15日发放，如果来年或中途辞工的，余下的部分不予发放。

3.1.3 当出现重大的安全、质量、设备事故，一票否决两个月的绩效考核基金。第二个月扣款从春节前发放部分扣出，第二个月照常进行考核。

3.2 安全管理。

3.2.1 发现一次违章作业扣安全绩效××元，3次后加倍扣款。

3.2.2 安全事故损失在×××元以下，扣安全绩效全部。

3.2.3 安全事故损失在×××～××××元，否决一个月的绩效考核基金。

3.2.4 安全事故损失在××××元以上的特大安全事故，否决两个月绩效考核基金。指标以外的加倍处罚。

3.3 品质管理。

3.3.1 未做首件直接生产、产品完工后未贴状态标志、不良品不及时处理，不填写报废单和私自丢弃不良品，发现一次扣品质绩效××元。

3.3.2 发生质量事故损失在×××元以下（包括不良品与合格品混淆的分选工时）扣品质绩效全部。

3.3.3 质量损失在××～×××元扣绩效考核基金一个月。

3.3.4 质量损失在××××元以上重大质量事故和弄虚作假，扣两个月绩效考核基金，指标以外加倍处罚。

3.4 生产管理。

3.4.1 生产部门各生产工序的工时定额要准确，计件员工的数量、计时员工的工时要求实报，不能弄虚作假。如有虚报、谎报者一经发现，扣除生产管理基金××元。

3.4.2 在生产过程中不使用工艺流程卡的，一次扣除生产管理基金××元。

3.4.3 不服从生产安排者，扣除生产管理基金。

3.4.4 产品完工后未定点、定容、定量放置；每天不按时上交生产日报表；生产的数量和实际报表（工人计件工作票）不符；以上情况发现一次扣生产绩效××元。

3.4.5 PO指示单下达后未做不及时跟踪催促物料，工装进度影响交货期，员工虚报产量没及时发现的，一经发现扣主管××元/次，三次以上扣全部绩效工资。计划未按时编排影响交货的扣一个月绩效基金。

3.5 5S管理。

3.5.1 办公桌上的文件摆放不整齐；工作区域不整洁明亮；废料、工具、模具未归位摆放整齐，一次罚款××元。

3.5.2 废料和垃圾要分装，发现垃圾里面有废料，一次罚款××元。

3.5.3 废料没有运到指定的区域，小废料没有装袋，将运料车随意放到通道、广场等地的一次扣款××元。

3.5.4 借用别人区域干活后不进行清理、清扫的一次扣款××元。

3.6 劳动纪律管理。

3.6.1 本车间的员工未穿厂服、未戴上岗证、穿拖鞋上岗、在厂区吃早餐、不在指定区域吸烟或吸烟点超过三人、工作时间吵架，出现以上情况一次扣除××元。

3.6.2 打架、斗殴的取消主管的劳动纪律绩效。

3.8 设备管理

3.8.1 每个星期对设备要进行清洁，每天要对设备保养及维护，发现异常要及时报机修电工，否则每次扣设备管理绩效××元。

3.8.2 设备发现轴瓦滑板无油扣××元/次。凡出现重大设备事故扣两个月的绩效考核奖。

2-3 生产部门班长绩效考核办法

生产部门班长绩效考核办法

1.目的

为了更好地调动班长的积极性和创造性、加强班组建设，降低成本、降低消耗，全面评价班长的工作绩效，保证企业经营目标的实现，特制定班长绩效考核办法。

2.适用范围

适用于本公司各生产厂（车间）的班长。

3.管理规定

3.1 班长绩效考核奖金。

3.1.1 班长绩效考核奖金为×××元，其中：安全绩效为××元；品质为××元；生产为××元；5S为××元；劳动纪律为××元；设备为××元。

3.1.2 采用月份考核，每月发考核奖金的一半。春节前发累积奖金的一半，余下部分来年3月15日发放，如果来年或中途辞工的，余下的部分不予发放。

3.1.3 当出现重大的安全、质量、设备事故，扣除两个月的绩效考核奖金。第两个月扣款从春节前发放部分扣除，第二个月照常进行考核。

3.2 安全管理。

3.2.1 发现一次违章作业扣安全绩效××元。例如：钻床小件钻孔戴手套，冲压小件加工不用辅助工具，焊工焊接不戴防护帽，喷漆、打磨工、抛光等员工工作时不戴口罩，磷化工在磷化池上走动，配酸时不穿防护服等。

3.2.2 安全事故损失在×××元以下，扣全部安全绩效奖金；安全事故损失在×××～××××元，扣除一个月的绩效考核奖金；安全事故损失在××××元以上的特大安全事故，扣除两个月绩效考核奖金。指标以外的加倍处罚。

3.3 品质管理。

3.3.1 未做首件直接生产、不进行巡检、产品完工后未贴状态标示，不良品不及时处理，不填写报废单和私自丢弃不良品，发现一次扣品质绩效××元。

3.3.2 发生质量事故损失在×××元以下（包括不良品与合格品混淆的分选工时）扣除全部品质绩效奖金。

3.3.3 质量损失在×××～××××元扣除一个月绩效考核奖金。

3.3.4 质量损失在××××元以上重大质量事故或弄虚作假，扣两个月绩效考核基金，指标以外加倍处罚。

3.4 生产管理。

3.4.1 生产部门各生产工序的工时定额要准确，计件的数量、计时的工时要求实报，不能弄虚作假。如有虚报、谎报者一经发现，扣除生产管理奖金××元。

3.4.2 从上道工序领入的产品数量不清造成缺料或补料的的，产品完工后未定点、定容、定量放置的，每天不按时上交生产日报表的，生产的数量和实际报表（工人计件工作票）不符的，将废品充合格品数量的，以上情况发现一次扣生产绩效奖金××元。

3.4.3 生产过程中不使用工艺流程卡的，流程卡在末道工序未回收备存的，一次扣款××元。

3.4.4 PO指示单下达后未作产品产前分析的，不及时跟踪催促物料的，工装进度影响交货期的，一次性扣除一个月考核奖金；生产计划未按时编排影响交货的扣一个月绩效奖金。

3.5 5S管理。

3.5.1 工作区域不整洁，废料乱堆乱放的工具、模具未归位、未清洁的，一次扣款××元。

3.5.2 废料和垃圾要分装，发现垃圾里面有废料，一次罚款××元。

3.5.3 废料没有运到指定的区域，小废料没有装袋，将运料车随意放到通道、广场等地的一次扣款5元。

3.5.4 借用别人区域干活后不进行清理、清扫的一次扣款××元。

3.6 劳动纪律管理。

3.6.1 本班员工未穿厂服、未戴上岗证、穿拖鞋上岗、在厂区吃早餐、不在指定区域吸烟或吸烟点超过3人、工作时间吵架，出现以上情况一次扣除××元。

3.6.2 打架、斗殴的取消班长的劳动纪律绩效。

3.7 设备管理。

3.7.1 每个星期对设备要进行清洁，每天要对设备保养及维护，发现异常要及时报机修电工，否则每次扣设备管理绩效××元。

3.7.2 设备发现轴瓦滑板无油扣××元/次。

3.7.3 凡出现重大设备事故扣两个月的绩效考核奖。

2-4 生产车间员工绩效考核方案

生产车间员工绩效考核方案

1.目的

为了激发员工的积极性、主动性和创造性，提高员工基本素质和工作效率，为员工的晋升、降职、培训、调职和离职提供决策依据，特制定本办法。

2.绩效考核对象

2.1 已经转正的计件（时）员工。

2.2 实习员工、试用期员工、联系出勤不满三个月的员工以及考核期间休假停职三个月以上（含三个月）的员工不列为此次考核的对象。

3.绩效考核小组成员

3.1 绩效考核小组由三人组成，主体考核者（员工的直接上级）负责为员工评分，考核小组其他两位成员分别为人力资源部成员、部门经理参与并监督考核过程。

3.2 生产总监及总经理虽然不是本企业各岗位员工的最终评估人，但是保留对评估结果的建议权，并参与绩效考核相关会议，提出相关培训、岗位晋升以及员工处罚的要求。

3.3 绩效考核人应熟练掌握绩效考核相关表格、流程、考核制度，做到与被考核人及时沟通与反馈，公正地完成考核工作。

4.生产车间员工绩效考核内容

生产车间员工绩效考核指标、评分标准及相应的分配比例如下表所示。

生产车间员工绩效考核评分量表

编号： 日期： 年 月 日

姓名		部门		岗位	生产车间员工	
考核时间		考核周期				
考核项目	考核内容	得分标准				得分
		优	良	中	差	
生产任务完成情况（20%）	生产计划完成率（A）	8分	7分	5分	2分	
	生产定额完成率（B）	8分	6分	4分	2分	
	服从生产调度情况	4分	3分	2分	0分	
岗位作业指导要求（15%）	岗位作业指导要求执行情况	9分	7分	5分	3分	
	对质量方针、质量目标及质量要求的理解程度	6分	5分	3分	2分	
质量指标（15%）	产品交验合格率（C）	5分	4分	3分	2分	
	投入产出率（D）	5分	4分	3分	2分	
	工艺标准的执行情况（点检、首检等相关质量记录）	5分	3分	2分	1分	
设备维护使用（17%）	使用设备工具的合理性	4分	3分	2分	1分	
	设备维护保养	5分	4分	3分	1分	
	设备故障率	4分	2分	1分	0分	

（续表）

考核项目	考核内容	得分标准				得分
		优	良	中	差	
5S执行情况（16%）	工作现场、卫生包干区的清洁程度	4分	3分	1分	1分	
	劳保用品穿戴情况	4分	3分	2分	0分	
	文明操作及现场定置管理维持程度	4分	4分	2分	1分	
	安全生产	4分	3分	3分	0分	
	出勤情况	5分	4分	1分	1分	
劳动纪律（11%）	违纪情况	6分	5分	3分	0分	
工作态度（6%）	工作主动性、协作性	6分	5分	4分	2分	
加分项目	节能降耗（节约资金额度——E）	8分	6分	4分	2分	
	提高效率（工作效率提高率——F）	8分	6分	4分	2分	
	合理化建议所带来的收益（G）	4分	3分	2分	1分	
综合得分						
生产车间主任评语	签字： 日期： 年 月 日					
人力资源部评语	签字： 日期： 年 月 日					

备注：

1.上表中的“优”“良”“中”“差”的评价标准可参考“生产车间员工绩效考核评分标准说明表”，最终得分不超过120分。

2.在绩效改进中，员工合理化建议被验收并采纳，则按照本企业奖励条例进行奖励。车间仍然加分，纳入年终考核。

3.在生产工作中，如违反企业技术质量纪律条例四次以上，违反公司行政纪律条例三次以上、违反安全纪律条例四次以上的，均实施一票否决。

生产车间员工绩效考核评分标准说明表

考核内容	评分标准			
	优	良	中	差
生产计划完成率（A）	A=100%	95%≤A<99%	90%≤A<95%	A<90%
生产定额完成率（B）	B=100%	95%≤B<99%	90%≤B<90%	B<90%

（续表）

考核内容	评分标准			
	优	良	中	差
服从生产调度情况	完全服从	基本服从	一次不服从	两次不服从
岗位作业指导执行	全部依照作业指导书进行操作	基本依照作业指导书进行操作	部分依照作业指导书进行操作	极少部分依照作业指导书进行操作
对质量方针、质量目标及质量要求理解程度	深刻理解	基本理解	部分理解	不了解
产品交验合格率（C）	C≥97%	96%≤C<97%	95%≤C<96%	94%≤C<95%
投入产出率（D）	D≥99.5%	99.4%≤C<99.5%	99.2%≤C<99.4%	99.0%≤C<99.2%
工艺标准的执行情况	严格按工艺要求操作	未违反工艺质量纪律	违反一次工艺质量纪律	违反两次工艺质量纪律
使用设备工具合理性	正确使用，维护得当，工具领用定额节约率10%	不按规定要求使用工具但未造成经济损失	不能正确使用工具并造成不超过×××元的经济损失	不能正确使用工具并造成损失金额×××元以上
设备维护保养	严格按照操作规程要求	只能维持设备的正常运转，按要求点检	设备运转不正常，一次未按要求点检	设备运转不正常，两次未按要求点检
设备故障率	无	人为造成一般设备故障	人为造成严重设备故障	人为造成重大设备故障
工作现场及卫生包干区的清洁程度	环境整洁	一处不整洁	两处不整洁	两处以上不整洁
劳保用品穿戴情况	穿戴齐全	劳保用品穿戴不齐全一次	劳保用品穿戴不齐全两次	劳保用品穿戴不齐全两次以上
文明操作及现场定置管理的维持程度	按规程操作，现场定置管理好	能按规程操作	操作无序，定置管理意识差	极差
安全生产	安全意识强，无违章行为	未违反安全生产纪律	违反安全生产纪律一次	违反安全生产纪律两次

（续表）

考核内容	评分标准			
	优	良	中	差
出勤	全勤	无迟到、早退，有病事假但不超过两天	一次以上迟到、早退，有病事假3～5天，未刷卡一次	两次以上迟到、早退，有病事假超过5天，未刷卡两次
违纪情况	无	违反行政纪律一次	违反行政纪律两次	违反行政纪律两次以上
工作主动性、协作性	工作积极主动，具有良好的团队合作精神	能与同事较好地合作，及时完成工作	能与同事相处工作，工作中偶尔有矛盾但能及时完成工作	很难相处，时有矛盾发生，态度消极
节约资金额度（E）	E≥1000	500≤E<1000	200≤E<500	E≤200
工作效率提高率（F）	F≥10%	5%≤F<10%	3%≤F<5%	F≤3%
合理化建议所带来的收益（G）	G≥1000	500≤G<1000	200≤G<500	G≤200

5.考核时间安排

考核每月开展一次，考核时间为每月的20日～次月4日进行。

6.考核实施

6.1 收集数据：每月20～21日，绩效考核小组收集被考核人的考核相关数据。

6.2 考核实施：每月22～24日，绩效考核小组根据所收集的数据对被考核人进行考核。

6.3 业绩考核沟通：每月25～27日，绩效考核小组将考核结果与被考核人进行充分沟通，了解被考核人对考核结果的反馈意见。

6.4 提交考核表格：每月28日，绩效考核小组将确认后的考核结果提交人力资源部。

6.5 整理考核资料：每月29～30日，人力资源部指定专人将考核结果整理归类。

6.6 核算薪酬：次月1～4日，人力资源部根据员工考核得分计算上月员工工资数额，并提交至财务部。

2-5 生产一线员工薪酬管理制度

生产一线员工薪酬管理制度

1.目的

为优化公司薪酬结构，体现岗位价值差异，为员工岗位工资的评价提供科学合理的依据和准则，确保员工薪酬的公正性和公平性，建立“适才适岗，适岗适酬，按岗取酬”的分配机制，实现薪酬的合理分配。

2.适用范围

适用于各生产车间员工。

3.原则

3.1 激励性原则：根据岗位分析和价值评价结果，进行岗位和薪酬定位。

3.2 动态性原则：根据年度岗位标准工资、季度基准工资和绩效考核结果设置“一岗多薪”，激励员工提高劳动技能和劳动主动性以获得更高的收入，形成岗薪动态的管理。

4.工资结构

每月应发工资＝月基本工资×工作量系数+工龄补贴＋学历津贴+新工分配工资+杂工工资+培训工资±奖罚。

其中，工作量系数的计算方法见4.1.4条。

4.1 月基本工资。

4.1.1 月基本工资与季度基准工资及月绩效考核得分有关。

（1）85%≤当月绩效考核得分≤120%时，月基本工资＝季度基准工资×月绩效考核得分。

（2）月绩效考核得分<85%时，月基本工资＝季度基准工资×85%。

其中：季度基准工资＝岗位标准工资+上季度绩效调节工资。

4.1.2 岗位标准工资。

（1）作为每季度基准工资上下浮动的基准。

（2）以岗位的基本要求、责任、劳动强度、劳动环境等要素为依据对所有岗位评价，根据评价结果确定岗位标准工资。

（3）因经营和管理需要导致岗位发生变更，需提请人力资源部，并在一周内完成岗位识别和评价。每年底公司作一次全面的岗位识别和评价，并根据公司经营状况和当地物价指数调整下一年度的“岗位标准工资”。

4.1.3 季度基准工资。

（1）作为月基本工资的核算基准，由岗位标准工资和上季度绩效考核分数共同决定。

（2）绩效调节工资以上季度绩效考核分数的均值为依据，对应下表八个区间来确定工资上下浮动金额。

绩效工资调节幅度表

上季度绩效考核分数均值区间	调节幅度
分数均值≤85	－150元
85≤分数均值＜90	－100元
90≤分数均值＜95	－50
95≤分数均值＜105	0
105≤分数均值＜110	＋50元
110≤分数均值＜115	＋100元
115≤分数均值＜120	＋150元
分数均值≥120	＋200元

4.1.4 工作量系数的计算。

（1）计时岗位。

——出勤天数超过24天：工作量系数＝1+(本月实际出勤天数−24)÷24×1.25。

——出勤天数不足24天：工作量系数＝本月实际出勤天数÷24。

（2）计件岗位。

——月班产总量超过24个班产定额：工作量系数＝1+（本月班产总量−24）÷24×1.25。其中,班产总量＝Σ(每日每品种产量÷每品种班产定额)。

——月班产量不足24个班产定额：工作量系数＝本月班产总量÷24。

以下举例均以完成100%班产定额为前提条件。

例如：生板1车间“涂填主机手”岗位价值点数为73，对应的工资等级是六级（1380元），该员工的岗位标准工资为1380元。第一季度的考核分数依次为83、96、92分；第二季度的考核分数依此为101、101、105。

①岗位标准工资＝1380（元）。

②第一季度基准工资＝1380（元）（注：首季度以岗位标准工资为准）。

③第一季度每月工资：1380×83%、1380×96%、1380×92%。

④第二季度基准工资＝1330（元）注：（83＋96＋92）÷3（90.33对应的浮动幅度为:在1380元的基础上减少50元）。

⑤第二季度每月工资：1330×101%、1330×101%、1330×105%。

第三季度基准工资＝1380（元）。 注：（101＋101＋105）÷3（102.3对应浮动幅度是0，原岗位工资级别1380元不变）。

其他岗位及变动以此类推。

4.2 工龄补贴。

为增强员工对公司的忠诚度和凝聚力，从2003年7月20日公司改制时间起，对工作时间满1年以上者，提供年资激励：每工作满1年，每月工资暂定增加10元的激励。例如：某员工2003年7月20日入职，从2010年8月1日起每月工资补贴70元，从2011年8月1日起每月工资再增加补贴10元（即80元），以此类推（注：工龄补贴以每月150元为最高补贴上限）。

4.3 学历津贴。

为鼓励员工奋进学习的精神，对于高中、中专以上的学历暂按下表标准给予津贴。

学历津贴表

学历程度	高中/中专	函授/自学/成人大专	自学/成人本科/统招专科	统招本科
津贴额	30元	50元	80元	150元

4.4 新工工资及分配工资。

4.4.1 岗位定编外新工（储备学习工）试用期工资,为对应岗位标准工资的80%,由人力资源部统一核算,其班产计件折算工资不分配其他任何员工。当储备学习工顶岗离职员工所在岗位时，按照4.4.2执行。

4.4.2 岗位定编内新工（编制内顶岗）工资和分配,按照《岗位培训期限标准》分阶段计算和分配，见下表。

岗位定编内新员工工资和分配表

<table>
<tr><td>类别</td><td colspan="3">不同机台、流水线、集体作业</td></tr>
<tr><td rowspan="2">培训阶段</td><td rowspan="2">新工</td><td colspan="2">指导责任人或同班组（分配所得）</td></tr>
<tr><td>单独计件</td><td>集体计件</td></tr>
</table>

（续表）

类别	不同机台、流水线、集体作业		
第一阶段	试用工资	岗位标准工资×80%×工作量系数×50%	a.（同岗位）岗位标准工资×80%×工作量系数×30% b.（受影响岗位）岗位标准工资×80%×工作量系数×20%
第二阶段	试用工资×50%+岗位标准工资×80%×工作量系数×50%	岗位标准工资×80%×工作量系数×20%	（同岗位）岗位标准工资×80%×工作量系数×20%

注：1.新员工不参与绩效考核，由人力资源部根据上表分配。

2.试用工资=岗位标准工资÷24×80%×实际出勤天数。

4.4.3 新员工试用期结束后，进行转正考核合格正式上岗后，开始统计个人绩效，工资按照本制度第4条核算。在季度基准工资调节日时（“转正日”距“季度基准工资调节日”时间至少1个月，若少于30天，则须等待至下一个季度），按绩效均值对季度基准工资进行正常浮动。

4.5 杂工工资和培训工资。

4.5.1 杂工工资：用工部门提出申请，生产部统一调度批准，员工所在单位确认，通知人力资源部审核后，辅助性杂工按照5元/工时计算；生产性杂工（调试关键设备模具、试生产和试装）按照7元/工时计算。

4.5.2 培训工资：由人力资源部根据年度计划或月度计划制订的公司级培训项目，对参训员工按照5元/工时计算。

4.6 岗位变动。

如遇生产任务或组织结构发生变动导致员工岗位变动时，新岗位实习期根据公司《岗位要求标准期限》的岗位重要度分为1～3个月，新岗实习期工资按照新岗位对应等级工资。实习期间保持绩效记录，期满经考核上岗。若考核不合格，则退回原岗位，仍然按照原岗位工资计算。

5.绩效考核

5.1 考核内容。

生产员工根据岗位性质设置不同考核内容，见下页表，共分为三大类别：一线操作工、生产辅助工和技工。

生产员工绩效考核表

序号	类型	一线操作类	辅助保障类
1	质量目标达成率	◎（60%）	
2	现场管理	◎（40%）	◎（100%）
3	违章罚项	◎	◎
4	改善奖项	◎	◎
5	故障停机率		
6	计划完成率		
得分结果	1+2−3+4	2−3+4	

5.2 考核实施细则。

5.2.1 质量目标完成率考核实施。

（1）每一岗位均有不同的质量考核内容，属于日考核的质量指标，每日由车间统计员根据品管部提供的数据在“日清表”中填制，表中有“日完成率和累计完成率”；属于月考核的质量指标由品管部月底提供数据。

（2）每一岗位的各项质量指标实际完成率乘以权重后之和作为该岗位的质量目标完成率。

5.2.2 现场管理考核实施。

（1）由公司行政后勤部制定《现场管理考核办法》。考核内容包括：5S定置定位、安全隐患、保持设备原貌、设备日常保养（润滑、紧固和清洁等），具体考核细则见附件5。

（2）在内、外审（第二方、第三方审核）过程中，发现某区域有不符合现场管理要求或整改项的，则对岗位直接责任员工每项扣8分，班组成员每人扣5分，记扣当月绩效分。

（3）其他部门管理人员在车间巡查过程中，发现某区域有不符合标准或要求项的，则对该岗位的员工每项罚2分，记扣当月绩效分。

（4）每日由行政后勤部根据检查情况或整改单在“日清表”中记录，月底累计汇总。

5.2.3 违章罚项。

（1）考核内容包括：劳动纪律、工艺纪律、违规操作、违反生产“五不准”，每违章一次根据相关规定罚款并记扣当月绩效2分，月底累计。

(2) 每日由车间统计员根据罚单在“日清表”中记录，月底累计汇总。

5.2.4 改善奖项。

(1) 对于提出改善生产管理或工艺等并被认可或评估可行的建议，每一项建议根据相关规定奖励并加当月绩效3分，月底累计。具体细则见附件6。

(2) 每日由车间统计员根据通知在“日清表”中记录，月底累计汇总。

5.3 考核时间：车间统计员须每日在员工“日清表”记录每一岗位员工考核指标完成情况，并公示；月度汇总。

5.4 考核职责划分。

5.4.1 生产部计划组负责每月每车间不同岗位的工时定额的确定，并修订。

5.4.2 车间统计员负责每天记录、收集、统计和汇总每位员工的考核指标。

5.4.3 品管部检验员负责统计、传递质量违章等指标。

5.4.4 车间主任负责审核每月每日员工考核结果。

5.4.5 人力资源部负责员工年度、季度、月度工资基数及月度工资的调整和计算。

5.5 考核结果运用。

5.5.1 所有岗位每月考核的实际得分不仅与当月的工资直接挂钩，而且直接影响下一季度的季度基准工资。

5.5.2 若同岗位的员工在连续两个季度（即连续6个月）的绩效得分均值排名最后，则立即实行末位淘汰至级别低的岗位或等待安排岗位。

5.5.3 若同岗位的员工在一年的绩效得分排名第一，则该员工作为年度劳动模范或先进个人，并按照公司相关规定给予奖励。

6.福利待遇

6.1 养老、医疗、工伤保险及其他福利等按公司相关规定执行。

6.2 出勤按《员工考勤管理规定》执行，人事部每月依据考勤情况统一报批。

2-6 生产车间员工绩效考核办法

生产车间员工绩效考核办法

1.目的

为全面了解、评估员工工作绩效，发现优秀人才，提高公司工作效率，同时通过考核，全面评价员工的各项工作表现，使员工了解自己的工作表现与取得报酬、待遇的关系，获得努力向上改善工作的动力，特制定本办法。

2.适用范围

本办法适用于公司生产车间所有员工的考核。

3.定义

3.1 生产能力考核即根据每个工位定额产量，检查每个员工在出勤期间内，是否有达到预定产量。

3.2 定额产量是根据生产设备与作业员的生产能力而制订的单位时间内（通常为一个小时）的生产能力。

3.3 预定产量=定额产量×出勤时间。

3.4 全勤工资，即目前工资核算方法所得的工资，其由底薪与加班费、岗位补贴、其他补贴、奖金及应扣款五部分组成。

4.内容

4.1 考核内容。

4.1.1 新进员工，必须进行转正考核。

4.1.2 正式员工必须进行日常行为考核与生产能力考核。

4.2 考核方法。

4.2.1 考核结果直接与工资挂钩，表现绩优者可参加优秀员工评选，同时可以得到或超过全勤工资。

4.2.2 规定每个员工每月考核底分为100分，根据4.2.3项进行加减分。

4.2.3 考核得分。

（1）日常行为考核：违反任何日常行为考核条款一条者，扣除2分（严重违反或违反带“※”者，扣除3分），如果一月内连续出现三次相同的违反者，再扣除10分；一个月内未违反任何考核条款者，可得3分。

（2）生产能力考核达标者（即达到预定产量，不超过预定产量的5%），不扣分不加分；超过预定产量5%以上者可得1分，10%以上者可得2分，20%以上者可得3分；未达到预定产量90%者扣1分，80%者扣3分，70%者扣5分，60%以下者扣10分。

（3）在绩效考核中，若因机台故障未及时排除而造成未达到预定产量者，在机修同意的前提下，可以不扣分。

4.2.4 工资核算、考核后员工工资构成与计算方法如下：

$$\text{考核工资}=\text{底薪}+\left[\frac{\text{考核得分}}{100}\times（\text{加班费}+\text{岗位补贴}）\right]+\text{其他补贴或奖金}-\text{应扣款}$$

4.3 转正考核。

4.3.1 转正考核时机为：新进员工或调入员工，在该岗位实习至少一个月，并且可以独立进行操作后，进行转正考核。

4.3.2 转正考核内容包括书面考核、提问考核与实际操作考核三个方面，同时其平时表现也纳入转正考核中。

4.3.3 转正考核由组长主持，结果记录在“生产车间作业员考核表”中。转正考核合格后，就直接转正为正式员工，不合格者劝退或直接解雇。

4.3.4 书面考核只针对品管、焊锡、测试、操机等工位，如有需要时，其他工位也可以进行书面考核。考核内容包括电容器的基本知识、岗位操作注意事项、客户的特别要求等内容。

4.3.5 进行书面考核的员工，可以不对其提问考核；未进行书面考核的员工，必须进行提问考核。提问考核内容包括看单作业、异常预防能力与不良品处理方法等内容。

4.3.6 每个转正考核的员工，必须进行实际操作考核。实际操作考核内容包括机台保养、操作、生产效率与5S工作。

4.3.7 平常表现由组长酌情打分，主要看与同事的关系、对待工作的态度、上进心等。

4.4 日常行为考核。

4.4.1 日常行为考核由组长执行。

4.4.2 日常行为考核，包括纪律、品质、5S与配合状况等四个方面的内容，具体如下表所示。下表内容可根据公司的变化，作出具体的调整。

日常行为考核内容

A.纪律状况	B.品质状况
1.上班时喧哗嬉闹，从事工作以外的事情 2.多次离岗，离岗超时 3.与他人聊天，影响他人工作 4.无故不参加早会或迟到，不遵守秩序 5.下班时，未整理台面、打扫工作区域卫生 6.【※】损坏物品，或与同事吵架 7.曾犯错误被公司通告处分 8.【※】顶撞上司、诬告、威胁、欺骗上级 9.未当面向领导请假（特殊情况除外）或未经批准私自下班 10.【※】偷窃公司财物	1.工位台面堆积时，未及时清理造成品质隐患 2.未按作业指导书、操作规程作业 3.不良品未分类标示、隔离 4.【※】未做到自检、互检、发现不良品置之不理 5.换产品时，未经首检确认 6.使用材料时，发现不良品未上报 7.【※】工作时粗心大意，造成不良品 8.不良品未及时处理

（续表）

C.5S状况	D.配合状况
1.自己区域内地面、机台脏乱，有不同种规格产品	1.【※】不听从上司合理的分工调配
2.下班时不排队打卡	2.自己空闲时不主动帮助相邻工位
3.凳子摆设不整齐，工作台面（区域）脏	3.旷工、早退、迟到
4.各种表格、指导书未按时填写或挂放不整齐	4.地面有掉物料、工具等物品路过不捡
5.衣着不整齐	5.发现设备故障不主动上报
6.待作业产品乱摆放，状态未标示或标示错	6.下班时不关窗户、电源、空压机等
7.厂牌、工衣、工帽、拖鞋未穿戴	7.故意懒散，不努力工作
8.设备仪器未保养，有灰尘	8.上司指定任务未按时完成或未上报作业情况
9.坐姿不端正（东倒西歪）	9.工作中自己出现问题推卸责任
10. 灯管、支架有灰尘	10.【※】在集体中妖言惑众，煽动人心
11.标志不明确或混乱，未分类放置	

4.4.3 组长根据每个员工每日表现，在“每月员工日常行为考核检查表”中进行登记，若未违反就在相应的栏内画圈或不填写均可，若有违反则填上相应的条款代码，如某员工顶撞上级，即违反了“A.纪律状况”之第8条“【※】顶撞上司、诬告、威胁、欺骗上级”，组长可在检查表相应栏内填上“A8”。

4.4.4 组长在月末将考核检查表交统计员处理。

4.5 生产能力考核。

4.5.1 由各段组长根据目前人员、机台的生产状况，制订定额产量，报总经理或管理者代签核后生效，正本作为本制度的附件。

4.5.2 由统计员汇整各段组长确认后的每个员工“工作日报表”，作成“员工每日生产报告”，并将其公布出来。

4.6 在下月初，由统计员汇总本月所有员工的考核得分，作成“生产车间员工绩效考核汇总表”，由主管确认后，报总经理批准。批准后复印一份给财务部，财务部根据此结果计算所有员工工资。

5.附表

5.1 生产车间作业员考核表。

5.2 每月员工日常行为考核检查表。

5.3 员工每日生产报告。

5.4 生产车间员工绩效考核汇总表。

2-7 安全生产现场管理细则及考核规定

安全生产现场管理细则及考核规定

1.目的

为进一步加强安全生产现场管理，并持续不断地改善和提高，以期达到“7S”管理标准，特制定本规定。

2.适用范围

适用于公司生产现场。

3.管理及考核程序

3.1 安全生产现场管理实行“首长负责制”，即：由各单位负责人承担第一责任，专（兼）职安全员协助开展日常检查、落实和整改。对关键（重点）部位实行重点检查和布控，并采取有效的整改措施。

3.2 根据日、周、月的安全生产现场检查情况，由检查部门及检查人，属当即处罚情形的，必须在24小时内发出处理通报；属整改事项的，对不符合项发出书面整改通知单。责任部门必须按照时间和标准要求进行整改。凡整改不到位的，不仅考核直接责任人，还将酌情追究管理及领导责任。

3.3 公司安全生产现场管理职能划分为：生产管理部负责厂房以内的现场统一管理；企管部负责厂房以外、办公及公共等区域的统一管理；日常的检查考核工作原则上不得交叉重复，公司领导可以不定期组织抽查监督。

3.4 每月考核结果，由生产管理部次月5日前汇总交企管部在工资发放时落实。全部扣罚款额由生产管理部一次性领回存入“安全专项基金”账户，专门进行使用管理，专项基金的收支都必须经主管副总经理的审批执行。

4.通用考核细则

通用考核细则

序号	内容及要求	考核规定
1	生产现场（除班组长以上管理人员）员工擅自接打手机和玩手机	每人/次罚款100元
2	班中睡觉、脱岗、串岗、干私活和做生产无关的事	每人/次罚款100元 管理人员加倍考核
3	生产区域嬉戏、追跑打闹、谩骂等不文明行为	每人/次罚款100元
4	班前、班中禁止喝酒，原则上不安排上岗工作，情节严重的加倍考核	每人罚款100元

（续表）

序号	内容及要求	考核规定
5	班中禁止上网或用电脑打游戏	每人100元 管理人员加倍考核
6	高空作业未戴安全头盔、安全带和未加安全护栏	每人/次罚款100元
7	设备发现异常情况时，未停机进行检查处理	每人/次罚款100元
8	新员工未经监护人带领擅自操作机台或未经考核上岗	每人/次罚款100元
9	设备运行时禁止违章穿越设备	每人/次罚款100元
10	成型机传递环轨道上（除检修设备以外）禁止有人	每人/次罚款100元
11	垫布的卷未按标准手法进行操作	每人/次罚款100元
12	开炼机炼胶时未按规定进行握拳操作的	每人/次罚款100元
13	变电站在操作或维修变压器、电控柜等电器设备时，未办理操作票。带电操作未穿戴绝缘手套、绝缘鞋等	每人/次罚款100元
14	非吸烟点以外现场发现吸烟	每人/次罚款100元
15	无证操作特种设备的	每人/次罚款100元
16	乱动他人机台或私自顶替岗	每人/次罚款50元
17	吸烟室以外现场检查有烟头	每处罚款50元
18	无证驾驶叉车及叉车载人。未按规定速度、路线行驶	每人/次罚款50元
19	设备运转时擦洗机台或用汽油等挥发性强的易燃液体擦洗设备	每人/次罚款50元
20	检修设备时未挂警示牌或无人监护	每人/次罚款50元
21	每逢停机检修设备后，重新启用设备前，必须由当班操作主手或班长进行检查，同时对防护装置，应急开关等进行点检，做好相关记录，否则一律禁止开机，如未经检查擅自开机	每次罚款50元
22	运输带上发现有人躺、坐及违章跨越的	每人/次罚款50元
23	违反规定在液压车上站立或滑行	每人/次罚款50元
24	挤出机喂料口未按规定配备和使用专用工具而违章操作者	每人/次罚款50元
25	在硫化机机械手下站、坐、卧的	每人/次罚款50元
26	非货运电梯专管人员进行擅自动用和操作电梯的	每人/次罚款50元
27	交接班后，当班机台员工未检查设备安全装置灵敏度和有效性的	每次罚款50元
28	不经许可擅自进入油库重地	每人/次罚款50元

（续表）

序号	内容及要求	考核规定
29	配料工在操作时未戴防尘、防毒口罩	每人/次罚款50元
30	消防器材（除灭火使用外）擅自挪动或使用者	每处罚款50元
31	安全警示标志故意损坏，挪动及涂改	每处罚款50元
32	生产现场动火必须经过安全员到现场评估及做好防护措施、办理动火证以后方可动火	每处罚款50元
33	员工上岗应按规定穿戴工作衣、工作帽，不得穿高跟鞋和长发过肩	每处罚款50元
34	上班迟到、早退、擅自离岗	每人/次罚款20元
35	生产现场地面有杂物、有积水、有死角，窗户有灰尘，工装未按规定区域摆放整齐；设备有灰尘、漏油、破损现象	每人/次罚款20元
36	机台上或机台旁乱贴、乱画、乱堆、乱放、乱挂部件和废料及其他物件	每处罚款20元
37	废塑料垫布堆放超出区域	每处罚款20元
38	电气设备上有杂物或电气控制柜门敞开	每处罚款20元
39	其他上述未列出的违反安全操作规程及安全制度的行为	视情节轻重给予20～100元罚款

5.管理责任处罚规定

5.1 员工班中睡觉、玩手机、打架等严重违反劳动纪律的，在按规定考核当事人的基础上，同时每人/次对车间主任、副主任、当班班长各罚款20元，对当班调度罚款10元。

5.2 员工班中睡觉、玩手机违规人次全月累计在5次以上的，处罚分厂厂长、副长厂各50元；累计10次以上分厂厂长、副长厂各罚款100元，生产管理部部长、副部长各罚款50元。

5.3 员工迟到、早退、擅自离岗在按规定考核当事人的基础上，同时每人/次对车间主任、副主任、当班班长各罚款10元，内勤罚款5元。

5.4 各分厂员工迟到、早退、脱岗全月违规人次累计10次以上，处罚分厂厂长、副厂长各50元，生产管理部经理、副经理各罚款20元。全月违规人次累计20次以上的分厂厂长、副厂长各罚款100元，生产管理部经理、副经理各罚款50元。

5.5 对重复违反安全操作规程和现场管理反复不达标的，将按规定标准对车间主任、副主任加倍处罚。

6.奖励规定

6.1 全月各车间（科室）无睡岗、脱岗、迟到、早退、玩手机、工装穿戴等违纪现象发生的奖励200元。

6.2 发现安全隐患能及时反映并采取有效措施、整改到位、取得明显成效的奖励100～500元。

6.3 工装摆放、现场卫生能够长期保持在良好状态的，将根据实际情况进行拍照奖励，每张照片奖励50元。

6.4 各责任单位自主开展安全现场管理活动，成效显著的，可提出奖励申请。

2-8 车间现场管理考核制度

车间现场管理考核制度

1.目的

为进一步加强生产现场管理，创造良好的生产经营环境，提升车间整体管理水平，促进公司发展目标的早日实现，特制定本制度。

2.现场管理考核领导小组

组长：　　　　　　　副组长：　　　　　　　成员：

3.车间现场管理奋斗目标

3.1 做好各项专业管理、文明生产，争取本年底现场管理各项考核指标达标。

3.2 提高车间全员素质，建立现代企业管理意识。

3.3 搞好基础管理的前提下，进一步探索科学化管理之路。

4.车间现场管理检查办法及考核细则

4.1 检查小组成员由领导小组人员组成。

4.2 采取抽查或普查的方式，每月定期开展自查整改活动。

4.3 每次检查前，检查小组应开简短的准备会，明确要检查的单位和地点。

4.4 检查后汇总，将检查考核结果于次月5日前上报现场管理达标协调督察办公室和生产调度科。

车间现场管理考核实施细则

类别	考核内容	扣罚标准
现场环境卫生管理	1.现场道路及时清扫	不及时，扣包干责任人10元
	2.管辖范围不得有车辆摆放	发现一次，扣包干责任人10元
	3.现场无垃圾杂物、无积水，保持干净、整洁，窨井盖完整，设施完整	一处不合格，扣包干责任人20元
	4.办公室、会议室、操作室、更衣室、休息室、卫生间等做到“五净”（门窗、桌椅、地面、橱柜、台面用品、上墙图表规章，桌柜内物品摆放整齐）	一处不合格，扣包干责任人20元
	5.生产现场14米除氧层、8米平台、4.5米管道层、0米辅机层地面平整、无油污、垃圾，墙壁整洁无污染、不乱贴标语。沟道、孔洞盖板完好	一处不合格，扣包干责任人20元
	6.生产设备标志清晰，无积灰、积垢、积油、积水等	一处不合格，扣包干责任人20元
	7.检修现场要做到“三无”（无油迹、无水、无灰）“三齐”（拆下的零部件堆放整齐，检修机具摆放整齐，材料备品堆放整齐）“三不乱”（不乱拉电线，不乱接管路，不乱丢杂物），做到工完场地清	违反“三无”“三齐”“三不乱”，每项扣检修工段20元，工完场不清，扣100元
	8.各站、房、所及检修现场严禁吸烟	发现吸烟一人次，扣50元，每发现一个烟头，扣15元
	9.消除长明灯、长流水及不必要的空机运行等浪费能源的现象	发现一次，扣30元
现场定置管理	1.现场进行区域划分，各区域界限清楚，标志明显，责任到位	达不到要求，扣20～80元
	2.各生产现场入口处应悬挂本单位定置管理图，能反映出各类物件放置及现场人流、物流路线	无定置管理图，扣80元，图上标示不清，扣20元
	3.各类物件按定置分类放置，达到“规格化一条线”的要求，即：工器具分类归队、对号入座，物件摆放成行，悬挂物件整齐划一	一处不符合要求，扣20元
	4.现场临时存放物要定点、定置，不得侵占其他定置物，摆放整齐有序	未按要求存放，扣责任单位20～100元
	5.库房内各类物品实行分类摆放，及时填写进出台账，账、物、卡相符，危险品有特别定置标志	不符合要求，扣20～100元

（续表）

类别	考核内容	扣罚标准
现场定置管理	6.经常开展整理、整顿、清洁、清扫、教育活动，并对各类物品不定期地进行整理、整顿	未开展活动，扣20元
	7.车间安全通道及消防通道标志清楚、安全畅通	未做到，扣20元
	8.现场各呆滞物、废弃物及时处理	发现一次，扣10元
现场设备管理	1.设备外观清洁、见本色，无明显渗漏现象	设备不清洁，扣50元，有较明显渗漏现象，扣100元
	2.设备润滑良好，无缺油、少油现象	润滑不合格一处，扣50～200元
	3.各类设备按规定挂牌，定期校验	一处不挂牌，扣50元，未定期校验，扣50元
	4.设备及附件齐全完好	不齐全或损坏，扣20元
	5.专业点检制度完善、落实	不完善或未执行，扣20元
	6.点检记录规范，发现问题及时处理	不规范，扣20元，不及时处理，扣50元
	7.岗位设备使用、维护规程健全	无操作规程，扣50元
	8.认真做好设备隐患记录，有整改措施	整改率＜90%，扣20元
	9.各种管道包扎和密封完好，无跑、冒、滴、漏	一处不合格，扣10元
现场信息管理	1.生产现场的各种原始记录、台账、报表准确、规范、齐全、传递及时。严格执行法定计量单位	一处不合格，扣20元，缺少或弄虚作假，扣100元
	2.现场信息资料分类摆放在指定位置，便于查阅	不合要求，扣20元
现场安全管理	1.进入生产和机修作业现场劳保用品必须穿戴齐全，符合《安全规定》要求	不符合要求，扣30元/人
	2.特种作业岗位职工必须持证上岗	无证作业，扣责任单位100元
	3.设备安全装置齐全，做到轮有罩、轴有套、坑有盖、台有栏、危险部位有明显警示标志	一处不符合要求，扣50元
	4.施工检修现场安全监护人员落实到岗，安全设施齐全有效，有防护栏，警示标志符合要求	不按规定执行，扣责任单位100～500元
	5.安全事故必须“三不放过”，严格考核	未考核，扣相应责任人20元
	6.安全隐患及时整改，危险点、危险源严格控制	一项不落实，扣20元
	7.职工遵守安全技术操作规程	违反操作规程，每起扣50元
	8.消防设施及消防器材齐备，完整好用，取用方便，实行“三定”管理	设施不全或乱放，扣20元；未实行“三定”管理，扣20元
	9.外来施工安全管理	未鉴定安全协议或安全措施不完善，扣主任和安全员20元

（续表）

类别	考核内容	扣罚标准
现场生产管理	1.设备启停状态及生产异常情况及时向值班长汇报	不汇报或汇报不及时造成不良后果，扣30元以上
	2.服从值班长调度指挥，自觉维护生产工艺纪律	做不到，每次扣50～200元
物资管理	1.各类物资进出动态及时填写	填写不及时，扣20元
	2.各类物资账、物、卡相符	账、物、卡不符，每处扣20元
	3.各类流动物在流动过程中做到不混、不漏、不撒	流动过程中混、漏、撤，每处扣10元
	4.备品备件保质、保量，按时供应	未做到，每处扣20元
	5.各类物品存放有期限和数量规定，无积压、浪费现象	发现一处不合格，扣10元
	6.不得擅自处理厂里资源	擅自处理，每次扣责任人50元
基础管理	1.技术操作规程或岗位作业标准健全	不健全，扣主管人20元
	2.按技术操作规程或岗位作业标准进行标准化作业	未按标准化作业，每处扣责任人20元
	3.工艺纪律检查制度健全	制度不健全，扣20元
	4.对违规违纪者按制度处罚到人	未考核，扣主管人20元
	5.影响工艺纪律贯彻的各种问题及时整改	未及时整改，扣主管人20元
	6.严格考勤制度、交接班制度	制度不坚持，每次扣20元
	7.严肃劳动纪律，不迟到、不早退、不串岗、不睡岗	发现一次，扣责任人40元
	8.不干与岗位无关的事	发现一次，扣责任人20元
	9.班中严禁喝酒	发现一次，扣责任人40元
	10.原始记录管理制度健全，按原始记录管理制度进行检查并考核	无制度或不落实，扣主管人20元
	11.各种原始记录、台账、报表整洁工整	未做到，每次扣责任人20元
	12.不得伪造原始记录	伪造一次，扣责任人30元
	13.班组经济核算要确定经济核算指标	没确定核算指标，扣班组40元
	14.班组和成员有明确的经济责任	无明确经济责任，扣班组40元

范本三　品管部绩效管理制度

3-1　品管部绩效考核作业办法

品管部绩效考核作业办法

1.目的

为提高品管部各岗位人员的责任心和品质意识，确保各岗位人员严格按照工作流程进行作业，以减少因人为因素而造成的品质损失，提升品质人员的积极性，特制定本办法。

2.适用范围

适用于公司品质人员（QC、QC组长）的绩效考核的实施。

3.职责与权限

3.1 总经理：负责本制度的批准。

3.2 副总经理：负责本制度的审核以及出现争议状况的最终裁决。

3.3 品管部经理：负责本制度的实施过程的监督、呈报。

3.4 品管部：负责本制度的起草、奖惩申请提出、考核分数统计与通报的提出。

4.考核细则

4.1 处罚细节。

以下考核范围为：工作质量、工作表现、配合度、工作技能、工作效率。

绩效考核细则内容说明

代码		考核细则	考核标准
大类	小类		
A	1	迟到、早退（包括会议迟到）、6S（组长划分6S责任区域，制作名单）、仪器点检未按要求执行者（除行政处分外）	扣2分/次
	2	未按照要求请假（未提前提出者）	扣1分/次
	3	旷工（除行政处分外）	扣10分/次
	4	不服从管理者工作安排（除行政处分外）	扣5分/次
	5	工作态度消极、不积极者（对工作避重就轻者）	扣5分/次

（续表）

代码		考核细则	考核标准
大类	小类		
A	6	工作时间做与工作无关事情（玩手机、看报纸、聊天、吃零食等）	扣3分/次
	7	对待错误不主动承认和改善者（除行政处分外）	扣2分/次
	8	未按照要求进行首件、巡检、抽检、全检，造成报废或批量返工，按品质责任追究管理办法执行（除行政处分外）——当班组长负连带责任	扣10分/次
	9	图纸、检验规范等资料遗失，借出样品、图纸、检验工具未保管好造成遗失或损坏	扣2分/次
	10	首件未在正常检验时间内完成或其他检验工作未及时完成（无正当理由）	扣2分/次
	11	检验未按照要求填写检验记录或检验记录不真实者（除行政处分外）	扣5分/次
	12	未依据图纸、检验标准、作业指导书等要求进行检验者	扣5分/次
	13	检验报表未及时上交者或未按照要求保管者	扣2分/次
	14	现场产品未进行状态标示或标示错误	扣2分/次
	15	发现重大异常未按照要求上报，隐瞒事实者——当班组长负连带责任	扣10分/次
	16	客户抱怨、批量退货，包括书面、邮件、电话抱怨	扣5分/次
	17	下道工序投诉检验失误经确认不良属实品（态度不好加重处罚）	扣2分/次
	18	出货资料未备齐全引起客户抱怨者	扣1分/次
	19	不合格品未跟催及时处理、标志隔离不清	扣5分/次
	20	由于人为操作引起检测仪器、检具损坏或遗失	扣2分/次
	21	巡检失误造成批量不良	扣5分/次
	22	异常的重复发生（包括制程、客诉、外包来料等）——组长、QE、主管负连带责任	扣5分/次
	23	量产时现场无对应的SIP使用（针对QE）	扣2分/次
	24	各类检验资料不齐全或制定错误（针对QE）	扣3分/次
	25	不爱护团队，与部门或相关同事协调不顺畅，与其他人员配合不佳	扣2分/次
	26	工作无恒心，精神不振，态度傲慢，不满现实	扣2分/次
	27	敷衍了事，无责任心，做事粗心大意，日常工作经常出错者	扣2分/次
	28	不求上进，对工作要求茫然无知，对日常工作不能正常完成	扣2分/次
	29	上级交办事情不能及时完成到位	扣2分/次

4.2 奖励细节。

以下考核范围为：提案改善、团队协作、培训能力、预防能力。

绩效考核细则内容说明

代码		考核细则	考核标准
大类	小类		
B	1	主动提出他人工作中的失误或不足，避免不良的发生	加2分/次
	2	爱护团体，工作态度积极，经常帮助其他同事或新进员工，工作成绩优秀者	加2分/次
	3	各环节能及时发现重大品质问题或隐患（本工作职责及范围内的不计）	加2分/次
	4	自发地向上司提出行之有效的改善建议，经实施确认能降低公司生产与品质成本，提高品质状况与生产效率者（此项加分为20分）	加10分/次 参与加1分
	5	能积极主动教导员工操作，对生产中产生的不良，能主动采取措施进行整改，以做到减少报废损失，提高生产效率者	加2分/次
	6	当月生产中，QC无严重不良品流出，且客诉少于4次	加5分/月
	7	工作质量精确，1个月内无出现错误，且能提前完成任务，并帮助其他同事分担工作压力	加5分/月
	8	能独立自主完成超出自己工作能力以外的事，且做得很好	加5分/月

5.绩效奖金计算细则

5.1 绩效奖金结算方式。

5.1.1 考核分数≥95分的绩效奖金按×××元结算。

5.1.2 考核分数85～94分的绩效奖金按×××元结算。

5.1.3 考核分数80～84分的绩效奖金按×××元结算。

5.1.4 考核分数75～79分的绩效奖金按×××元结算。

5.1.5 考核分数70～74分的绩效奖金按×××元结算。

5.1.6 考核分数65～69分的绩效奖金按×××元结算。

5.1.7 考核分数60～64分的绩效奖金按×××元结算。

5.1.8 考核分数在60分以下的绩效奖金为0。

5.1.9 品质人员连续3个月绩效分在60分以下者，将考虑更换工作岗位或作辞退处理。

5.2 补充说明。

5.2.1 因其他原因造成的客户抱怨，与品质人员无直接责任的不计算在内。

5.2.2 每天考核，月底汇总，每月底考核的结果向本部门所有人员公开。

5.2.3 试用期内员工不在考核范围内。

5.2.4 当月事假超出公司规定的时间3天以上的，当月不参与绩效考核（特殊情况除外）。

5.2.5 因工作失职或故意等原因给公司带来重大损失者除扣除绩效分以外，行政处分依公司厂纪厂规执行。

5.2.6 此考核办法旨在提升品质人员的工作积极性和责任心，是以公司规章制度为基础的补充规定，与公司规章制度无任何冲突。

5.2.7 违反厂纪厂规依公司制度作行政处分并扣除相应绩效。

5.3 附表。

品保绩效考核表。

3-2 品管人员绩效考核办法

品管人员绩效考核办法

1.目的

为了严格执行ISO 9001-2008质量体系管理要求，确保产品质量符合顾客要求，提高品管人员的工作积极性，特制定本办法。

2.适用范围

此考核办法适用于本部门各岗位的管理及执行。

3.考核的依据

3.1 客户投诉。

3.2 部门各岗位日报表。

3.3 品质异常单。

3.4 品质月统计表。

3.5 相关部门信息互享。

4.绩效指标与评分标准

4.1 IQC绩效指标与评分标准。

IQC绩效指标与评分标准

序号	考核指标	评分标准
1	常规产品批次合格率（20分）	·流入下道工序批次合格率≥99.3%（20分） ·99.3%＞流入下道工序批次合格率＞98.8%（10分） ·流入下道工序批次合格率＜98.8%（0分）
2	批量质量事故（10分）	·流入下道工序产品不良率≤3%（10分） ·7%≥流入下道工序产品不良率＞3%（6分） ·流入下道工序产品不良率≥30%（0分）
3	质量记录（5分）	质量记录正确性与及时性（5分）
4	异常反馈及处理（5分，可以为负数）	内部质量异常解决问题的及时性、有效性及横向沟通能力（5分）
5	性能试验（10分，可以为负数）	流入下道工序（客户）的产品、零件的可靠性，项目质量事故为“0”，如盐雾、可焊性、耐焊接热、回流焊试验等（10分）
6	电镀件质量合格率（10分，可以为负数）	·电镀件流入下道工序批次合格率≥99.7%（10分） ·99.7%≥电镀件流入下道工序产品不良率＞99.5%（5分） ·电镀件流入下道工序产品不良率≥99.5%（0分） 注：出现批量不良考核后批次不良及放行件投诉不计入检验员考核范围内（避免重复考核）
7	生产进度配合度（6分，可以为负数）	·配合生产及时检验与生产同步完成任务（6分） ·产品经检验出现异常，未及时汇报处理、跟踪耽误交货期（4分） ·检验时间充足的情况下，因个人原因导致产品不能及时交货（0分）
8	沟通能力（共7分）	·作为团队成员，能与其他成员互通工作进展情况（1分） ·尊重他人，热情地参与团队工作，服从团队的决定并完成团队指派的工作（1分） ·当他人提出请求时，愿意提供帮助，使他人达到目标（1分） ·能细心倾听他人的意见和观点，并能了解其他员工的需要和观点（1分） ·关注团队内其他员工工作，愿意帮助团队成员发现和解决问题，愿意进行技能传授，主动协助其改善绩效（1分） ·为了达到共同的目标，与其他员工工作时能保持灵活性（1分） ·能够建立并保持一个高效的工作团体，能够与员工建立双向沟通（1分）

（续表）

序号	考核指标	评分标准
9	学习能力（共7分）	• 为完成日常工作，不断学习、应用并更新必要的知识与技能（1分） • 在他人指导下，能按照要求执行各项任务，并学习其中的原理（1分） • 愿意接受他人对自身工作的改进建议，愿意对自己的工作进行检讨，并从错误中吸取经验教训（1分） • 独立完成大部分自身工作领域内的各项任务，并对其中发现的问题进行分析，以恰当地确定何时需要向他人寻求意见或支持（1分） • 建设性地与他人讨论对自身工作的意见与建议，并将此作为学习与发展的动力（1分） • 根据需要，协助进行有关培训（1分） • 能持续不断地、显著地提升自己的能力以及培育他人的能力（1分）
10	执行力（共10分）	• 根据要求，完成指定的任务（1分） • 表现出对工作轻重缓急的了解，并能恰当处理（1分） • 根据轻重缓急，自行确定完成日常操作性事务的时间，并能按照此时间安排完成各项工作（11分） • 表现出一定的积极性，根据需要，在自身工作领域外，协助他人开展工作（ 1 分） • 在执行任务的过程中，遇到阻碍时也能坚持工作原则（1分） • 能意识到有关工作在开展过程中的风险，并积极主动地在工作领域外，协助他人完成这些工作（1分） • 独立分析与解决问题的能力强（1分） • 出现问题反应迅速，将损失降到最低（1分） • 服从上级安排和工作调动，遵守公司一切规章制度（1分） • 工作总结汇报准确、真实、及时（1分）
11	内部顾客满意度（10分）	• 下道工序及配合部门整体评价优（9～10分） • 下道工序及配合部门整体评价良（6～8分） • 下道工序及配合部门整体评价差（0～5分）

4.2 IPQC绩效指标与评分标准。

IPQC绩效指标与评分标准

序号	考核指标	评分标准
1	批次合格率（20分）	• 流入下道工序批次合格率≥99.5%（20分） • 99.5%>流入下道工序批次合格率>98.5%（10分） • 流入下道工序批次合格率<98.5%（0分）

（续表）

序号	考核指标	评分标准
2	首件检验误判率（10分）	·首件检验误判率＜0.1%（10分） ·首件检验误判率＜0.2%（6分） ·首件检验误判率＞0.2%（0分）
3	质量记录（5分）	质量记录正确性与及时性（5分）
4	异常反馈及处理（5分，可以为负数）	内部质量异常解决问题的及时性、有效性及横向沟通能力（5分）
5	批量质量事故（20分，可以为负数）	·流入下道工序产品不良率≤3%（20分） ·7%≥流入下道工序产品不良率＞3%（10分） ·流入下道工序产品不良率≥30%（0分） 注：出现批量不良考核后批次不良及放行件投诉不计入检验员考核范围内（避免重复考核）
6	生产进度配合度（6分，可以为负数）	同4.1内容
7	沟通能力（7分）	同4.1内容
8	学习能力（7分）	同4.1内容
9	执行力（10分）	同4.1内容
10	内部顾客满意度（10分）	同4.1内容

4.3 QA绩效指标与评分标准。

QA绩效指标与评分标准

序号	考核指标	评分标准
1	常规产品批次合格率（10分）	·出厂产品批次合格率＞99.5% ·99.5%＞流入下道工序批次合格率＞99.2% ·流入下道工序批次合格率＜99%
2	专项质量（10分）	产品无客户投诉（10分）
3	标志性及包装质量合格率（10分）	·发货批次不良率（混料、标示、数量）＜1%（10分） ·1%＞发货批次不良率（混料、标示、数量）＞1.5%（5分） ·发货批次不良率（混料、标示、数量）＞2%（0分）
4	质量记录（5分）	质量记录正确性与及时性（5分）

（续表）

序号	考核指标	评分标准
5	异常处理及时性（5分，可以为负数）	内部质量异常解决问题横向沟通（5分）
6	重大质量事故（20分，可以为负数，不封顶）	如客户黄牌警告、上机引起返工、大批量返工等（20分） 注：同批不良考核不重复计算（包装不良与批次不良分类考核）
7	生产进度配合度（6分，可以为负数）	同4.1内容
8	沟通能力（7分）	同4.1内容
9	学习能力（7分）	同4.1内容
10	执行力（10分）	同4.1内容
11	内部顾客满意度（10分）	同4.1内容

4.4 试验员绩效指标与评分标准。

试验员绩效指标与评分标准

序号	考核指标	评分标准
1	可靠性试验（10分）	• 对公司生产和外购产品及时随机抽样做可靠性试验，数据真实准确（抽样8款产品以上）（10分） • 对公司生产和外购产品及时随机抽样做可靠性试验，数据真实准确（抽样6～8款产品）（5分） • 对公司生产和外购产品及时随机抽样做可靠性试验，数据真实准确（抽样6款产品以下）（2分）
2	新品开发送样确认(10分)	• 配合技术开发及时试验与送样同步完成任务（10分） • 产品经试验出现异常未及时汇报处理跟踪耽误交样期（6分） • 试验时间充足的情况下因个人原因导致新产品不能及时送客户确认（0分）
3	批次合格率控制（10分）	• 流入下道工序批次合格率≥99.3%（10分） • 99.3%>流入下道工序批次合格率>98.8%（5分） • 流入下道工序批次合格率<98.8%（0分）
4	批量事故（10分）	• 流入下道工序产品不良率≤3%（10分） • 5%≥流入下道工序产品不良率>3%（5分） • 流入下道工序产品不良率≥30%（0分）

（续表）

序号	考核指标	评分标准
5	质量记录（5分）	质量记录正确性与及时性（5分）
6	异常处理及时性（5分）	内部质量异常解决问题横向沟通（5分）
7	客户反馈（10分）	客户反馈可靠性试验不良、环保超标或所负责的产品出现黄牌警告、上机引起返工、大批量返工等（10分） 注：同批不良考核不重复计算（包装不良与批次不良分类考核）
8	生产进度配合度（6分，可以为负数）	同4.1内容
9	沟通能力（7分）	同4.1内容
10	学习能力（7分）	同4.1内容
11	执行力（10分）	同4.1内容
12	内部顾客满意度（10分）	同4.1内容

3-3 IPQC绩效考核方案

IPQC绩效考核方案

1.考核目的

为了更好地激发品管部人员工作潜力，促进品管部人员技能的自我提升，公平、公正、公开地考核品管部人员绩效，做到赏罚分明、有据可依的透明化管理，切实发挥管理津贴的激励效果，特制定品管部IPQC绩效考核实施方案。

2.考核原则

2.1 公平、公开原则。

2.1.1 人事考核标准、考核程序和考核责任都应当有明确的规定且对企业内部全体员工公开。

2.1.2 考核一定要建立在客观事实的基础上进行评价，尽量避免掺杂个人主观臆断和感情色彩。

2.1.3 企业生产车间所有班组长都要接受考核，同一岗位的考核执行相同的标准。

2.2 定期化与制度化。

2.2.1 绩效考核制度作为人力资源管理的一项重要的制度，企业所有员工都要遵守执行。将生产车间班组长考核分为月度考核和年度考核两种。

3.品管部IPQC工作绩效考核占有比例

品管部IPQC工作绩效考核占有比例

序号	考核项目	考核占有比例
1	生产品质、质量控制	30%
2	5S现场管理、企业形象维护	30%

4.沟通与反馈

4.1 考核评价结束后，人力资源部或品管部相关领导应及时与被考核者进行沟通，将考核结果告知被考核者。

4.2 在反馈考核结果的同时，应当向被考核者就评语进行说明解释，肯定成绩和进步，说明不足之处，提出今后努力方向的参考意见等，并认真听取被考核者的意见或建议，共同制订下一阶段的工作计划。

5.绩效考核成员

5.1 人力资源部（公司主管及以上的管理层）负责组织绩效考核的全面工作，其主要成员包括人力资源部考核专员、生产部经理、品管部经理或主管。

6.考核人员及周期安排

6.1 对品管部IPQC的考核，在绩效考核小组（生产经理、生产主管、品管经理、品管主管）的直接领导下进行。

6.2 月度考核评分时间一般是在每月20～25日将平日考核计分进行汇总，以便将管理津贴计入当月工资内（考核结果交由总经理批准，再交由财务计入工资中）。

6.3 年度考核评分时间是在每年12月20～25日将每位IPQC每月所得管理津贴汇总，取获得累计管理津贴奖金最多的前三名（考核结果交由总经理批准，再交由财务计入工资中）以便将年终奖金计入12月工资内。

7.考核实施

7.1 绩效考核小组工作人员每日根据品管部IPQC的实际工作情况展开考核，考核人员将考核结果（不符合现象：扣分，表现能力好：加分）记入日常工作检查记录表中，检查记录表统一张贴在品管部办公室的公告栏内，以便品管部IPQC知悉的同时给予有效改进，且提醒其他IPQC避免再犯同种错误以达到鞭策目的。

8.考核结果的应用

每日考核为每月奖金评估的依据，每月考核为年度考核结果的依据，以促使品管部IPQC在不同月份内再接再厉。年度考核结果为人力资源部薪资调整、员工培训、岗位调整、人事变动等提供客观的依据。

9.管理津贴分类标准

9.1 管理津贴分为10级，从1级开始最高设定为10级，1级为50元，每个级别差额为50元。

9.2 品管部IPQC管理津贴定位为10级封顶。

9.3 新任品管部IPQC无重大质量事故责任津贴定位如下表所示。

品管部IPQC级别分类

品管部IPQC级别分类	满一个月	满两个月
直接负责人员>45人	100元津贴	150元津贴
直接负责人员≤45人	100元津贴	120元津贴

新任品管部IPQC从第三个月起，按评定标准评定管理津贴等级。

10.品管部IPQC工作职责

10.1 品管部IPQC所负责生产线或包装线的品质管理工作，对新员工、新产品、新设备、新工法、焊锡工位、含浸（浸漆）工位、外观检查工位、电性测试工位、不良品返修工位、产品履历异常点、客诉异常点作重点管理项目。

10.2 能合理监督管理生产人员，无人员闲置和停线等现象（含换线时）。

10.3 能独立管理好生产线，有良好的协作能力和团队精神，能处理好员工之间关系。

10.4 能按时保质、保量完成上司交给的生产任务和其他任务。

10.5 能控制生产用料（线上材料符合性），及时发现问题，并有分析问题和解决问题的能力，能统计评估生产品质能力（QC七大手法运用），改善作业方法（按标准手法操作），提高生产效率、规范化生产。

10.6 能切实贯彻执行5S，时刻起到监督作用；明确搞好5S对品质管理的重要性。

10.7 能熟练掌握生产技能（含仪器设备的正确使用、保养）、熟练使用各种量测工具、产品生产流程、工序控制能力，做到有预见性的预防措施。

10.8 有较强的安全意识，能及时发现和消除安全隐患，确保安全生产。

10.9 能合理安排时间，及时检验上线材料及确认各工序的品质是否满足工艺文件要求，保证生产线正常运行；确保生产过程在有效管制下进行。

10.10 能按要求做好首件检查工作，严格要求生产部按制作流程图进行生产，不得有用错料、混料、漏工序生产的现象发生；每个月至少两次与客户检测仪器进行对机校样，确保公司间的检测值一致。

10.11 能严格按照《IPQC工作规程》要求，定时对各类型绕线机、检测仪器、烘烤/焊锡设备、治工具进行：圈数确认、校样验证、温度检测、尺寸量测，避免因漏失现象导致产品大批量不良或报废。

10.12 不厌其烦地监督指导生产人员按文件要求生产，并要求会看图纸生产制作。

10.13 需掌握采用自制不良品的验证手法，对电感、漏感、圈数/匝比、相位、短/开路、DCR、耐电压进行校样检测，以确定检测仪器是否能有效地测试出不良品。

10.14 严格按要求填写IPQC各类检查表，并时刻监督生产部对各类外观检查表、电性测试报告表、不良品返修记录表、不良品流向的填写状况；有效掌握产品异常点的波动及主要不良项目，以便对症下药重点管理。

10.15 及时有效地对客诉异常现象作分析处理，其中包括：不良异常点的类似产品、类似问题预见性，库存品、在制品、在线成品、在线半成品的处理方式，对待生产的产品拟订预防、纠正改善措施；跟进改善方案的实施情况以及改善效果的追踪确认，并及时将追踪信息反馈给上级领导知悉。

10.16 自觉学习与公司配套产品的相关知识，如：产品的用途、涉及的行业、国际标准、法律法规等。

10.17 每周星期三对各锡炉中的锡、胶、点色笔、电烙铁头进行取样，交付给总厂作物质含量检测。

11.级别评定

11.1 按月评定得分（总分为100分），其管理津贴标准如下表所示。

管理津贴标准

序号	奖金等级	最高奖金额	每分折合金额	品管部IPQC级别分类
1	10级	500元	5元	直接负责人员＞45人
2	9级	450元	4.5元	直接负责人员≤45人

11.1.1 例：直接负责人员＞45人的品管IPQC奖金等级为10级，经过IPQC努力当月评估得分在经过考核扣分和加分后，其最终当月评分为95分；按“管理津贴标准”计算其该IPQC当月实际应得奖金为475元。

11.1.2 在每月考核评分时不同IPQC级别，按对应的奖金等级进行评分考核；例：直接负责人员≤45人的品管部IPQC奖金等级为9级，1级为50元；（总分100分，其奖金额为450元=9级×50元），每分应为4.5元=450元÷100分；若本月考核得分为78分，其本月所得奖金为351元=78分×4.5元。

11.1.3 部分的品管部IPQC虽直接负责人员较少，但换线较为频繁（例：负责生产电感产品的线别）或负责区域广、管理项目多，遇此情况为做到公平考核，所以对每月负责换线＞15次的IPQC，给予1.1的加权系数K。

例：直接负责人员≤45人的品管部IPQC奖金等级为9级，奖金额为450元，每分折合金额为4.5元；若本月考核得分为75分，其本月管理津贴应为4.5元×75分=337.5元；但由于该IPQC负责的线别当月累计换线次数＞15次，所以当月实际管理津贴应为4.5元×1.1×75分=371.25元。

11.1.4 连续三次当月评估得分低于50分的IPQC，作降级、调换岗位或降职处理。

11.1.5 年度考核获得前三名的IPQC奖励标准见下表（参加评比的IPQC需＞7人，否则不予以评比）。

注意：年度考核获得第1名的IPQC，不仅能得到高额年终奖，而且将纳入公司管理层储备管理人员名单内，以提供宽广的发展空间。

年度考核获得前三名的IPQC奖励标准

名次	数据来源	考核人员	年终奖金额	评定方法
第1名	月绩效考核表	主管及以上管理层	800元	按每月（共12月）所得奖金相加，取获得累计奖金最多的前三名
第2名			600元	
第3名			400元	

11.2 IPQC品质评分方法（基准分30分）：

11.2.1 根据生产线每日测试报表不良率和外观返修记录不良率进行评分。

根据生产线每日不良率进行评分

序号	数据来源	考核人员	当日不良率（%）	评分方法	基准分10分
0	产品电性测试报告表	品质主管	＜0.30%	加5分	因产品结构、工艺、仪器设备因素造成除外
1			0.31～0.5%	扣2分	
2			0.51～0.7%	扣4分	

（续表）

序号	数据来源	考核人员	当日不良率（%）	评分方法	基准分10分
3	产品电性测试报告表	品质主管	0.71～0.85%	扣6分	所计不良率为：匝比不良和其他需重新返工绕制的不良品除以所测试数量的比率
4			0.86～1%	扣8分	
5			大于1.01%	扣10分	

根据生产线当日外观返修不良率进行评分

序号	数据来源	考核人员	当日外观返修不良率（%）	评分方法	基准分10分
0	不良品返修记录表	品管主管	<1%	加5分	因产品结构、工艺、仪器设备因素造成除外；外观返修记录不良率，包括外观因素、电性因素造成返修和报废的
1			5.0%～6%	扣2分	
2			6.01%～8%	扣4分	
3			8.01%～10%	扣6分	
4			10.01%～12%	扣8分	
5			12.01%～15%	扣9分	
6			大于15.01%	扣10分	

11.2.2 包装线根据OQC批退和客诉进行评分。

备注：客户投诉一次负责包装线IPQC扣5分，如是前段生产线原因造成，负责前段生产线IPQC扣2～3分。

根据OQC批退率进行评分

序号	数据来源	考核人员	批退率月统计	评分方法	基准分10分
0	OQC批退率达成统计表	品管主管	<4%	加5分	1.品管部参与全检的产品不列入加分考核 2.因产品结构、工艺、仪器设备因素和其他部门造成的不列入扣分考核
1			4.01%～5%	扣2分	
2			5.01%～6%	扣4分	
3			6.01%～7%	扣6分	
4			7.01%～10%	扣8分	
5			10.01%～12%	扣9分	
6			大于12.01%	扣10分	

11.3 5S现场管理、企业形象维护评分方法（基准分30分）：

11.3.1 5S由生产部经理或品管部主管每天巡线检查（不同考核人员同一天检查发现的同一不符合现象，只作一次扣分处理），5S推行小组每月至少检查2次，即：每月的7日及22日，每一不良项扣1分。

11.4 IPQC管理能力评分方法（基准分40分）：

IPQC管理能力评分方法

序号	考核人员	考核项目	评分方法
1	生产部经理及品管部主管	开会迟到、早退，未参加会议	扣每次1分/2分
2		电话请假月累计>2次	扣4分
3		事假月累计>2次，病假例外（但需提供病例证明）	扣5分
4		旷工半天、旷工1天	扣5分/10分
5		加班时旷工、请假未经批准擅自不上班	扣10分/次
6		生产时未督促生产组长挂工艺文件或组长没执行没向上级反馈	扣1分/次
7		作业员未按工艺文件作业，IPQC未发现	扣2分/次
8		不配合工作安排、工作态度差、不按规定的要求（含会议、发文等）落实工作	扣5～10分/次
9		未按要求做各种报表，文件、资料、工具借用不登记或不按时归还	扣2分
10		工作中弄虚作假、做假报表发现一次	扣20分/次
11		工作中因有不同意见不向上级反映而与他人在工作场所发生争吵	扣10分/次
12		上班或加班时间看报纸、杂志、小说、玩手机等或做与工作无关的事	扣5分/次
13		工作时间消极怠工、串岗、聊天、嬉笑打闹、工作散漫、打瞌睡等	扣5分/次
14		工作安排不合理、工作交接有遗漏，影响工作	扣2～5分/次
15		遭其他部门投诉经确认属实（工作纪律问题）	扣2～5分/次
16		生产线发生品质事故和安全事故，按有关规定处理外	扣5分/次
17		工作安排不合理影响生产，导致未按时交货	扣2～5分/次
18		不同机种同时生产未做好隔离区分标志工作	扣5分/次
19		不按公司规章制度要求穿戴厂服	扣2分/次

（续表）

序号	考核人员	考核项目	评分方法
20	生产部经理及品管部主管	离岗超过20分钟，未与其部门经理/主管打招呼经确认属实的，以及因私自离岗导致员工有事找不到品质IPQC处理的	扣5分/次
21		异常未及时处理，(30分钟内未反馈相关部门及未将结果汇报本部门领导)影响生产或交货期	扣2～10分/次
22		产品履历记录的曾经发生异常(包括客户投诉异常)不了解，或未列入作重点检查控制	扣2～10分/次
23		由于工作方式不当引起员工强烈抱怨	扣2～5分
24		工作区域内样品、不良品、工具、设备、文件、报表、标志牌等放置混乱或标示不清	扣1分/次
25		未按规定时段要求做首件检查（除特殊情况）或首件确认错误	扣2～5分
26		异常改善效果未追踪跟进确认，改善效果无效时未做再次反馈	扣2分/次
27		经主管级或以上人员提醒注意管控的不良项，仍再次发生且管制失控（除因产品结构、工艺、仪器设备因素和其他部门造成，不列入扣分考核）	扣2～10分/次

11.5 加分方法。

IPQC管理能力加分方法

序号	考核人员	考核项目	加分方法
1	主管及以上管理层	对生产及公司有特殊贡献，如合理化建议和创造改进者	加10～20分
2		连续3个月无重大品质事故及客户投诉现象	加10分
3		对新进人员培训效果十分优秀	加4～20分
4		主动参加部门或跨部门的相关培训（每参加培训1次加分1次）	加2分
5		主动组织部门或跨部门的相关培训（每培训1次加分1次）	加4～20分

12.与考核相关事项

12.1 月请假≥1天（1天=8小时）者，根据：当月评估奖金÷当月天数=当月每天奖金；再用当月每天奖金×请假天数＝本月请假扣除奖金；用当月评估奖金－本月请假扣除奖金＝本月请假后所实得奖金。

12.2 无最终奖金底线，全凭IPQC得分进行评估考核（得分多者奖金多，得分少者奖金少）；若因IPQC出现重大失职，例：产品出现大批量报废如下表所示。

产品出现大批量报废扣分方法

序号	考核人员	制程报废率	扣分方法
1	主管及以上管理层	8%≤报废批量数≥4%	扣4～8分/次
2		9%≤报废批量数＞8%	扣9～10分/次
3		10%≤报废批量数＞9%	扣11～12分/次
4		30%≤报废批量数＞10%	扣13～30分/次
5		报废批量数＞30%	当月奖金为零
6		产品一次性报废批量数＞300PCS	当月奖金为零
除因产品结构、工艺、仪器设备因素和其他部门造成，不列入扣分考核			

12.3 有权对IPQC当月奖金归零的管理层为：经理级及以上管理人员（但需做到有的放矢）。

范本四　技术部绩效管理制度

4-1　研发部门绩效考核制度

研发部门绩效考核制度

1.目的

为更好地完善公司项目管理和研发部门（具体为研发一部、研发二部、机构部和工业设计部）内部管理机制，保证研发项目的按期、高效、高质完成，促进公司和研发部门员工自身的发展，特制定本制度。

2.适用范围

适用于公司研发部门所有员工。

3.方法与原则

研发部门绩效考核采用项目考核和部门考核相结合的方法，以项目考核为主，部门考核为辅。

3.1 项目考核是指以项目为单位，在项目过程中，相关部门对项目所涉及的研发部门的阶段工作成果进行评估；在项目完结后，对参与项目的研发部门人员进行绩效考核。

项目考核分为二级考核体制，即项目考核和项目成员考核。

3.1.1 项目考核：项目正式立项后，由产品战略管理中心拟订________项目目标任务单，确定研发部门、机构部和工业设计部在该项目中项目进度、项目质量、客户满意度和技术资料汇总目标，由产品战略管理中心项目任务设立人（以下称为产品经理）和研发部门、机构部和工业设计部接受该项目的负责人签字确认，并经相关领导审核后留存一份复印件交人力资源部备案。

相应部门按照EVT、DVT、MP和出货以后四个阶段依据项目进度考核表、项目质量考核表、项目客户满意度考核表和项目技术资料汇总考核表，对项目研发情况进行评分；其中，EVT、DVT、MP考核时间依据项目目标任务单规定的时间节点，出货以后以项目拥有3位客户，且每位客户出货量达到10K或该项目出货量达到50K作为该项目完结的时间节点进行考核。

3.1.2 项目成员考核：研发部门项目负责人接到项目后，依据项目任务单，分配任务到本部门相关员工。在该项目完结后，由成员直属上司依据研发部门项目个人工作业绩考核表，综合项目考核得分采取强制分布，对员工项目个人业绩进行评分。

3.2 部门考核，是指按月度对研发部门员工按管理职责和员工岗位分类，由其分管领导和直属上司对其下属的工作业绩、工作态度、团队合作等方面进行评估。

3.3 项目考核采用主要采用定量的原则，部门考核主要采用定性的原则。

4.项目考核责任界定

项目考核中各相关部门职责如下表所示。

项目考核中各相关部门职责

部门	项目考核中的职责
总经理办公室	确定项目考核方式
	监督项目考核的执行
	监督考核结果的使用
	处理项目考核过程中的各种投诉
产品战略管理中心	负责项目目标任务的拟订
	负责项目进度记录与考核
	负责项目质量记录与考核
	负责项目的协调工作
质量中心	负责项目质量考核的记录与考核
客户部	参与项目进度考核和客户满意度考核的制订工作
	负责项目进度记录与考核
	负责项目客户满意度记录与考核
客户服务中心	参与项目客户满意度考核的制订工作
	负责项目客户满意度记录与考核
人力资源部	负责项目考核的整体协调
	负责项目成员考核的归口管理
	根据考核结果提出培训建议
	具体组织落实考核结果的正确使用
总工程师室	负责项目技术资料汇总情况记录与考核

5.项目考核内容和各阶段考核所占权重

5.1 项目考核内容分为项目进度、项目质量、客户满意度和技术资料汇总四个方面，其考核内容和相应权重如下表所示。

考核内容和相应权重

考核内容	权重
项目进度	30%
项目质量	50%
客户满意度	10%
技术资料汇总	10%
备注：客户满意度如为原创项目，即为内部配合度；如为衍生项目，则包括内部配合度和公司客户满意度	

5.2 项目阶段分为关键过程阶段和结果两个阶段，关键过程以EVT、DVT和MP划分，结果以项目拥有3位客户，且每位客户出货量达到10K或该项目出货量达到50K作为该项目完结的时间节点进行考核，每个阶段考核结果所占权重如下表所示。

每个阶段考核结果所占权重

阶段		权重
关键过程	EVT	10%
	DVT	20%
	MP	30%
结果	出货以后	40%

6.项目目标调整

项目目标任务单一经确定，原则上不许调整，如因实际需要调整，调整流程如下：

6.1 进度目标调整必须由产品经理或研发部门项目负责人申请，研发部门项目负责人或产品经理审核，产品战略管理中心总监核准。

6.2 质量目标调整必须由产品经理或研发部门项目负责人申请，研发部门项目负责人或产品经理审核初审，产品战略管理中心总监审核，总经理批准。

6.3 客户满意度目标不许调整。

6.4 项目周期在3个月以内的项目，各项目标调整不得超过1次，项目周期超过3个月的项目，各项目标调整不得超过2次。

6.5 项目考核目标调整后，由产品经理重新填写研发部项目目标任务单，由产品经理和研发部门该项目负责人签字确认（并附申请调整部门的申请报告和相关人员的书面同意意见）。

6.6 因公司客观原因，项目目标未达成，须经分管产品中心副总经理和分管运营中心副总经理的书面同意后方不影响其考核成绩。

7.项目考核内容

人力资源部根据项目目标任务单上的时间节点和项目完结后，组织对项目的考核工作。具体考核内容如下：

7.1 项目进度考核。

7.1.1 项目进度由产品战略管理中心或客户部进行日常记录与考核。

7.1.2 项目进度考核采取项目延期率指标进行考核，项目延期率是指考核项目实际完成周期超出计划完成周期的程度（完成周期以最后一次批准的变更计划周期为准）。

7.1.3 项目进度考核得分计算方法。

（1）项目延期率＝（项目实际执行天数－项目计划执行天数）÷ 项目计划执行天数 × 100%。

（2）项目进度得分（简称 A）与项目延期率（简称 X）关系如下表所示。

项目进度得分与项目延期率关系

X	A	备注
X＝0	A=100	X＝0表示按时完成得满分；如果x＜0，表明总进度超前，可以给予20分以内的正向激励分
0＜X≤50%	A=100−100×|X|×2	
X＞50%	A=0	

7.1.4 项目进度考核流程。

人力资源部根据产品经理的通知，由其安排产品战略管理中心或客户部对项目进度进行评分，并填写项目进度考核表。

7.2 项目质量考核。

7.2.1 项目质量由质量中心和产品战略管理中心进行日常记录与考核。

7.2.2 项目质量考核得分计算办法。项目质量考核包括硬件方面、软件方面、机构方面和工业设计等四方面，其计算办法是对照不同扣分标准进行评分，项目质量考核中允许出现负分。

7.2.3 项目质量考核流程。人力资源部安排产品质量中心和产品战略管理中心对项目质量进行评分，并填写项目质量考核表。

7.3 项目客户满意度考核。

7.3.1 项目客户满意度由产品战略管理中心或客户服务中心和客户部进行日常记录与考核。

7.3.2 项目客户满意度考核得分计算办法。

项目客户满意度考核包括不配合和投诉两个方面，产品战略管理中心或客户服务中心和客户部对研发部门在该项目中出现的不配合和投诉次数对照扣分标准进行评分。

不配合的界定：即指研发部门与考核部门之间在项目工作期间，也指研发部、机构部和工业设计部在项目工作期间所表现出来的配合与否，不配合须采用书面形式进行告知，并将该书面告知抄送产品经理或客户项目经理。

投诉即指客户服务中心在产品售后一定时期内收到客户的投诉和埋怨。

7.3.3 项目客户满意度考核流程。

人力资源部安排产品战略管理中心或客户服务中心和客户部对项目客户满意度进行评分，并填写“项目客户满意度考核表”。

7.4 技术资料汇总考核。

7.4.1 技术资料汇总由总工程师室负责日常记录与考核。

7.4.2 技术资料汇总考核得分计算办法。

技术资料汇总考核包括研发部门上交资料的及时性和数量，在项目技术资料汇总的几个阶段和项目完结后，总工程师室根据各研发部门上交的资料，对照技术资料汇总考核表上的要求，按其所缺少的文本数对照扣分标准进行评分。

7.4.3 技术资料汇总考核流程。

人力资源部安排总工程师室对技术资料汇总进行评分，并填写“技术资料汇总考核表”。

所有四个考核内容评分结束后，人力资源部计算各研发部门该项目综合得分，将结果通知各相关部门并存档。

8.项目成员考核

8.1 项目完结且公司项目考核小组对该项目考核分数出来后，研发部门项目负责人要求参与该项目成员的直属上司依据研发部门项目个人工作业绩考核表，对项目成员个人业绩进行评分；如果某研发部门参与该项目的人数较少，项目考核得分即为该研发部门参与该项目所有成员的得分。

8.2 项目成员个人业绩得分的算术平均分不得超过本部门该项目得分，且个人业绩分数按以下标准正态分布。

项目成员个人业绩考核标准

项目得分	各分数段人数权重范围			
	60分以下	60～69分	70～79分	80分以上
60分以下	60%	20%	10%	10%
60～69分	10%	60%	20%	10%
70～79分	0	20%	60%	20%
80分以上	0	20%	20%	60%

9.部门考核

作为项目考核辅助手段的部门考核，由人力资源部按月度组织，具体操作程序为：人力资源部在每月末，向研发部门负责人发放管理职位岗位考核表和员工岗位考核表；直属上司根据员工一个月的工作表现进行评分并签字；直属上司在与被考核员工交流沟通后，被考核员工对该评分发表本人意见并签字；最后交至人力资源部，由人力资源部负责审核和备案。

10.考核中的沟通与绩效考核

10.1 项目进程中和项目完结后，产品经理负责不定期召开由研发部门项目负责人和各考核部门负责人参加的项目沟通会，并形成专门的项目会议资料。

10.2 项目考核结束后一周内，人力资源部负责召开由研发部门项目负责人和各考核部门负责人参加的项目考核会，就项目过程中的经验教训进行总结，研发部门项目负责人也可对其认为评分不合理的地方进行申诉，通过沟通达成一致意见，无法达成一致意见的，会上按少数服从多数的原则解决。

10.3 直属上司在部门考核时，被考核员工对考核分数必须确认，并对有异议的地方进行沟通；直属上司针对得分较低的员工要进行专门的沟通，分析其绩效较低的原因，为该员工绩效的提高提出指导性意见。

4-2 研发部门绩效考核管理办法

研发部门绩效考核管理办法

1.目的

通过考核评定实行相应的绩效处罚，并不断地发现管理的工作不足之处，调整全公司的工作方向和管理目标。原则：以奖为主，以罚为辅，重奖轻罚，奖罚分明。

2.适用范围

适用于本公司的研发人员。

3.管理规定

3.1 基本原则。

3.1.1 结果考核与行为考核相结合。

3.1.2 考核者必须依据员工实际表现和工作事实进行评价。

3.1.3 公司成立技术开发评审小组，小组成员由董事长任命。

3.1.4 考核必须公开考核流程、公开考核指标，坚持公正、公平、公开的原则，考核结果由考核双方共同签字确认。

3.1.5 考核执行人必须充分了解员工在考核期内的工作内容、工作过程和工作效果。在双方平等沟通的基础上展开考核工作。

3.2 细则

3.2.1 按照各人负责的工作类别不同，考核类别分为“优秀、良好、合格、不合格”。

各类人员考核标准

序号	人员类别	考核标准
1	电路设计	视产品复杂性每2～3月完成一个完整产品，以设计任务书为准
2	结构设计	视产品复杂性每2～3月完成一个完整产品，以设计任务书为准
3	硬件设计	视产品复杂性每2～3月完成一个完整产品，以设计任务书为准
4	软件设计	视产品复杂性每2～3月完成一个完整产品，以设计任务书为准
5	文秘及后勤	及时、准确、妥善地将设计师的文件归档、分发、收取，对需要打样的产品落实追踪到位，准时是考核的主要条件

3.3 考核对象。

3.3.1 试用期员工不参与此项考核。

3.3.2 已转正的员工则根据工作情况，分为非技术类及技术类进行考核。

3.3.3 部门经理级人员（含部门副经理）不参加此项考核，由公司统一进行部门经理综合考核评定。

3.4 考核周期与时间。

3.4.1 实行季度考核；每季度的第一个月为考核时间，考核上一季度的业绩。其中每年的1月考核上一年度的业绩。

3.4.2 考核月前10日部门开始进行考核，2个工作日提交办公室汇总呈评审小组最后计分，3个工作日评审小组出具考核结果，由办公室下达考核结果给部门经理，5个工作日内完成绩效面谈。

3.5 实施。

3.5.1 考核的依据：设计计划书中的进度规定和设计要求。

3.5.2 考核方法：综合评分，每个项目总分10分。

考核评分表

完成基本设计要求	符合小批量生产要求	符合大批量生产要求
6分	2.5分	1.5分

3.5.3 评分标准：总分10分，每档0.5分。评分项目如有提前完成给予双倍评分奖励。基本设计要求每达标一项，加1分；小批量生产要求达标一项，加0.5分。

3.5.4 每季度汇总员工评分，得分90%以上的员工下一季度维持现有工资不变，得分低于90%的员工，每少一个10%得分，下一季度下浮基本工资一级。连续两个季度达不到90%得分的研发人员，公司将重新评定或定级。

3.5.5 公司设置独立员工工资体系外的考核资金，每季度得分超过100%的员工，每增加1%奖励基本工资的10%，最高不超过其基本工资的200%。有特殊贡献的员工，公司予以奖励，由董事会审批。

3.6 考核体制。

3.6.1 考核对象及考核层级。

考核对象及考核层级

考核对象	初评	汇总部门	复评	最终核定
技术人员	研发部门	办公室	评审小组	副总经理
部门职员	研发部门	办公室	/	副总经理

3.6.2 由员工填写本季度主要工作项目及业绩，给考核者相应参考数据。

3.6.3 部门评定：由员工直属上级对员工个人本季度各考核项目作出综合评分。

3.6.4 评审小组对其考核的结果做复评。

3.6.5 副总经理进行最终评定。

3.7 绩效沟通与改进。

3.7.1 每季度部门经理至少需和员工进行一次绩效面谈，共同制订绩效计划，讲解员工优势和需要改进的绩效，共同分析与实际结果存在差距的原因，达到组织绩效与个人绩效目标一致。

3.7.2 各部门可根据工作需要增加面谈次数。

3.7.3 面谈方式为：以正式的、一对一、面对面的方式进行。

3.8 考核申诉。

考核申诉是为了使考核制度完善化和在考核过程中真正做到公开、公正、合理而设定的特殊程序。

3.8.1 参加考核的任何员工对评估结果拥有申诉的权利，员工接到考核结果后，如有异议，可先向直接主管提出申诉，由直接主管进行协调；如直接主管协调后仍有异议，可向办公室提出申诉，由办公室进行调查协调。

3.8.2 考核申诉的追诉时限至考核当月结束为止。

3.9 评估资料的保管。

3.9.1 各部门经理指定专人对员工所有的评估资料进行集中保管，考核表必须以电子文档形式及书面形式各保留一份，电子文档由部门及办公室各留存一份，书面文档由办公室作为人事档案留存。

3.9.2 季度评估表作为员工的人事档案由行政部统一保管。

3.9.3 除管理人员因工作需要可查看员工的评估资料外，其他员工不得随意翻看、查阅。

3.9.4 任何接触到考核资料的人员都有保密的义务，不得散布、传播。

4-3 技术研发人员绩效考核方案

技术研发人员绩效考核方案

1.目的

为了全面并简洁地评价公司技术研发人员的工作成绩，贯彻公司发展战略，结合技术研发人员的工作特点，制定本方案。

2.适用范围

本公司所有技术研发人员。

3.考核指标及考核周期

针对技术研发人员的工作性质，将技术研发人员的考核内容划分为工作业绩、工作态度、工作能力考核，具体考核周期如下表所示。

考核周期分布表

考核指标类型	工作业绩	工作态度	工作能力
考核周期	项目结束/年度	月/季/年度	月/季/年度

4.考核关系

由技术研发部门主管会同人力资源部经理、考核专员组成考评小组负责对研发人员的考核。

5.考核内容

5.1 工作业绩指标。

工作业绩考核表

人员类型	关键业绩指标	考核目标值	权重	得分
研发人员	新产品开发周期	实际开发周期比计划周期提前____天	30	
	技术评审合格率	技术评审合格率达到100%	25	
	项目计划完成率	项目计划完成率达到100%	20	
	设计的可生产性	成果不能投入生产情况发生的次数少于____次	15	
	研发成本降低率	研发成本降低率达到____%以上	10	
技术人员	技术设计完成及时率	技术设计完成及时率达到____%以上	30	
	技术方案采用率	技术方案采用率达到____%以上	25	
	技术改造费用控制率	技术改造费用控制率达到____%	25	
	技术服务满意度	相关部门对技术服务满意度评价的评分在____分以上	10	
	技术资料归档及时率	技术资料归档及时率达到100%	10	

5.2 工作态度指标。

工作态度考核表

指标名称	考核标准								总分	得分
	优		良		中		差			
	标准	得分	标准	得分	标准	得分	标准	得分		
工作责任心	强烈	30	有	24	一般	18	无	6	30	
工作积极性	非常高	25	很高	20	一般	15	无	5	25	
团队意识	强烈	25	有	20	一般	15	无	5	25	
学习意识	强烈	20	有	16	一般	12	无	4	20	

5.3 工作能力指标。

工作能力考核表

指标名称	考核标准								总分	得分
	优		良		中		差			
	标准	得分	标准	得分	标准	得分	标准	得分		
分析能力	非常强	20	较强	16	一般	12	较弱	4	20	
判断能力	非常强	20	较强	16	一般	12	较弱	4	20	
计划能力	非常强	20	较强	16	一般	12	较弱	4	20	
创新能力	非常强	15	较强	12	一般	8	较弱	3	15	
学习能力	非常强	15	较强	12	一般	8	较弱	3	15	
应变能力	非常强	10	较强	8	一般	6	较弱	2	10	
理解能力	非常强	10	较强	8	一般	6	较弱	2	10	

6.考核实施

技术研发人员的考核过程分为三个阶段，构成完整的考核管理循环。这三个阶段分别是计划沟通阶段、计划实施阶段和考核阶段。

6.1 计划沟通阶段。

6.1.1 考核者和被考核者进行上个考核期目标完成情况和绩效考核情况回顾。

6.1.2 考核者和被考核者明确考核期内的工作任务、工作重点、需要完成的目标。

6.2 计划实施阶段。

6.2.1 被考核者按照本考核期的工作计划开展工作，达成工作目标。

6.2.2 考核者根据工作计划，指导、监督、协调下属的工作进程，并记录重要的工作表现。

6.3 考核阶段。

考核阶段分绩效评估、绩效审核和结果反馈三个步骤。

6.3.1 绩效评估。考核者根据被考核者在考核期内的工作表现和考核标准，对被考核者评分。

6.3.2 结果审核。人力资源部和考核者的直接上级对考核结果进行审核，并负责处理考核评估过程中所发生的争议。

6.3.3 结果反馈。人力资源部将审核后的结果反馈给考核者，由考核者和被考核者进行沟通，并讨论绩效改进的方式和途径。

7.绩效结果运用

7.1 绩效面谈。

考核者对被考核者的工作绩效进行总结，并根据被考核者有待改进的地方，提出改进、提高的期望与措施，同时共同制定下期的绩效目标。

7.2 绩效结果运用。

7.2.1 薪酬调整。技术研发人员工资与绩效考核结果直接挂钩，具体有以下标准：

（1）年度绩效考核得分在95分以上的，薪资等级上调两个等级，但不超过本职位薪资等级的上限。

（2）年度绩效考核得分在80～95分（含）的，薪资等级上调一个等级，但不超过本职位薪资等级的上限。

（3）年度绩效考核得分在60～80分（含）的，薪资等级不变。

（4）年度绩效考核得分在60分以下的，薪资等级降一个等级，但不低于本职位薪资等级的下限。

7.2.2 培训。

年度绩效考核得分在80分（含）以上的员工，有资格享受公司安排的提升培训。年度绩效考核得分在70分（含）以上的员工，可以申请相关培训，经人力资源部批准后参加。年度绩效考核得分在60分（含）以下的员工，必须参加由公司安排的岗位培训。

8.绩效申诉

8.1 申诉受理。

被考核者如对考核结果不清楚或者持有异议，可以采取书面形式向人力资源部绩效考核管理人员申诉。

8.2 提交申诉。

员工以书面形式提交申诉书。申诉书内容包括申诉人姓名、所在部门、申诉事项、申诉理由。

8.3 申诉受理。

人力资源部绩效考核管理人员接到员工申诉后，应在3个工作日做出是否受理的答复。对于申诉事项无客观事实依据，仅凭主观臆断的申诉不予受理。

受理的申诉事件，首先由所在部门考核管理负责人对员工申诉内容进行调查，然后与员工直接上级、共同上级、所在部门负责人进行协调、沟通。不能协调的，上报公司人力资源部进行协调。

8.4 申诉处理答复。

人力资源部应在接到申诉申请书的10个工作日内明确答复申诉人。

4-4 研发项目奖励制度

研发项目奖励制度

1.目的

为规范研发项目管理工作，充分调动研发技术人员的工作积极性，最大限度地推进新产品研发项目和现有产品技术改进、工艺优化项目的进展，高质量、高效率、高经济性地完成公司研发工作任务，根据《中华人民共和国科学进步法》相关企业项目奖励办法及公司实际情况，特制定本制度。

2.适用范围

适用于涉及公司新产品研发、现有产品的技术改进、工艺优化等项目的考核奖惩。

3.研发项目奖励办法

3.1 项目分档及不同档次奖励额度。

根据有关规定，公司对已经批准立项开发的项目按类型确定档次，根据项目所属档次给予一定额度奖励，奖金数额分别如下（项目分档情况及各档奖励额度见下页表）。

3.2 定期目标、奖励阶段划分及各阶段支付比例。

3.2.1 该项目分档奖励表第一至第三档中，项目研发人员占60%，市场开拓人员占40%；第四档中研发人员占60%，生产线人员占40%。

项目分档奖励金额

档次	奖励金额	档次界定
一档	15万～30万元	国内外均处于技术领先的新产品
二档	5万～15万元	国外已有、国内未有新产品
三档	1万～5万元	国内有同类产品，技术领先
四档	0.1万～1万元	现有产品有较重大技术改进、工艺优化

3.2.2 研发完成后，按照项目立项申请表的各项指标验收合格后，产品进入中试阶段，奖励研发人员该项目奖金总额的20%（研发比例中）。

3.2.3 中试产品上市后，按照项目分档奖励全额，从销售收入中提取兑现。

3.2.4 对于独家或首家产品，公司根据项目的实际情况作特别奖励。

3.3 考核。

项目成立后，项目负责人或项目经理定期向研发部门负责人汇报项目进展情况，研发部门负责对所有研发项目的考核、监督和管理。

3.4 项目奖金的分配。

3.4.1 项目奖金按项目进度分阶段兑现时，首先扣除本项目预先支付的加班费后，剩余的项目奖金再按照以下方案进行分配。

（1）其中的10%作为其他配套部门人员（质量检定、研发部门内勤等人员）奖金。

（2）其中的10%分配给负责项目整体管理、监督、组织实施等工作的项目总负责人。

（3）其中的80%归项目组人员所有，项目负责人提取上述金额的50%～80%，其余奖金由项目负责人或项目经理按照公平、合理、多劳多得的原则，根据项目组成员的贡献大小分配给项目组成员，若人员离开公司，则自动终止奖励提成，其项目提成继续在项目组内分配。

3.4.2 项目奖奖金分配方案应由研发中心负责人校核后报总经理审批，企管部备案。

3.5 项目分档及项目负责人提取比例标准。

3.5.1 根据项目的可行性研究报告和项目立项批复（含立项、市场分析等）、项目的重要程度、预计完成的时间周期及公司可提供的各项条件等确定项目的档次。

3.5.2 根据项目组人员的实际配置情况等确定项目负责人提取奖金具体的比例。

3.6 奖金兑现。

研发部门根据项目立项时确定的奖励额度和项目进展情况，由研发部门负责人负责及时把符合提奖条件的项目以书面报告的形式提交总经理，经总经理审查批准后交财务部按研发项目奖励制度实施细则兑现。

范本五　物控部绩效管理制度

5-1　物控部绩效考核办法

物控部绩效考核办法

1.目的

为了完善物控部的管理，树立优秀的部门风范，使员工的贡献得到认可并提高员工的绩效，保证工厂物料的管理、满足生产的需要，特制定本管理办法。

2.适用范围

适用于本公司物控部所有人员。

3.考核规定

3.1 公平、公开原则。

3.1.1 人事考核标准、考核程序和考核责任都应当有明确的规定且对企业内部全体员工公开。

3.1.2 考核一定要建立在客观事实的基础上进行评价，尽量避免掺杂个人主观臆断和感情色彩。

3.1.3 企业生产车间所有班组长都要接受考核，同一岗位的考核执行相同的标准。

3.2 考核周期。

绩效考核制度作为人力资源管理的一项重要的制度，企业所有员工都要遵守执行。物控部的考核分为月度考核和年度考核两种。

3.3 绩效考核指标及评分规则。

绩效考核指标及评分规则如下页表所示。

3.4 绩效沟通与反馈。

3.4.1 考核评价结束后，人力资源部或物控部相关领导应及时与被考核者进行沟通，将考核结果告知被考核者。

3.4.2 在反馈考核结果的同时，应当向被考核者就评语进行说明解释，肯定成绩和进步，说明不足之处，提出今后努力方向的参考意见等，并认真听取被考核者的意见或建议，共同制订下一阶段的工作计划。

绩效考核指标及评分规则

一、关键绩效指标考核KPI（67分）

序号	绩效指标	指标定义或公式	资料来源	目标值	计划员权重	主管权重	评分规则或标准	考核对象
1	下单缺失率	失当下单数÷下单总数×100%	PMC	≤5%	20	7	每增加0.1%，得分减3%；每减少0.1%，得分加3%；最低可减至51%	所有主管、计划员
2	物料计划达标率	实际回料量÷计划料量×100%	PMC	≥90%	15	15	每增加1%，得分加3%；每减少1%，得分加3%；最低可减至50%	物控主管、计划员
3	物料周转率	本期使用金额÷期间平均存货金额×100%	财务	1.5	10	10	达标下限为0.75，以此为界，每减少0.05，得分减3%；最低可减至50%	物控主管、计划员
4	原材料呆滞消减达标率	本期降低金额÷期初呆滞存料金额÷目标值×100%	财务	≥105%	10	10	达标下限为100%，每增加1%，得分加2%；每减少1%，得分减2%；最低可减至50%	物控主管、计划员
5	对下属工作监督的有效性	对下属的工作跟进与掌控，确保目标达成，以达成率计算	PMC	≥90%	0	10	每增加2%，得分加8%；每减少2%，得分减8%；最低可减至50%	所有主管
6	突发事件的发生频率	防微杜渐，将不良问题消灭在萌芽状态，以发生频次计算	PMC	≤5次	6	5	每增加1次，得分加5%；每减少1次，得分减5%；最低可减至50%	所有主管、计划员
7	部门协作满意度	其他部门对PMC部门工作的抱怨投诉频次	PMC	≤8次	6	5	每增加1次，得分减10%；每减少1次，得分加10%；最低可减至50%	所有主管、计划员
8	培训计划完成情况	未完成频次	人力资源部PMC	0次	0	5	每增加1次，得分减10%；最低可减至50%	所有主管

二、当日重要交办事项完成情况考核（15分）

序号	绩效指标	指标定义或公式	资料来源	目标值	计划员权重	主管权重	评分规则或标准	考核对象
1	上级交办事项	按要求时间内完成	联络单	按时完成	10	10	每延迟1次，减2分	所有主管、计划员
2	横向单位请办事项	在双方约定期间完成	联络单	按时完成	7	7	每延迟1次，减1分	物控主管、计划员

三、综合素质考核（16）分

考核项目（分值）		考核对象
专业知识及学习能力	熟悉专业知识、技能、工作要求各程序（1分）	所有主管、计划员
	规范完成工作报表及报告（1分）	所有主管、计划员
	学习能力强，专业知识和综合素质不断提升（1分）	所有主管、计划员
领导能力	给予下属及时鼓励，获得下属的尊重和肯定（1分）	所有主管、计划员
	公平、公正、有效地分配工作，并授予下属相应的权利和责任（1分）	所有主管、计划员
	有效监督工作，下属犯了错误能主动承担连带责任（1分）	所有主管、计划员
组织协调能力	能把公司的战略分成部门目标，制订工作目标和完成期限明确且可行性强（1分）	所有主管、计划员
	有效制订工作计划，确定完成各项工作所需的任务（1分）	所有主管、计划员
	根据工作的轻重缓急，合理安排并有序开展工作（1分）	所有主管、计划员
	能有效协调内外关系，顺利达成工作目标（1分）	所有主管、计划员
判断决策能力	对出现的问题能迅速作出较准确的判断（1分）	所有主管、计划员
	作出决策时，能考虑其他可能的结果（1分）	所有主管、计划员
	对一些小问题也要立即采取行动，防患于未然（1分）	所有主管、计划员
工作责任感	对自己工作和本部门员工的要求严格，主动对自己工作失误承担责任（1分）	所有主管、计划员
	能积极提出合理化建议并具可行性（1分）	所有主管、计划员
	有较强的成本意识，控制各项经费（1分）	所有主管、计划员

说明：1.本考核采取评定为主，自评为辅的方式。

2.评分采取缺失项扣分制，扣完为止。

3.每分分值=被考核者绩效资金总金额÷100。

4.在绩效考核中有弄虚作假、夸大绩效者，取消当月考核资格。

5.薪酬以职等强制分布法方式进行计算。

5-2 采购人员绩效考核管理办法

采购人员绩效考核管理办法

1.目的

为了调动和激励采购人员工作积极性，预防杜绝采购员非正常收入，降低公司的采购成本，满足生产交货期，提高供应商供货质量，特制定采购人员绩效考核管理办法。

2.考核周期

每月进行采购绩效考核一次。

3.考核项目

主要考核项目为：采购成本控制（价格降幅）、采购交货期控制（交货进度达成率）、品质成本控制（进货品质达成率）、个人综合能力评定（含工作态度、遵守制度、沟通合作、学习能力）、投诉状况。

3.1 采购成本控制。

各采购员要对各相关产品单价进行分析，学会核价，不管采购任何一种物料，在采购前应熟悉它的价格组成，了解供应商供货物料的市场行情和源头价格，为自己的准确核价打下基础，掌握其采购适当价格；采购人员应建立每月市场行情信息数据库，由物控主管负责监管。

考核方法：

3.1.1 对已购物料以公司上个月入库最新确认的单价为前期单价，按每月的价格降幅情况进行考核。价格降幅总和=Σ采购数量×（上月单价-本月单价）。

3.2.2 对新购物料总额100～1000元之间需找两家或以上供应商询价、议价确定；总额在1000元以上的新购物料需找三家及以上供应商询价、议价。价格降幅总和=Σ采购数量×（供应商最高价格单价-供应商成交价格单价）。

3.2.3 对于无报价单的供应商要求提供供应商名称和电话以备查阅。

3.2 采购交货期控制。

签订采购订单、采购合同、加工合同时必须以物料申请单上规定的需求时间为到货时间，若物料申请单上规定的需求时间无法满足必须在下单前提前反馈且说明原因；对于因图纸更改或方案变更或其他原因导致的需求时间变更也必须注明具体变更原因。

考核方法：以每月下达的物料申请单数量为总批数，每张物料申请单为一批。交货进度达成率=各物料申请单交货期及时累计项数÷每月各物料申请单交货累计总项数×100%。

3.3 品质成本控制。

评价供应商的品质保证能力，确保采购产品满足公司品质要求。

考核方法：根据公司品管部提供的每月来料品质统计表，以批数为单位。品质达成率=来料合格批数÷当月来料总批数×100%。

3.4 个人综合能力评定。

根据每个人工作态度、遵守制度、沟通合作、学习能力综合考核。

3.5 投诉状况。

以公司相关部门对价格、交货期、品质投诉作为当月扣分依据。

4.绩效量化考核内容配分

4.1 采购成本控制（价格降幅）占40%。

4.2 采购交货期控制（交货进度达成率）占25%，分值=交货进度达成率×25%。

4.3 品质成本控制（进货品质达成率）占25%，分值=品质达成率×25%。

4.4 工作态度、遵守制度、沟通合作、学习能力综合考核，各占2.5%，合计分值10%。

4.5 无论价格、交货期、品质每经相关部门投诉一次且无正当原因者扣相应分值10分：

等级A：优秀，分值在100分以下90分（含）以上。

等级B：良好，分值在90分以下80分（含）以上。

等级C：普通，分值在80分以下70分（含）以上。

等级D：不足，分值在70分以下。

5.绩效评估奖惩规定

5.1 月度考核为等级A的采购人员，本月加付绩效奖金××××元。

5.2 月度考核为等级B的采购人员，本月加付绩效奖金××××元。

5.3 月度考核为等级C的采购人员，本月加付绩效奖金××××元。

5.4 月度考核为等级D的采购人员，本月加付绩效奖金0元。

5.5 连续三个月考核名次为等级C的采购人员，应加强职位技能训练并停发当月绩效奖金。

5.6 连续三个月考核名次为等级D的采购人员，应予以辞退。

5.7 经采购人员核价或下发订单后，若被发现其订货价格明显高于市场价格，扣除采购人员当月的绩效奖金。

5.8 若发现采购人员有故意操纵价格行为或向供应商索要回扣须立即辞退，情节严重的追究其刑事责任。

5-3 仓库管理绩效考核办法

仓库管理绩效考核办法

1.目的

为明确仓库管理各岗位的职责，提升仓库的管理服务水平和仓管员工作的积极性，建立合理、公平的仓库管理考核体系，特制定本办法。

2.适用范围

适用于本公司部品仓。

3.考核办法

3.1 财务部（成本管理组）负责对仓库管理工作进行考核。

3.2 考核方式采用扣分方法，各相关岗位考核基准分、合格分与及格分见下表所列。

各相关岗位考核基准分、合格分与及格分

岗位名称	基准分	合格分	及格分
仓库组长	100	85	80
仓管员	100	95	90

3.3 工资调配方式以合格分为标准。

3.4 奖罚方式。

3.4.1 如全部仓管员全月得分都在合格分（含合格分）以上，则当月无奖无罚。

3.4.2 如全部仓管员得分都在合格分以下及格分以上，则在当月一次扣罚仓库组长××元，其他仓管员照罚不奖。

3.4.3 如有仓管员得分在合格分以下但在及格分以上，则按低于合格分的以下分值，以每分×元进行扣罚。

3.4.4 如得分在及格分（含及格分）以下实行分级扣罚，低于合格分高于及格分以上部分按3.4.3扣罚，低于及格分部分以每分××元进行扣发，得分为及格分的按一分扣罚。

3.4.5 全体仓管员得分都在及格分以下则仓库组长承担重大管理责任。

3.4.6 因发物料不及时、错发导致生产暂停待料或未按要求作业造成安全事故的，则该仓管员的基准分降为及格分，然后再按标准进行扣分。

3.4.7 扣罚的工资将全部奖给得分在合格分以上的仓管员，具体分配方法采用所扣罚总金额双倍余额递减法。最后剩余部分奖给得分高于合格分的最后一名仓管员。

3.5 财务部不定期对仓库进行检查，发现有不符合项目，对责任人按标准扣分，同时给仓库组长按当次所扣总分的双倍扣分。

3.6 考核管理的办法：每月由仓库组长对仓管人员进行日常考核，结合财务部不定期对仓库管理工作的检查并考核，每月初（10日前）将考核结果予以公布，考核结果作为仓管人员工作业绩评价、岗位调整、工资调配的主要依据。

3.7 仓管员如果连续3个月得分为最后一名，且有一次得分在及格分以下的，将作为每年的岗位调整、裁员的对象。仓库组长连续3个月得分在最后一名，且一次得分在及格分以下则不能再担任组长职务。

3.8 各岗位考核内容、标准见下表。

各岗位考核内容、标准

责任主体	考核内容	规定事项	奖罚规定
全体成员	系统操作及数据准确性	出现《成本系统管理与考核办法》所列的违规事项	按《成本系统管理与考核办法》处罚的同时，每项加扣2～3分，公司每月业绩考核中被通报者，扣2分
		违反公司除本规定以外的相关制度	每次扣2分
	出勤管理	迟到、早退	每次扣1分
		旷工（含迟到超过1个小时）	每次扣2分
		未经请示擅离岗位者致使物料收发、生产受影响者	每次扣2分
仓管员	现场管理	物料存放混乱、不整齐	每处扣1分
		标志不清、丢失、错放	每项扣1分
		物料没有按区、按类存放	每次扣1分
		物料账物卡数量不一致且查不出原因	每项扣1分
		存卡记录不连续,字迹不清晰	每发现一次扣1分
	库存优化管理	没按规定做好物料防护工作	每发现一次扣1分
		对分管的呆滞、质差物料不及时上报处理	每次扣2分
		提出合理化建议并采纳的	每次奖3分
		物料发放不按先进先出者	每发现一次扣1分
		消除不安全隐患避免安全事故的发生	每次奖3分

（续表）

责任主体	考核内容	规定事项	奖罚规定
仓管员	物料管理	不合格物料不及时退回供应商者或私自与供应商以供换货者	每次扣2分
		不按规定接收物料导致库存呆滞	每次扣2分
		将不合格物料、标有“不合格”或“未检”标志的物料发到生产现场的	每发现一次或投诉一次罚2分
	服务质量管理	因服务差受到车间或供应商投诉属实的	每投诉一次扣2分
		未按时或错发物料致使车间生产受影响者	将当月的标准分降为及格分，并一次扣3分
		进行遥控发物料	每次扣2分
		错发物料尚未对生产造成影响者	每次扣1分
		接收物料2个小时内不报检致使生产受到影响者	每次扣2分
		未按作业流程要求操作,造成安全事故的	每次扣3分并承担相应责任
打单员	服务质量管理	不按时打印第二天作业领料单	每次扣1分
		打单员未按要求及时打印收料单	每次扣1分
		每月未及时与外协厂家完成对账,影响财务部结账的	每次扣2分
仓库组长	综合管理	现场混乱、仓库整体形象差、消防通道不畅	每发现一处扣2分、凡6S检查被通报扣3分
		报送工作计划等相关资料不及时	每次扣1分
		基础管理检查有给公司通报的不符项目	每次扣1分
		公司相关制度文件保管不善、宣传不够	每次扣1分
		对新到岗员工业务培训不够，使工作受到影响者	每次扣2分
		对员工的考核不公平、偏心，被投诉属实者	每次扣4分

5-4 仓管员绩效考核管理办法

仓管员绩效考核管理办法

1.目的

为加强员工自我管理,激发员工的工作积极性和主动性、创新意识,提高物料周转速度和仓储面积的有效利用,努力降低经营成本,使绩效考核与工资发放挂勾,特制定本考核办法。

2.适用范围

适用于项目部计划物流组仓库主管、仓库组长和仓管员的绩效考核工作。

3.职责

3.1 考核的统筹规划以及制度指标的设定由仓库主管负责。

3.2 仓库组长协助收集相关指标的考核数据。

3.3 仓库主管对各项指标进行考核,并对考核结果的有效性以及考核的公正、公平负责。

4.管理规定

4.1 考核项目权重的分布,总体100分,权重如下:

4.1.1 库存准确率45%。

4.1.2 工作质量35%。

4.1.3 5S管理水平20%。

4.2 各项指标的设置。

4.2.1 库存准确率(45分)。

(1)考核方法:每月考核2次,月中以财务管理中心抽查的数据为依据,月末以盘点数据为依据,分别检查账、物、卡的一致性,并统计出库存准确率,目标值≥98%。

(2)计算方法:准确率=抽查正确个数÷抽查总个数;准确率小于目标值1个百分点,扣10分;实得分=45%×[100−10×100×(98%−准确率)],库存准确率达98%以上的每超1个百分点此项加2分。

(3)数据来源:财务管理中心、仓库。

4.2.2 工作质量考核指标(35分)。

(1)收发业务检查(15分)。

——考查方法:内部检查(每月至少2次)和外部(车间、品管部门反馈);检查每月在存卡登记及时性、入库及时性、物料入仓抽查、物料保管状态和流程制度执行规范性等方面的情况。

——计算方法：每发现1笔不合格项，扣5分；实得分=15%×（100−5×不合格项）。

——数据来源：内部日常检查和外部反馈。

（2）先进先出管理（10分）。

——考查方法：内部检查（每月至少2次）和外部（车间、品管部门反馈）；检查物料执行先进先出和物料保管期限管理办法（要求根据仓库主管每周发出的库龄分析，对超期限保管的物料，填写复检通知单报来料检验人员复检）的执行情况。

——计算方法：每发现1笔合格项，扣5分；实得分=10%×（100−5×不合格项）。

——数据来源：内部日常检查和外部反馈。

（3）料废清退及时性（5分）。

——考查方法：内部检查（每月至少2次）和外部（车间、采购部门反馈）；检查不合格品的清退及时性（供应商送货到仓必须及时将不合格品退回,供应商不愿清退的必须通知采购员协助处理,具体要求按不良物料管理规定执行）。

——计算方法：不及时清退的每项扣5分；实得分=5%×（100−5×不合格项）。

——数据来源：内部日常检查和外部反馈。

4.2.3 工作态度（5分）。

（1）考查方法：内部日常考勤和外部反馈；检查仓管员在日常纪律、服务意识、个案性工作完成情况等方面的执行情况。

（2）计算方法：发生一项不合格，扣10分；实得分=5%×（100−10×不合格项）。

（3）数据来源：内部日常检查和外部门反馈。

4.2.4 创新意识（加分项）。

（1）考查方法：自己申报。

（2）计算方法：合格化建议经采纳每项加1分；创新项目突出，给公司或部门带来较大利益的每项加5分。

（3）数据来源：被考核人反馈。

4.2.5 6S管理考核指标（20分）。

（1）考查方法：仓库内部和项目部组织6S检查发现问题点的，每项扣2分。

（2）计算方法：实得分=20%×（100−2×不合格项）。

（3）数据来源：仓库和项目部6S检查小组。

4.3 考评管理。

4.3.1 每月的5日前由仓库主管将上月各项考评数据进行汇总及综合考评。

4.3.2 考评的结果同员工的任职资格、年终绩效挂勾。

范本六 市场营销部绩效管理制度

6-1 市场部绩效管理制度

市场部绩效管理制度

1.目的

以满足客户需求为中心，为客户省钱、省心、省力，以公司效益最优化为宗旨，根据公司下达的年、季、月度经营目标，做到按期、按质、按量地完成，特制定本制度。

2.适用范围

适用于本公司市场部所有人员。

3.管理规定

3.1 绩效考核原则。

所有薪酬与业绩提成奖，依据工程合同签单业绩量和工程竣工款项全部回收，工作中实际完成的效益与工作职责履行进行挂钩考核奖惩。倡导既要体现团队协作优势，又要发挥个性的能动作用，多劳多得、少劳少得、不劳不得、优胜劣汰的精神。培养员工铁血精神、打造高效执行团队。

3.2 薪酬与业绩提成奖发放方式。

月薪酬于次月15日发放；业绩提成奖，合同签订进场施工7日后于次月15日按考核结果发放30%，工程竣工验收合格、款项全额收回7日后按考核结果于次月15日发放40%，余额30%待年终统一平衡考核后发放。

3.3 薪酬与业绩提成奖考核标准。

3.3.1 各部门市场营销员的薪酬与业绩提成奖的发放数额，由部门经理参照公司考核标准与考核办法，报总监审核，由公司审批统一发放。部门经理的薪酬与部门业绩提成奖的发放数额由总监考核报公司统一发放。

3.3.2 部门经理的薪酬考核标准。

当月个人业绩量完成×万元，底薪××××元/月，部门总业绩完成××万元，底薪××××元/月。

月业绩量超过×万元以上部分按业绩提成奖考核计提；月个人业绩量低于×万元以下，扣减×××元，按××××元/月标准发放，连续两个月没有完成，再扣减×××

元，按×××元/月标准发放，第三个月仍没有完成任务的，免除客户部经理职务，降职为营销员，从头做起。

3.3.3 部门月完成业绩量，考核比例标准。

（1）月实际完成销售收入5万～10万元时（不含月基本任务），按2%比例计提业绩奖。

100000×2%=2000（元）

（2）月实际完成销售收入10万～15万元时（不含月基本任务），按2.5%比例计提业绩奖。

150000×2.5%=3750（元）

（3）月实际完成销售收入15万～20万元时（不含月基本任务），按3%比例计提业绩奖。

200000×3%=6000（元）

（4）月实际完成销售收入20万～30万元时（不含月基本任务），按4%比例计提业绩奖。

300000×4%=12000（元）

（5）月实际完成销售收入30万～40万元时（不含月基本任务），按5%比例计提业绩奖。

400000×5%=20000（元）

（6）月实际完成销售收入40万～50万元时（不含月基本任务），按6%比例计提业绩奖。

500000×6%=30000（元）

3.3.4 月业绩量与效益挂钩考核奖惩。

单项工程合同实际收入÷材料实际成本=2.1为基准价（合同签单指导价）。

（1）凡单项合同签单业绩量，经考核达到2.1基准价标准的，按比例计提业绩奖。

（2）凡单项合同签单业绩量，经考核低于2.1～1.8基准价标准的，按比例减半计提业绩奖。

（3）凡单项合同签单业绩量，经考核低于1.8以下基准价标准的，或该工程无利润，发生亏损情况，取消业绩奖提成资格。

（4）凡单项合同签单业绩量，经考核若高于3及以上基准价标准的，按比例计提业绩奖外，再增加0.5%比例给予奖励计提。

3.3.5 月业绩量与工作职责挂钩考核奖惩。

（1）五大主要职责按比例计分考核扣罚。

（2）责任划分标准：业务介绍占60%，营销合同签订占20%，开工前条件准备占5%，工程验收款项全部结清占15%，合计100%。

（3）客户部在完成自业务介绍至沟通合同签订至工程施工款项全部结清整个经营活动中，只有完成了100%的工作职责，才能保证达到满足客户需求的目的。缺一项工作职责未完成，在总提成奖中按上述比例扣一项，以此类推，以确保工作质量切实完成达标。

（4）客户经理在合同签订之前必须经严格审核设计方案是否符合出厂要求：

一审工程报价清单是否严格执行公司制度的统一销售价格。

二审图纸标示的工程量是否与报价清单项目工程量相符合，是否有漏项、错项、多项的情况发生。

三审设计方案是否经过制图预算审核签字、设计师审核签字、设计部门领导审核签字。凡没有经过三堂会审的设计方案就擅自出厂签订合同，一律为不合格产品出厂，取消业绩提成奖资格，造成经济损失由责任人自负。

合同实际销售收入=合同成交价−介绍人返点提成。

3.4 季度鼓励奖。

3.4.1 连续3个月为一个季度，工作时间不是3个月或3个月业绩量达不到规定标准的数额，不计算季度鼓励奖。

3.4.2 部门季度业绩量累计在50万～60万之间的，可获得2‰鼓励奖：

600000×0.2%=1200（元）

3.4.3 部门季度业绩量累计在60万～70万之间的，可获得3‰鼓励奖：

700000×0.3%=2100（元）

3.4.4 部门季度业绩量累计在70万～80万之间的，可获得4‰鼓励奖：

800000×0.4%=3200（元）

3.4.5 部门季度业绩量累计在80万～100万之间的，可获得5‰鼓励奖：

1000000×0.5%=5000（元）

3.5 年终特别奖。

3.5.1 连续12个月为一个年度，工作时间不是12个月，不计算年终特别奖。

3.5.2 年度特别奖提成比例：年终特别奖=年度实际销售收入×2‰。

3.6 市场部所有成员必须要具有高尚的品质，很强的业务能力，必须要与公司签订至少2年的劳动合同。在工程营销工作中，必须要做到保守公司商业秘密，绝不向同行泄露，绝不允许有抢单、卖单的行为发生。若有发生公司将扣除当月薪酬及未发的所有业绩提成奖金作为损失赔偿，予以除名，并追究其泄露公司商业秘密的法律责任。

市场部所有成员无论何种原因，若在劳动合同期间出现离职、辞职、被解雇情况，要立即向公司办理移交所有经管资料，尤其是客户资源以及工长、设计师、装饰公司、物业公司等资料，并要承诺与签约外出后不准泄露在公司期间的一切商业机密，若有违背，公司将通过法律程序追究相应的法律责任。

6-2 市场部人员绩效考核办法

市场部人员绩效考核办法

1.目的

通过对员工一定时期的工作绩效、工作态度和工作能力的考核，为员工培训、工作调动，以及提薪、晋升、奖励、表彰等提供客观可靠的依据，特制定本办法。

2.适用范围

适用本企业所有市场部人员。但不包括以下几类：

2.1 市场部经理。

2.2 因公休、工伤、疾病、请假等原因，考核期间出勤率不到20%的员工。

2.3 虽然在考核期任职，但考核实施日已经退职者。

2.4 其他特殊情况。

3.绩效考核小组成员

绩效考核委员会负责绩效考核的实施工作，人力资源部协助其进行具体的考核。

绩效考核委员会的具体组成人员有：人力资源部经理、市场部经理、市场部主管、人力资源部专员、人力资源部一般工作人员。

4.考核规定

4.1 考核量表。

4.1.1 市场部人员绩效考核指标（一）。

市场部人员绩效考核指标（一）

（总分为100分）

考核人：　　　　　　　　　　　　　　考核日期：

维度	指标	指标评价	权重/分数	指标类型	评分
财务	销售额	——	25%	量化指标	
	销售增长率	（当期销售额－上期销售额）÷上期销售额	20%	量化指标	
	新产品市场占有率	新产品销售额÷当期该类产品销售额	20%	量化指标	
客户	新增大客户数量	考核期内交易金额在×××万元以上的新增客户数量	10%	量化指标	
	市场与客户的维护开发	与老市场、老客户关系很稳固，新市场、新客户的开发多	5分	评价指标	
		与老市场、老客户关系稳固，新市场、新客户的开发较多	4分		
		与老市场、老客户关系较稳固，新市场、新客户的开发一般	3分		
		与老市场、老客户关系一般，新市场、新客户的开发较少	2分		
		与老市场、老客户关系较差，新市场、新客户基本没有	1分		
内部运营	营销网络的建设	营销组织合理高效，营销网络覆盖面很大	5分	评价指标	
		营销组织较合理，效率较高，营销网络覆盖面较大	4分		
		营销组织较合理，营销网络覆盖面一般	3分		
		营销组织基本合理，营销网络覆盖面较小	2分		
		营销组织较不合理，营销网络覆盖面很小	1分		
	产品的市场策划	方案非常合理，可操作性很强，反应很好	5分	评价指标	
		方案合理，易于实施，反应好	4分		
		方案较合理，较易于实施，反应较好	3分		
		方案不够合理，实施较难，反应较差	2分		
		方案不合理，实施难，市场反应差	1分		

（续表）

维度	指标	指标评价	权重/分数	指标类型	评分
学习与成长	应变学习能力	根据变化采取相应措施非常及时，吸收新东西很快	5分	评价指标	
		根据变化及时采取相应措施，吸收新东西快	4分		
		根据变化采取相应措施较及时，吸收新东西较快	3分		
		对变化反应较迟钝，吸收新东西较慢	2分		
		对变化反应迟钝，吸收新东西慢	1分		
	培训学习及创新	学习热情很高，创新意识很强，常有创新	5分		
		学习热情高，创新意识强，偶尔有创新	4分		
		学习热情较高，创新意识一般，几乎无创新	3分		
		学习热情较低，创新意识较差	2分		
		学习热情低，创新意识差	1分		
（各项累计）本次考核得分合计：					

4.1.2　市场部人员绩效考核表（二）。

市场部人员绩效考核表（二）

考核内容	考核指标	指标完成情况	分数	得分
业绩考核	公司任务中分管任务的完成率	超额、提前完成任务	5	
		按计划完成任务	4	
		按计划基本完成任务，偶有拖延	3	
		有时不能按计划完成任务，对工作稍有影响	2	
		完成较滞后，对工作有所影响	1	
	部门创新和工作策略	常有创新意识，策略很合理	5	
		有创新意识，策略合理	4	
		有创新意识，但创新很少，策略一般	3	
		创新意识较差，策略有失偏颇	2	
		创新意识差，策略错误	1	

（续表）

考核内容	考核指标	指标完成情况	分数	得分
能力考核	市场运作能力	把握市场动向很准确，对应策略非常合理，效率很高	5	
		准确把握市场动向，对应策略合理高效	4	
		把握市场动向较准确，对应策略较合理，效率较高	3	
		对市场不够了解，对应策略错误较多，效率较低	2	
		对市场不了解，对应策略错误多，效率低	1	
	业务能力	业务素养很高，具体工作开展非常顺利	5	
		业务素养高，具体工作开展顺利	4	
		业务素养较高，具体工作开展较顺利	3	
		业务素养较差，具体工作开展难度较大	2	
		业务素养差，具体工作开展难度大	1	
态度考核	按章办事，坚持原则	原则性很强，绝不徇私情，严格按规范处理所有事务	5	
		原则性强，按规定处理事务	4	
		原则性较强，偶尔不按规范处理事务	3	
		原则性较差，有徇私舞弊现象	2	
		原则性差，徇私舞弊现象严重	1	
	公司规定的执行	从不违反公司规章制度	5	
		偶尔在小的方面不注意遵守制度，但及时改正并不重犯	4	
		偶尔在小的方面不注意遵守制度，虽及时改正但会重犯	3	
		有时会触犯大的制度，经教育有所改正	2	
		对公司制度时有触犯，教育后仍时有发生	1	
	工作的持续性和责任感	始终尽最大努力做好本职工作，责任性很强	5	
		比较努力做好本职工作，责任心较强	4	
		能坚持完成本职工作，责任心一般	3	
		有时不能坚持完成工作，责任心稍差	2	
		不能坚持完成本职工作，责任心较差	1	
	……			

4.2 绩效考核周期。

绩效考核周期如下表所示。

绩效考核周期

考核周期 / 考核内容	月度	季度	年度
短期内有具体工作产出（任务绩效）	√		
周期绩效		√	√

4.3 绩效考核指标与权重分配。

绩效考核指标与权重分配如下表所示。

绩效考核指标与权重分配

指标类型	权重	总分
量化指标	80%	量化指标考核得分×80%+评价指标考核得分×20%
评价指标	20%	

4.4 绩效考核实施。

4.4.1 绩效考核委员会工作人员根据市场部人员的事实工作情况开展绩效考核工作。

4.4.2 市场部主管协助绩效考核委员会开展考核工作。

4.4.3 市场部人员配合考核。

4.4.4 绩效考核委员会将考核资料交予人力资源部，人力资源部进行汇总，统计分析。

4.4.5 人力资源部将结果告知被考核人员。

4.4.6 被考核人在有依据的情况下可向人力资源部提出申诉。

4.5 考核结果应用。

为员工培训、工作调动，以及薪资调整、职位晋升、奖金发放、表彰等提供客观可靠的依据。

考核结果应用

级别 / 结果	S	A	B	C	D	备注
分数范围		>90	80～90	70～80	<70	

（续表）

级别 结果	S	A	B	C	D	备注
最高限比	5%	25%	65%		5%	
工资序列升降级数		1	0	0	−1	
绩效奖金	✓	✓	✓	✓		
培训	✓	✓			✓	具体的奖金系数依不同级别而定
菜单式奖励	✓					
晋升	✓	✓				
调岗		✓				
淘汰					可能	

4.6 绩效反馈与改进计划。

市场部经理就被考核人员的考核结果与被考核者进行沟通，使其能客观地认识自己的优势与劣势，围绕其有能力改变的行为进行讨论，并提出合理化、可操作的改进意见，努力培养员工能力，提高公司整体绩效水平。

6-3 销售部绩效考核方案

销售部绩效考核方案

1.目的

为鼓舞销售人员工作热情，提高工作绩效，积极拓展市场，促进公司产品的营销，维护公司的正常发展，特制定本方案。

2.适用范围

适用公司各办事处、联络处销售系统人员；市场销售人员绩效工资考核方案按办事处经理、联络处主任和业务主管分别制订。

3.办事处经理绩效考核办法

3.1 办事处经理绩效考核分月度考核、季度考核、年终考核。

3.2 办事处经理根据以下几项内容综合绩效考核：回款指标、经营指标、费用指标、利润指标。

3.3 月度考核：销售中心市场部根据销售总目标对办事处上报计划（回款计划）进行修正并下达给各办事处（每两月一下达）。由于在销售过程中，可能也会遇到不可预测因素严重影响销售计划的完成，办事处可以在每月的25日之间前上报下月回款计划的调整报告，经销售中心批准后，按调整后的计划进行考核。

月度考核奖金=（月度回款考核奖金+月度利润考核奖金）×累计营运费用完成率÷营运费用超额点数×累计3个月回款完成率×70%

月度回款考核奖金=月度回款×0.5%

月度利润考核奖金=月度市场经营利润×2%（市场经营利润计算方法由财务部下达并计算）

注：当月回款完成率≥80%或累计3个月回款完成率≥100%时，计算当月月度考核奖金；否则不计算当月月度考核奖金。

3.4 季度考核。

季度考核奖金=本季度各办事处经理月度考核奖金总和×20%×季度营运得分率

季度营运得分率=季度营运得分之和÷季度全国办事处营运得分总和×100%

注：各办事处季度营运考核得分综合考评最后两名取消季度考核奖金。

3.5 年终考核。

年终考核奖金=全年各办事处经理月度考核奖金总和×10%×年度营运得分率

年度营运得分率=年度营运得分之和÷年度全国办事处营运得分总和×100%

注：各办事处年度营运考核得分综合考评最后两名取消年度考核奖金。

4.联络处主任绩效考核办法

4.1 联络处主任绩效考核分月度考核、季度考核、年终考核。

4.2 联络处主任根据指标内容综合绩效考核：回款指标、利润指标。

4.3 月度考核：销售中心市场部根据销售总目标对办事处上报计划（回款计划）进行修正并下达给各办事处的联络处（每两月一下达）。由于在销售过程中，可能也会遇到不可预测因素严重影响销售计划的完成，办事处可以在每月的25日之前上报下月回款计划的调整报告，经销售中心批准后，按调整后的计划进行考核。

月度考核奖金=（月度回款考核奖金+月度利润考核奖金）×累计3个月回款完成率

月度回款考核奖金=月度回款×0.5%

月度利润考核奖金=月度市场经营利润×2%（市场经营利润计算方法由财务部下达并计算）

注：当月回款完成率≥80%或累计3个月回款完成率≥100%时，计算当月月度考核

奖金；否则不计算当月月度考核奖金。

4.4 季度考核。

季度考核奖金=（季度回款×0.5%+季度市场经营利润×2%）×20%

注：累计3个月回款完成率≥80%时，计算季度考核奖金，否则不计算季度考核奖金。

4.5 年终考核。

年终考核奖金=（全年回款×0.5%+全年市场经营利润×2%）×10%

注：全年回款完成率≥90%时，计算年终效益考核奖金，否则不计算年终绩效考核奖金。

5.销售业务主管考核办法

5.1 办事处销售业务主管考核以销售回款为主要考核指标，在能完成所辖区域内的各项指标后可计算考核奖金，办事处销售业务主管考核指标以销售回款为主，由办事处每2个月下达（销售回款指标每月不得少于3万元）。

5.2 联络处销售业务主管考核奖金=销售回款金额×1%

注：销售回款完成率≥80%时，计算考核奖金，否则不计算考核奖金。

6.其他说明

6.1 各项考核指标计算公式。

累计3个月回款完成率=（累计3个月回款金额÷累计3个月计划回款金额）×100%

累计营运费用完成率=1-（累计营运费用率-营运费用率目标）÷营运费用率目标（大于100%时按100%计算）

营运费用超额点数=（累计营运费用率-营运费用率目标）×100（小于1时按1计算）

注：营运费用率目标为回款的10%。

6.2 如市场各级销售人员在中途辞职或被公司辞退不计算考核期内各类绩效考核奖金。

6-4 销售部薪资分配及绩效考核管理办法

销售部薪资分配及绩效考核管理办法

1.目的

为实现公司年度经营目标，体现责、权、利一致的原则，调动员工的工作积极性，明确管理人员的职责，激发员工的工作热情与创造性，特制定本办法。

2.适用范围

适用于公司销售中心全国各区办事处、联络处、工作站。

3.薪资与考核

3.1 月度薪资构成。

月度薪资结构=底薪+岗位津贴＋销售奖金

岗位津贴=底薪×岗位系数－底薪

销售奖金＝奖金基数×奖金系数×月考核分

注：底薪部分为员工辞退补偿计算依据。

3.2 销售奖金考核分。

3.2.1 销售人员月考核分=销售达成分占60%+市场考核分占30%+管理考核分占10%。

3.2.2 内勤人员月考核分=所服务区域目标达成分60%+管理考核分40%。

3.3 销售奖金月考核分说明。

月考核分<50分，不计销售奖金考核；月考核分≥50分，才开始计算销售奖金考核；销售达成分不封顶。

3.4 部门相关职责。

3.4.1 销售目标按公司总部年度目标分解，并由各办事处在每月初（2日前）上报至公司销售部，由销售部做销售达成统计（分城市、分人员、分品项）。

3.4.2 月度、季度、年度销量由储运部统计，财务部核定。

（1）市场考核由主管考核，市场部核定。

（2）管理考核由主管考核，部门总监核定。

3.4.3 以上均以月度为考核时间段计算。

3.5 季度销售目标达成奖励的说明（单位：元）。

季度销售目标达成奖励的说明

职位	季度奖励			
办事处经理	季度销售额	50万元以下	50万～100万元	100万元以上
	奖励比例	0.2%	0.25%	0.35%
业务主任	季度销售额	20万元以下	20万～50万元	50万元以上
	奖励比例	0.25%	0.3%	0.5%
业务代表	季度销售额	10万元以下	10万～30万元	30万元以上
	奖励比例	0.4%	0.5%	0.6%

注：（1）考核按照季度执行，即每年4月、7月、10月、翌年1月进行考核。

（2）连续3个月月度平均KPI考核总分在50分以上，方可享受季度奖金考核。

（3）试用期员工不参加季度奖金考核。

（4）中途离职，若无市场遗留问题，给予正常提成的40%，在年终结算。

3.6 年度员工奖励的说明。

年度员工奖励的说明

职位	年度奖励			
办事处经理	年度销售额	200万元以下	200万～400万元	400万元以上
	奖励比例	0.2%	0.25%	0.35%
业务主任	年度销售额	60万元以下	60万～100万元	100万元以上
	奖励比例	0.25%	0.3%	0.5%
业务代表	季度销售额	40万元以下	40万～80万元	80万元以上
	奖励比例	0.4%	0.5%	0.7%

注：（1）考核按照年度执行，即翌年1月进行考核。

（2）连续6个月或1年内累积9个月月平均KPI考核总分在50分以上方可参加年度奖金考核。

（3）进公司未满1年的员工不参与年度奖金考核。

（4）在公司服务满3个季度者，中途离职，若无市场遗留问题，给予正常提成的50%，在下年度的6月底结算。

4.奖惩管理

4.1 奖励。

4.1.1 升职：岗位职等进行上调。

4.1.2 加薪：岗位职级进行上调。

4.1.3 要素。

（1）每年员工升职／加薪按月度进行调整，连续3个月考核总分为70分以上者方可提出奖励申请。

（2）“奖励申请表”由本人填写，并在每月25日前上交至公司总部，由相关领导审核。

（3）“奖励申请表”由总经理核准后执行，并报人事行政部备案。

（4）同意的申请在次月正式生效，同时，薪资、奖金、津贴等做相应调整。

4.2 处罚。

4.2.1 警告。

（1）月考核总分低于50分，警告一次。

（2）降级由公司人事行政部填写《降级降职通知书》，总经理核准，并于次月1日起生效执行，降级后，薪资、奖金、津贴等做相应调整。

4.2.2 解聘。

（1）连续警告3次或一年内警告次数累计超过3次者，记大过一次，公司与之解除劳动关系。

（2）连续降级2次，公司与之解除劳动关系。

（3）有违规违纪行为者，依据国家法律追究其相关法律责任。

5.社保福利

员工的社保由根据国家、省市的相关规定，由薪资核算员在当月工资中扣缴并汇总，报公司人力资源部负责办理对外申报工作。

6.薪资发放

（1）每月5日前，各办事处将当月的绩效考评汇总报公司销管部。由主管对直接下属人员当月工作进行考评。考评结果经审核后将作为当月“销售奖金”发放依据。

（2）人事行政部设置专人负责薪资结算工作。每月10日前薪资结算员对各部门所属编制人员的当月固定工资及个人业绩考核工资进行结算；经管理部及财务部负责人审核，由总经理批准，每月18日起发放。人力资源部备份。

（3）各级人员需按有关规定缴纳个人所得税。

6-5 销售人员绩效考核方案

销售人员绩效考核方案

1.目的

为通过对员工一定时期的绩效考核，把握每一位销售人员的实际工作状况，为员工培训、工作调动，以及提薪、晋升、奖励表章等提供客观可靠的依据，特制定本方案。

2.适用范围

适用于销售人员。

3.管理规定

3.1 考核内容及权重。

根据公司销售部销售总目标、各大区销售目标分解以及岗位职责制定各个岗位、职务的考核内容，具体考核内容如下表所示。

3.1.1 职务：大区经理。

业绩（回款）	费销比	主观评鉴10%	
		团队管理	报表管理
80%	10%	5%	5%

绩效工资=绩效工资基数×80%（业绩）+绩效工资基数×10%（费销比）+绩效工资基数×10%（主观评鉴）

费销比工资=绩效工资基数×10%×费销比（百分比）

主观评鉴工资=绩效工资基数×实得百分比

权重：业绩80%，费销比10%，主观评鉴10%。

3.1.2 职位：地区经理。

业绩（回款）	主观评鉴40%		
	经销商管理	团队管理	市场拓展
60%	15%	5%	20%

绩效工资=绩效工资基数×60%（业绩）+绩效工资基数×40%（主观评鉴工资）

主观评鉴工资=绩效工资基数×实得百分比

权重：业绩60%，主观评鉴40%。

3.1.3 职位：销售主管（现代渠道）。

业绩（回款/分销量）	主观评鉴40%		
	店头管理	团队管理	市场拓展
60%	20%	5%	15%

绩效工资=绩效工资基数×60%（业绩）+绩效工资基数×40%（主观评鉴）

主观评鉴工资=绩效工资基数×实得百分比

权重：业绩60%，主观评鉴40%。

3.1.4 职位：销售主管（传统渠道）。

业绩（回款/分销量）	主观评鉴40%		
	经销商/分销商管理	团队管理	市场拓展
60%	15%	5%	20%

绩效工资=绩效工资基数×60%（业绩）+绩效工资基数×40%（主观评鉴）

主观评鉴工资=绩效工资基数×实得百分比

权重：业绩60%，主观评鉴40%。

3.1.5 职位：销售代表（渠道）。

业绩（分销量）	主观评鉴40%		
	客户拜访管理	终端活动执行	报表管理
60%	20%	10%	10%

绩效工资=绩效工资基数×60%（业绩）+绩效工资基数×40%（主观评鉴）

主观评鉴工资=绩效工资基数×实得百分比

权重：业绩60%，主观评鉴40%。

3.1.6 职位：销售代表（传统渠道）。

业绩（分销量）	主观评鉴40%		
	铺货率	终端活动执行	报表管理
60%	20%	10%	10%

绩效工资=绩效工资基数×60%（业绩）+绩效工资基数×40%（主观评鉴）

主观评鉴工资=绩效工资基数×实得百分比

权重：业绩60%，主观评鉴40%。

3.2 考核依据及标准。

3.2.1 业绩指标：（本月销售实绩÷目标）×业绩绩效工资基数。

3.2.2 费用控管达成：{100%−[（本月费用占比−目标）÷目标]}×费用控管基数

本月费用占比=（部门费用+导购费用+特殊陈列费用+广宣品费用）÷本月销售实绩×100%

部门费用=差旅费+租赁费+邮电费+交际应酬费+办公费+水电费+客诉费

导购费用=导购工资+导购提成+导购绩效工资+管理费+销售奖励+其他费用

特殊陈列费：包括专架、端架、堆头、DM等费用（不含进场费）。

广宣品费用：包括广宣品、赠品、礼品、广告牌、店招等费用。

注：销售业绩以每月实际回款额为准。

3.2.3 终端活动管理：对终端的客情、产品铺货进度、铺货率、陈列的争取和维护、终端补货及时度等方面的考核。

3.2.4 终端费用控管考核：对新产品进场费、特殊陈列费、DM费以及导购费用等方面的控管考核。

3.2.5 导购管理考核：对导购员的招聘、培训、带教、考核等方面的管理考核。

3.2.6 铺货率：每人负责300家店头，每天日常工作为50家，有效店头的管理，保证有效店头的持续增长。

3.2.7 客户拜访：经常拜访、回访客户，与客户保持良好的关系，收集客户反馈对产品的销售反馈信息，对每日拜访客户情况进行记录统计。

3.2.8 报表及时率：及时上报各项报表，报表的准确性、有效性。

3.2.9 执行力考核：对公司各项制度的执行、通路和消费者促销计划执行、广宣品的运用执行等方面考核。

3.2.10 终端品管理：对终端品的进、出及使用进行有效管理，保证终端品合理使用。

3.2.11 分销量：对现有库存进行分销。

3.2.12 经销商管理：与经销商建立良好的合作关系，支持服务于经销商，保证产品的销售。

3.2.13 报告追踪：对各项报表进行有效及时跟踪，并确认各项报表批复状态。

3.2.14 市场拓展：开发网络、渠道及市场。

3.3 考核方法。

3.3.1 考核周期：上月的26日～本月的25日。

3.3.2 考核对象：逐级考核（由本岗位的上一级主管进行直接考核，例：销售代表由销售主管考核，销售主管由地区经理考核，地区经理由大区经理考核）。

3.3.3 考核报表上报时间：每月底最后一日上报。

3.3.4 须上报的数据记录：当月绩效考核表，下月销售目标任务分解表，当月回款明细，分销量数据（现代渠道、传统渠道）进、销、存数据，客户拜访记录，铺货记录。

3.4 考核细则。

3.4.1 个人销售目标达成率低于60%以下无业绩工资，个人销售目标达成率60%～120%的按实际达成率发放业绩工资，个人销售目标达成率120%以上的业绩工资不封顶。

3.4.2 新入职员工当月出勤天数低于15天（不含15天），不进行主观评鉴考核，无主观评鉴工资；业绩考核工资根据销售目标及实际完成情况进行考核并发放业绩工资（个人业绩不能与他人业绩进行资源共享）。

3.4.3 离职员工离职当月出勤不满15天（不含15天），不进行主观评鉴考核，无主观评鉴工资；业绩考核工资根据销售目标及实际完成情况进行考核并发放业绩工资（个人业绩不能与他人业绩进行资源共享）。

3.4.4 团队未完成当月销售目标任务，员工完成个人销售目标任务，可根据员工实际完成情况发放个人业绩工资，原则上个人销售目标完成业绩不再与其他员工进行资源共享（例：地区经理完成的销售目标任务额及业绩工资其下属未实际完成不能共享地区经理的销售业绩；员工完成的销售业绩属于员工个人业绩，与此同时共享为团队整体业绩）；团队完成当月销售目标任务，员工根据个人销售目标任务实际完成情况发放个人业绩工资。

3.5 绩效工资发放时间。

3.5.1 考勤当月发放当月基本工资及上月绩效工资。

3.5.2 发放时间：每月10日。

3.6 考核奖惩管理办法。

3.6.1 销售业绩连续三个月以上完成销售目标任务的给予岗位晋级、工资调整、特别奖等奖励。

3.6.2 销售业绩一个月以上未完成销售目标任务的给予末位淘汰、调岗、调薪等惩罚。

6-6 销售人员绩效考核办法

销售人员绩效考核办法

1.目的

为了使销售人员明确自己的工作任务和努力方向，让销售管理人员充分了解下属的工作状况，同时促进销售系统工作效率的提高，保证公司销售任务的顺利完成，特制定本办法。

2.适用范围

适用于本公司销售部门、各销售分公司的销售人员。

3.考核主体

3.1 销售人员考核标准的制定、考核和奖惩的归口管理部门是集团销售总部。

3.2 各销售分公司、部门对销售人员进行考核，考核结果上报销售总部经理或营销总监审批后生效。

4.管理规定

4.1 考核周期。

4.1.1 月度考核：每月进行1次，考核销售人员当月的销售业绩情况。考核时间为下月1～10日。

4.1.2 年度考核：1年开展1次，考核销售部经理当年1～12月的工作业绩。实施考核时间为下一年度1月1～10日。

4.2 绩效考核的内容和指标。

绩效考核的内容和指标

考核项目		考核指标	权重	满分	评价标准	评分
工作绩效	定量指标	销售额完成率	60%	60	·计算公式：$\frac{\text{实际完成销售额}}{\text{计划完成销售额}} \times 100\%$ ·考核标准为100%，刚好完成目标的得55分；每低于5%，扣除该项3分；每高于5%，加该项分3分	
		销售增长率	10%	10	与上一月度或年度的销售业绩相比，每增加1%，加0.5分，出现负增长不扣分	
		销售回款率	5%	5	刚好达到规定标准的得3分；超过规定标准以上，以5%为一档，每超过一档，加0.5分，低于规定标准的，记0分	
		新客户开发	5%	5	考核期内每增加一个新客户，加0.5分	

（续表）

考核项目	考核指标	权重	满分	评价标准	评分
工作能力	对本公司及产品了解度	5%	5	•了解公司产品基本知识（1分） •熟悉本行业及本公司的产品（2分） •熟练掌握本岗位所具备的专业知识，但对其他相关知识了解不多（3分） •熟练掌握业务知识及其他相关知识（4～5分）	
	沟通能力	5%	5	•能较清晰地表达自己的想法（1分） •有一定的说服能力（2分） •能有效地化解矛盾（3分） •能灵活运用多种谈话技巧和他人进行沟通（4～5分）	
	责任感	5%	5	•工作马虎，不能保质、保量地完成工作任务且工作态度极不认真（1分） •自觉地完成工作任务，但对工作中的失误有时推卸责任（2分） •自觉地完成工作任务且对自己的行为负责（3分） •除了做好自己的本职工作外，还主动承担公司内部额外的工作（4～5分）	
	客户满意度	5%	5	出现1次客户投诉，扣1分；没出现客户投诉得满分	

4.3 考核结果的应用。

4.3.1 月度考核结果应用：

（1）销售人员月薪酬＝基本工资＋（业绩提成＋超额提成）×0.7+目标奖金。

（2）销售人员只有在业绩考核平均完成率达60%及以上时，方可获得业绩提成奖，员工完成业绩的60%～100%（含）时的业绩提成奖的计算如下：

业绩提成奖=（业绩完成平均比率−60%）×实际回款数额×2%

（3）销售人员的业绩考核平均完成率超过100%时，可提取超额提成奖，超额提成奖的计算方式如下：

超额提成奖=（业绩完成平均比率−100%）×实际回款数额×2.5%

（4）销售人员业绩提成（包括超额提成）的30%作为员工的目标奖金，根据销售人员的管理目标考核结果进行发放，如下表所示。

销售人员管理目标考核结果应用表（目标奖金）

考核得分（A）	等级	考核结果应用
80分（含）以上	优秀	目标奖金按业绩提成的30%全额发放
60（含）~80分	合格	目标奖金按业绩提成30%的一半发放
60分以下	不合格	目标奖金全扣

4.3.2 年度考核结果应用：根据销售人员年度考核结果的总分，企业为其发放年度奖。

销售人员管理目标考核结果应用表（年度奖）

考核得分	等级	考核结果应用
90分（含）以上	卓越	1.净销售收入的4%发放 2.固定薪酬级别上调两个等级，以最高为限 3.列入公司人才库，遇有职位空缺时将优先升职
80（含）~90分	优秀	1.净销售收入的3%发放 2.固定薪酬上调一个等级，以最高为限
70（含）~80分	良好	净销售收入的2%发放
60（含）~70分	合格	净销售收入的1%发放
60分以下	不合格	1.无年度奖金 2.固定薪酬级别下调一个等级

范本七　人事行政部绩效管理制度

7-1　总部人事行政中心绩效管理制度

总部人事行政中心绩效管理制度

1.目的

建立客观、公正、公开、科学的绩效评价制度，完善员工的激励机制与约束机制，为科学的人事决策提供可靠的依据，特制定本制度。

2.适用范围

适用于总部人事行政中心人员和各级子公司人事行政人员。

3.绩效考核对象

Ⅰ类员工：总部人事行政人员。

Ⅱ类员工：各子公司人事行政人员。

4.绩效考核规定

4.1 考核内容。

4.1.1 业绩考核：Ⅰ类员工主要参照总部中心月度工作任务并依据岗位职责进行考核；Ⅱ类员工依据总部中心分配工作任务，各子公司总经理分配任务以及其岗位职责进行考核。

4.1.2 能力考核：通过员工的工作行为，观察、分析、评价其具备的工作能力。

4.1.3 态度考核：通过员工日常工作表现和行为，考察其工作责任感和工作态度。

绩效考核的权重与得分

考核内容	权重	综合考核得分
业绩考核	70%	业绩×70%+能力×20%+态度×10%
能力考核	20%	
态度考核	10%	

4.2 考核方式。

Ⅰ类员工考核实行员工自评，总部中心负责人评分和总部分管主管签名审核的三级考核方式。

Ⅱ类员工考核实行员工自评，直接主管和总部中心负责人综合评分，总部分管领导签名审核的三级考核方式。

4.3 考核小组。

Ⅰ类员工考核小组：总部分管领导和总部中心负责人。

Ⅱ类员工考核小组：总部分管领导和总部中心负责人以及直接主管。

4.4 考核周期。

以月度为考核周期，年终进行综合评定；新聘员工以试用期为考核周期。

4.5 考核流程。

根据职位说明书和中心月度工作计划，每月度26日由中心发出考核通知，考核小组对中心员工工作绩效进行综合评定，并于每月15日前将考核结果报总部中心备案。

4.6 考核结果的应用。

4.6.1 考核结果等级分布：

考核结果等级分布

分数段	90～100分	80～89分	70～79分	70分以下
等级	A	B	C	D
意义	优	良	中	差

4.6.2 培训。

在进行人力资源开发工作时，应把员工绩效考核结果作为参考资料，了解员工的培训需求，从而有效地开展培训工作。

4.6.3 岗位轮换和晋升。

在进行岗位轮换和晋升时，应参考员工绩效考核的评定结果，把握员工的工作和环境适应能力。

4.6.4 调薪。

调薪

考核结果	A	B	C	D	备注
工资序列升（降）级数	2	1	0	−1	当职务不发生变化时，工资序列只能升到该职位的最高级
注：工资序列升（降）必须具备以下条件： （1）连续2个月以上或年度内5个月（含）以上A/B，工资序列分别升2/1级 （2）连续2个月以上或年度内5个月（含）被评为D，工资序列降1级					

员工具有以下条件之一者，工资职级调整可不受总部人事行政中心规定的调薪时间限制：

（1）职务晋升。

（2）在业务发展、技术创新、总部中心业务开拓及内部管理等方面作出特殊贡献，必须填写特殊调薪申报表，报总部中心审核，公司分管领导审批。

4.6.5 绩效收益。

某普通员工年中（终）绩效收益=该职能部普通员工年中（终）绩效收益发放总额×计提系数计提系数=Ei×Pi÷ΣEi×Pi

Ei=某管理人员管理工资月标准额×在考核单位工作时间（按月计算）

Pi=该员工个人绩效评价得分

i=表示某普通员工

注：个人考核结果（P）为D等者，取消奖金的发放；试用期员工不享受奖金，在考核单位工作时间按转正后计算。

4.6.6 审批流程。

考核结果处理表按被考核者——直接主管——分管领导——人事行政中心的流程进行审批，但汇总报表要报分管领导审批。

4.7 考核面谈与绩效改进。

4.7.1 考核面谈。

员工考核的核心是结合工作计划和目标，目的在于主管对下属的工作进行监督和指导，在工作思路和绩效改进上提供帮助，因此每次考核结束后，考核者应当与被考核者进行考核面谈，加强双向沟通。

考核面谈为考核者与被考核者就绩效改进与能力提升所进行的沟通应做到：

（1）让被考核者了解自身工作的优点、缺点。

（2）对下一阶段工作的期望达成一致意见。

（3）讨论制订双方都能接受的书面绩效改进和培训计划。

4.7.2 绩效改进。

每个考核期结束后，考核者与被考核者应经过协商共同制订“员工绩效改进计划书”，报总部人事行政中心备案。

4.8 考核结果的管理。

4.8.1 考核指标和结果的修正。由于客观环境的变化，员工需要调整工作计划、绩效考核标准时，经考核负责人同意后，可以进行调整和修正。考核结束后总部中心还应对受客观环境变化等因素影响较大的考核结果重新进行评定。

4.8.2 考核结果反馈。被考核者有权了解自己的考核结果，总部中心应在考核结束后5个工作日内，向被考核者通知考核结果。

4.8.3 考核结果归档。考核结束后考核结果作为保密资料，由总部中心归入被考核者个人档案并负责保存。

4.8.4 考核结果申诉。被考核者如对考核结果有异议，首先应通过双方的沟通来解决；如不能妥善解决，被考核者可向总部中心提出申诉，总部人事行政中心需在接到申诉之日起十日内，对申诉者的申诉请求予以答复。

7-2 行政部绩效考核办法

行政部绩效考核办法

1.目的

为了完善行政部的管理，树立优秀的部门风范，使员工的贡献得到认可并提高员工的绩效，保证公司总体目标的实现，特制定本考核办法。

2.适用范围

适用于行政部的日常管理。

3.职责

3.1 行政部经理负责制订本部门绩效考核办法并实施。

3.2 将行政部指标分解到员工，与员工沟通确定绩效改进目标与计划。

3.3 部门员工应严格依据本办法执行。

4.绩效目标与考核理念

4.1 部门绩效目标。

4.1.1 全年正式员工流动率在××%以下。

4.1.2 全年培训××课时，××人/次。

4.1.3 员工综合满意率达到××%。

4.1.4 档案完整率达到××%。

4.2 部门绩效考核理念。

4.2.1 运用平衡计分卡，围绕公司战略及分解到部门的二级指标体系，制订员工的关键绩效指标。

4.2.2 以目标计划为基础，以业绩衡量标准/指标对绩效进行考核，强调绩效的达成。

4.2.3 以绩效的提高为目标，强调绩效管理过程，而不是简单的结果评判。

5.绩效考核方法

行政部绩效考核分为月度考核，年度考核。绩效考核的依据是员工在绩效期内工作过程中的工作表现和工作结果。

5.1 月度考核办法。

5.1.1 考核结构分为两部分：

一部分为关键业绩指标考核，实行季度考核；另一部分为本月重点工作指标考核，实行月度考核。在年初由部门经理结合被考核者岗位特点确定两部分考核所占的比重，两项指标合计达到100%。根据确定的考核比重将考核者总的绩效奖金分为两部分，即关键业绩指标奖金基数和重点工作指标奖金基数（司机及保安岗位仅采用月度工作考核）。

5.1.2 关键业绩指标（实行季度考核）：

（1）年初，依据“业绩合同”所确定的关键业绩指标，结合该岗位对工作业绩产生重大影响的工作内容，由部门经理和员工沟通后，确定××员工季度关键业绩指标考核表，并确定每个指标的分值和计算方法。

（2）每季度末，由部门经理收集考核表所规定的信息数据，根据计算办法进行考核打分。

（3）季末，由考核者将考核打分情况反馈被考核者，提出改进的建议，取得被考核者的认同。

（4）根据每季度考核打分情况，将考核打分与下季度每月关键业绩指标的奖金全额挂钩，核算应得奖金数额。

月关键业绩指标奖金＝关键业绩指标奖金基数×（上季度考核实际得分÷100）

5.1.3 重点工作指标：

（1）月初，根据公司开会确定的部门工作计划，由部门经理确定本月每项重点工作计划所占的分值，各项分值合计为100分，编制××员工×月考核表，反馈被考核者。月末，根据重点工作完成程度，先由被考核者进行自评打分，然后交由考核者对被考核者进行最终评分。

（2）月考核采用等级考核法，等级分为A、B、C、D、E五级。月考核总分＝Σ各项实际得分。

（3）等级考核标准及对应等级分如下表所示。

等级考核标准及对应等级分

等级	考核标准
A：出色	月度计划有突破性进展，能超额完成，工作绩效全部超越本职位常规要求，具有下列表现：在规定的时间之前完成任务，且完成任务的数量、质量等明显超出规定的标准，将创新思想运用到工作中，得到来自领导的高度评价。实际得分=1.2×分值。（特殊情况下考评标准可高于1.2）
B：优良	月度计划按要求全部完成，工作绩效能达到本职位常规要求，具有下列表现：严格按照规定的时间要求完成任务，经常在数量、质量上超出规定的标准，得到客户的满意。实际得分=1.0×分值
C：需改进	月度计划未按要求完成，或虽按时完成，但质量上不能完全达到规定的要求，具有下列表现：偶有小的疏漏，有时在时间、数量、质量上达不到规定的工作标准，偶尔有客户的投诉。实际得分=0.8×分值
D：不良	月度计划未完成，工作绩效显著低于本职位正常工作标准的要求，通常具有下列表现：工作中出现大的失误，或在时间、数量、质量上达不到规定的工作标准，有重大投诉发生。实际得分=0.5×分值
E：无效	月度计划未完成或未做，工作中出现重大失误，给公司造成严重后果及不良影响，或重点事项没完成。实际得分0分

（4）被考评人在“责任人自评”栏中按照A、B、C、D、E考评等级填写。行政部经理最终确定考评等级。

（5）对于当月有调整的工作计划，可在考核表备注栏中说明，由考核者进行考核确认。对于本月出现的重大管理改进或管理失误，可在备注栏说明，由考核者进行适当的加分或减分。

（6）月末，由考核者将考核打分情况反馈被考核者，提出改进的建议，取得被考核者的认同。

（7）根据每月末考核打分情况，将考核打分与当月重点工作指标奖金全额挂钩，核算应得绩效奖金。

月重点工作指标奖金＝重点工作指标奖金基数÷100×本月考核实际得分

5.2 年度考核办法。

5.2.1 每年年初，行政部经理依据公司的战略目标及部门目标、计划，结合被考核者工作特性向考核者提出本年度的关键业绩指标或指标值（或指标完成情况描述）以及改进计划。

5.2.2 当被考核者与直接上级对此达成共识后，由考核者将确认的内容填入“业绩合同”的计划栏内，双方签字确认，在部门备案。

5.2.3 年中和年末，行政部经理将安排员工进行述职，主要是对本人所负责的工作进行全面系统的检讨，述职分为工作目标完成和管理改进两项内容。由考核者根据目标完成情况和述职情况对被考核者做出评价，核计打分。

5.2.4 最后，考核者应将考核情况反馈被考核者，双方共同确认考核结果。

5.2.5 在年度内，如被考核者发现业务进展的内外环境发生重大变化，可以申请对原定的工作目标进行阶段性调整，经行政部经理同意后，记入“业绩合同”备注栏。

5.2.6 年度考核的结果将对员工的年终奖金分配产生影响，具体额度由行政部经理掌握。

6.考核沟通

6.1 考核沟通是绩效管理的一个非常重要的环节。它的主要任务是让被考核人认可考核结果，客观地认识自己并且改进工作，这也正是进行绩效考核的根本目的。

6.2 考核沟通是考核人与被考核人之间一对一进行的正式沟通。

6.2.1 考核人每月（季）初应将被考核人的上次考核情况反馈本人，肯定其工作成绩，并提出改进建议，被考核人应确认。

6.2.2 考核沟通完成后，考核人应将绩效考核表存档，以备查阅。

7-3 人力资源部绩效考核办法

人力资源部绩效考核办法

1.目的

为保障公司快速发展需要的人力需求，突出工作效率的考核与激励，强化公司的培训与学习成长，兼顾公司人力投入和产出，特制定本管理办法。

2.适用范围

适用于人力资源部的绩效管理。

3.管理规定

3.1 绩效考核指标结构设置。

3.1.1 绩效指标考核指向：绩效指标考核与个人绩效收入密切关联。绩效考核得分高者即工作绩效高者，即绩效考核指标指向的高绩效收入者。

3.1.2 绩效考核结果的应用。

（1）月度绩效考核：即，月度绩效考核系数 × 月度绩效工资 = 月度绩效应得收入。

（2）年度绩效考核：即，年度绩效考核系数 × 公司绩效系数 × 年度绩效基数 = 年度绩效应得收入（年终奖值）。

3.2 绩效考核指标。

人力资源部设置的考核指标：招聘按计划完成率、培训按计划完成率、公司各部门绩效计划按时完成率、绩效申诉处理及时率、人力费用控制率。

3.3 月度绩效考核指标及计算公式。

3.3.1 月度绩效考核指标为：招聘按计划完成率、培训按计划完成率、公司各部门绩效计划按时完成率、绩效申诉处理及时率。月度绩效指标系数（Y_i）：

$$Y_i=[(Z_w\div 90\%\times 25\%+P_w\times 25\%+J_w\times 25\%+S_s\times 25\%)\times 80\%+D_x\times 20\%]\div 100$$

Z_w——招聘按计划完成率；

P_w——培训按计划完成率；

J_w——公司各部门绩效计划按时完成率；

S_s——绩效申诉处理及时率；

D_x——月度定性考核得分。

3.3.2 年度绩效指标系数（N_i）：

$$N_i=[\sum_{i=1}^{12}(Y_i)\times 80\%+R_k\times 20\%]\div 100$$

3.4 关键绩效考核指标。

3.4.1 招聘按计划完成率。

（1）着眼点：保证年度招聘计划的有效实施。

（2）定义：月度应招聘计划数（含临时招聘计划）与实际招聘到位数间的比例。

（3）计算公式：

$$Z_w=\sum_{i=1}^{n}(S_i\times T_i\div J_i\times H_i)$$

Z_w——招聘按计划完成率；

S_i——实际招聘到岗人数；

T_i——实际招聘时间天数；

J_i——计划招聘到岗人数；

H_i——计划招聘时间天数。

（4）统计要求：统计人员为人力资源助理，统计周期为月度，统计依据为“年度招聘计划书”、临时招聘申请。

（5）目标值及权重：目标值为 100%，权重为 25%。

3.4.2 培训按计划完成率。

（1）着眼点：年度培训计划的有效实施。

（2）定义：月度应培训计划数（含临时培训计划）与实际实施的培训数间的比例。

（3）计算公式：

$$P_w=\sum_{i=1}^{n}\left(S_i\times C_i\div J_i\times R_i\right)$$

P_w——培训按计划完成率；

S_i——实际培训实施数；

C_i——实际培训参加人数；

J_i——培训计划数；

R_i——计划参加培训人数。

（4）统计要求：统计人员为人力资源助理，统计周期为月度，统计依据为“年度培训计划”、临时培训申请。

（5）目标值及权重：目标值为100%，权重为25%。

3.4.3 公司各部门绩效计划按时完成率。

（1）着眼点：公司关键人才队伍培养与部门绩效改进。

（2）定义：月度绩效实际完成比率与月度绩效目标值间的比率。

（3）计算公式：

$$J_w=\sum_{i=1}^{n}\left(D_i\div M_i\right)$$

J_w——绩效计划按时完成率；

D_i——月度绩效实际达成比率；

M_i——月度绩效目标值。

（4）统计要求：统计人员为人力资源助理，统计周期为月度（月度各部门绩效产生后）。

（5）目标值及权重：目标值为90%，权重为25%。

3.4.4 绩效申诉处理及时率。

（1）着眼点：保证绩效考核的有效实施，督促绩效改进。

（2）定义：月度产生的绩效申诉数与实际处理的有结果的绩效申诉数间的比例。

（3）计算公式：

$$S_s=\sum_{i=1}^{n}\left(C_i\div T_i\right)$$

S_s——绩效申诉处理及时率；

C_i——月度处理的有实际结果的绩效申诉数；

T_i——月度绩效申诉数。

(4) 统计要求：统计人员为人力资源经理，统计周期为月度，统计依据为“绩效申诉记录单”。

(5) 目标值及权重：目标值为100%，权重为25%。

3.4.5 人力费用控制率。

(1) 着眼点：人力费用（薪资福利、招聘费用、培训费用等）有效使用。

(2) 定义：人力费用预算与实际间的比例。

(3) 计算公式：

$$R_k=\sum_{i=1}^{n}(S_i \div Y_i)$$

R_k——人力费用控制率；

S_i——实际人力费用；

Y_i——预算人力费用。

(4) 统计要求：统计人员为财务会计，统计周期为年度，统计方式为年初预算与实际金额。

(5) 调整原则：公司临时性追加与费用减少。

(6) 目标值及权重：目标值100%，权重20%。

3.5 定性绩效考核指标。

定性绩效考核指标说明如下表所示。

定性绩效考核指标说明

指标	等级	说明
严格认真	A	严格认真地履行岗位职责，发现隐患，并预先采取措施避免问题发生
	B	发现他人的工作疏漏，告知对方并协助其补救
	C	按本岗位要求做，未出现工作疏漏
	D	工作出现问题，但能够积极补救，不推卸责任
	E	由于不严格、不认真，导致工作出现疏漏，并没有及时补救
主动高效	A	独立提出切实可行的改进方案，并推进实施，取得良好的成效
	B	工作中主动发现问题，提出有价值的改进建议
	C	主动调动各方面资源以达到目标
	D	反映工作中的困难和问题，但没有改进建议

（续表）

指标	等级	说明
主动高效	E	被动执行上级安排的工作，遇到困难被动等待，对工作中的问题视而不见
客户意识	A	提供的服务超乎客户期望的满意
	B	主动征询需求与感受，并以友善、愉悦的态度提供服务
	C	积极响应客户意见（投诉），及时满足客户需求
	D	在上级要求和客户投诉的压力下，为客户解决问题
	E	不关心客户需求与感受，对客户提出的需求没有响应
团队协作	A	在协助对方获取成功，并达到团队整体目标的同时实现个人目标
	B	发生分歧时，不但能认真听取对方的意见，而且还提出有价值的建议
	C	能够认真听取对方意见，修正个人的工作设想
	D	告知团队成员自己的设想，但不响应对方提出的建议或要求，固执已见
	E	不与团队成员沟通，完全按照个人设想工作
学习总结	A	除岗位要求的知识技能外，还主动学习其他相关的知识技能，工作能力明显提高
	B	有意识地学习岗位要求的知识技能和业界先进经验，并在工作中加以实践
	C	在工作中学习，能够从失误中吸取教训，举一反三，防患于未然
	D	能够不出现相同的失误，但不能防患于未然
	E	多次处理相同的失误

范本八 财务绩效管理制度

8-1 财务部薪酬与绩效考核管理办法

财务部薪酬与绩效考核管理办法

1.目的

为理顺人员薪酬分配关系，合理评价人员的行为和绩效，以充分调动广大人员的积极性和创造性，结合公司实际情况，特制定本办法。

2.适用范围

适用于管辖范围内的公司全体人员。

3.基薪的确定与薪酬额度管理

3.1 人员的基薪由所在单位财务部负责人依据人力资源部下达的预算总额和相关政策，在考虑工龄工资、加班工资和年终花红后合理制定，经分管的经理复核后，上报财务部。

3.2 人员基薪经财务部审核后，报人力资源部审批。

3.3 公司部门月度工资发放总额依以下公式计算确定：

公司部门月度工资发放总额=Σ经人力资源部审核的该公司财会人员基薪×90%+工龄工资+加班工资

3.4 在年终工资总额清算时，享有财务部工资余额的支配权。

4.工作绩效考核

4.1 考核原则。

4.1.1 客观、公正。

4.1.2 突出工作实绩。

4.1.3 部门绩效和个人绩效相结合：部门绩效占40%，个人绩效占60%。

4.1.4 纵向逐级考核：以直接上级对下级进行考核为主，资金部和管理部的专业考核作为补充。

4.2 部门考核的内容与方法。

4.2.1 部门绩效考核的内容包括公司业绩、任务绩效、管理绩效和周边绩效4个部分；考核方法采用定量考核与定性考核相结合。

4.2.2 实施考核时，公司业绩、任务绩效、管理绩效由财务经理负责评分，周边绩效由所在部门执行经理负责评分。

4.2.3 具体内容：详见下表。

财务部门绩效考核的内容与考核方法

指标		考评目的或方法
公司业绩	EBITDA	促进所在单位计划指标的完成
	RONOA%	促进所在单位计划指标的完成
	NOCF	促进所在单位计划指标的完成
任务绩效	财务报告完成及时	月度、季度、年度财务报告及时完成
	财务信息有效	定期、及时、真实地提供支持决策的财务分析报告
	财务监督情况	日常财务监督及时，各类资产账实相符，无重大盘亏
	财务信息准确	会计核算、财务报表未出现差错
	税务处理效果	充分利用国家税收优惠政策，不发生税务纠纷
	资金供应及时和有效	执行公司资金统一调配政策，不因资金短缺影响经营活动
	临时任务完成情况	按期完成总部和上级布置的临时任务
管理绩效	预算控制情况	是否严格按预算制度来使用资金，是否有超预算的情况
	财务费用控制	严格审核各部门费用开支，促进成本费用指标完成
周边绩效	部门合作满意度	部门间配合默契，不发生非原则性纠纷
认为需要陈述的部门重要事项（为了加深考核者的印象和减少分歧，可以分项简要陈述本部门工作表现突出和不足的事项）		

4.3 部门负责人绩效考核的内容与方法。

4.3.1 部门负责人考核的内容包括直接上级满意度、工作计划完成情况、内外部协调与沟通、财务管理制度执行情况、团队建设以及出勤情况等；考核方法除出勤率为定量考核外，其他指标全部采用定性考核。

4.3.2 实施考核时，任务绩效由所在单位执行经理负责考核，公司业绩、管理绩效、周边绩效由经理负责考核。

4.3.3 详细内容见下页表。

财务部门负责人绩效考核的内容与考核方法

序号	指标	考核方法
1	直接上级满意度	直接上级对被考核者的月度工作的总体印象
2	积极与所在部门协调配合	直接上级依据所在部门反映作出合理评价
3	月度工作计划制订与完成情况	是否按月制订工作计划，并组织完成
4	公司财务管理制度执行情况	积极接受财务监督，无违规事项发生
5	团队建设	部门内部配合默契，下属工作积极性高
6	税务、金融等部门的有效协调与沟通	直接上级依据外部单位反映作出合理评价
7	重要事项请示和汇报情况	直接上级依据实际情况作出合理评价
8	部门出勤率	部门实际出勤天数÷部门应出勤天数
9	个人出勤率	个人实际出勤天数÷个人应出勤天数
10	临时任务完成情况	直接上级依据实际情况作出合理评价
被考核者认为需要陈述的重要事项（为了加深考核者的印象和减少分歧，可以分项简要陈述本人表现突出和不足的事项）		

4.4 财会人员绩效考核的内容与方法。

4.4.1 财会人员绩效考核的内容包括直接上级满意度、本职工作完成的规范性、本职工作完成的及时性、本职工作完成的正确性、团队合作精神、业务间的协调与沟通以及出勤情况等；考核方法除出勤率为定量考核外，其他指标全部采用定性考核。详细内容见下表。

一般财会人员绩效考核的内容与考核方法

序号	指标	考核方法
1	直接上级满意度	直接上级对被考核者的月度工作的总体印象
2	本职工作完成的规范性	是否按财经法规和制度规定的要求完成本职工作
3	本职工作完成的及时性	是否在规定的时间内完成本职工作
4	本职工作完成的正确性	本职工作出错次数，有无重大差错，是否造成重要影响
5	团队合作精神	积极主动地配合相关工作，下属工作积极性高
6	业务间的协调与沟通	内外部业务间的协调与沟通是否主动和有效

（续表）

序号	指标	考核方法
7	个人出勤率	个人实际出勤天数÷个人应出勤天数
8	临时任务完成情况	直接上级依据实际情况作出合理评价
被考核者认为需要陈述的重要事项（为了加深考核者的印象和减少分歧，可以分项简要陈述本人表现突出和不足的事项）		

4.4.2 财会人员绩效考核由所在财务部门负责人负责考核，但需报财务经理审核确认。

4.4.3 计划统计和开票、收款人员的绩效考核比照人员进行。

4.4.4 新进入公司而未满试用期的人员不参加此考核。

4.5 考核等级的划分与释义。

4.5.1 考核评分表中的所有考核指标均按优秀、合格、基本合格、不合格四个等级评分，具体定义和对应关系见下表。

评分等级定义表

等级	优秀	合格	基本合格	不合格
定义	实际表现显著超出预期计划/目标、岗位职责/分工要求，在计划/目标、岗位职责/分工要求所涉及的各个方面都取得特别出色的成绩	实际表现达到或部分超过预期计划/目标、岗位职责/分工要求，在计划/目标、岗位职责/分工要求所涉及的主要方面都取得比较出色的成绩	实际表现基本达到预期计划/目标、岗位职责/分工要求，在主要方面有明显不足或失误	实际表现未达到预期计划/目标、岗位职责/分工要求，在很多方面失误或主要方面有重大失误
部门得分	1.0~1.2分	1.0分	0.8~0.99分	0.6分以下
个人得分	1.2分	1.0分	0.8分	0.6分

4.5.2 在对个人进行绩效考核时，优秀的比例原则上应控制在20%以下。

4.6 绩效考核结果的查询与申诉。

被考核者有权查询本人的绩效考核结果，如果对考核结果有异议，可在一周之内向自己的直接上级提出申诉，被考核者的直接上级应在一周之内进行调查和回复；被考核者对直接上级的答复仍不满意时，可在一周内向财务管理部反映。

4.7 考核结果的运用。

月度的绩效考核结果与当月基薪的30%挂钩考核。

5.薪酬的计算与发放

5.1 人员的应得工资按以下公式计算确定：

个人应得工资=基薪×70%+绩效工资+工龄工资+加班工资±专项奖罚

其中，绩效工资依据部门月度工资总额扣减财会人员基薪总额的70%和工龄工资、加班工资、专项奖罚后的余额并结合个人绩效考核分计算确定。

5.2 人员的出勤资料由财务部门直接提供，绩效考核及专项奖罚资料经经理审核签字后于每月12日前报财务中心管理部，经确认盖章后统一下发。

5.3 公司人员的工资仍维持由行政部计算的体制不变，其中养老保险、住房公积金、医疗保险、个人所得税等各项税费的缴纳与生产基地其他正式员工同等办理。

8-2 财会人员绩效考核管理办法

财会人员绩效考核管理办法

1.目的

为调动财会人员工作积极性，客观反映其工作实绩，建立按绩效进行奖金分配的管理机制，引导其不断提高业务素质、服务质量和工作绩效，特制定本办法。

2.考核周期

考核周期为一个月。

3.适用范围

适用于财务部的财务人员。

4.考核原则

4.1 公开、公平、公正的原则：即考核方法、内容、标准、结果一律公开，不搞暗箱操作，并一视同仁，严格按标准考核，不搞平衡调节。

4.2 按照一级考核一级的原则：即被考核者的直接主管为第一考核人，第一考核人的直接主管为第二考核人。第一考核人具体负责下属绩效考核工作，第二考核人除对直接下属实施考核外，还负责对第一考核人工作的指导、监督以及考核结果的审核、确认。

4.3 激励与绩效挂钩原则：即按考核结果进行奖金分配，并作为年终评比、岗位调整、培训、技术职务考核的主要依据。

4.4 考核与申诉相结合的原则：即考核结果与本人见面，并允许被考核者申诉，进行解释，反映自己的意见。

4.5 沟通反馈与改进工作的原则：即考核者与被考核者就考核过程、考核结果、工作要求等进行双向沟通交流，促进绩效考核及其他各项工作的改进。

5.绩效考核方案

财务部绩效考核方案如下表所示。

财务部门绩效考核方案

序号	考核项目	考核办法	责任人	监督考核人	审核人
1	出勤率 10分	(1) 每月出勤除每周轮休1天外，不迟到、不早退、不请假为达标，得满分10分 (2) 每次迟到、早退10分钟内，扣0.5分；11～30分钟，扣1分；31～60分钟扣2分，60分钟以上以旷工1天论处 (3) 旷工1天，扣4分	全体财务人员	行政主管/财务经理	董事长 总经理
2	工作态度 10分	(1) 认真履行职责，积极完成上级领导下达的任务且态度好为达标，得满分10分 (2) 不服从上级领导工作分配，且态度恶劣的，扣10分 (3) 不按时完成上级领导下达任务的，每拒绝或拖延1次，扣5分 (4) 若按时完成任务确有困难，且作出书面报告及时向领导请示的，但请示后却不想办法解决完成的，每次扣1分	全体财务人员	财务经理	董事长 总经理
3	建立完善的会计档案资料 15分	(1) 有完善的财务档案资料为达标，得满分15分 (2) 财务档案资料包括："财务数据综合分析报告"、"财务预结算报告"、"销售合同"备案、"采购合同"备案、"生产工程单"备案、供应商相关的档案资料、销售客户的相关档案资料、公司的有关制度决议文件存档；上述档案资料中每缺少一项，扣2分	财务经理	董事长 总经理	董事长 总经理

（续表）

序号	考核项目	考核办法	责任人	监督考核人	审核人
3	建立完善的会计档案资料15分	(1) 有完善的会计档案资料为达标，得满分15分 (2) 会计档案资料包括："会计凭证"、"会计账目"、"会计报表"、"销售对比分析报告"、"产值对比分析报告"、"费用、利润分析报告"、"进销项发票"复印件备案存档；上述档案资料中前三项每缺少一项，扣3分；后三项每缺少一项，扣1.5分	会计主管	财务经理	董事长 总经理
4	日常财务管理工作50分	(1) 下述工作全部按时、保质、保量完成的为达标，得满分50分 • 建立健全公司的财务管理体系，制定、完善"公司财务制度"并监督实施，得5分 • 负责公司日常收付凭证的审核，控制公司成本费用的支出，得10分 • 负责财务人员日常工作的督促检查及绩效考核、年度业绩奖金的分配发放，公司各部门绩效考核的监督检查、数据跟踪，得5分 • 负责进行财务数据综合分析，编制"财务年度预算、结算报告"，得10分 • 负责仓库日常工作的指导和监督，得5分 • 拓宽公司的融资渠道，合理安排公司的资金，加速公司资金的正常运转，得5分 • 沟通、协调公司与工商、税务、银行等部门的关系，得5分 • 协助董事长和总经理搞好公司的日常管理工作，当好公司老总的参谋，完成董事长和总经理临时交办的工作，得5分 (2) 上述工作中，每一项完成不及时的，扣1分，不认真、质量不高的，扣2～5分	财务经理	董事长 总经理	董事长 总经理
		(1) 下述工作全部按时、保质、保量完成的为达标，得满分50分 • 负责日常会计凭证的归集整理，凭证记账，成本、费用、利润核算等工作，得15分 • 负责编制有关的"财务会计报表"，得5分 • 负责编制"销售计划完成情况对比分析表单"，得4分 • 负责编制"生产计划完成情况对比分析表单"，得4分 • 负责编制各部门"费用、利润对比分析表单"，得5分	会计主管	财务经理	董事长 总经理

（续表）

序号	考核项目	考核办法	责任人	监督考核人	审核人
4	日常财务管理工作50分	·负责各部门绩效考核数据的跟踪核算、编制员工工资表，得5分 ·负责有关统计报表的整理上报工作，得3分 ·负责公司进项税票的跟进，平衡进销之间税负，追踪进销发票相对应的资料(购销合同、公司资料复印件等）的备案存档，得4分 ·协助财务经理搞好日常的财务管理工作，得3分 ·负责财务软件的维护及有问题时与外部的联络，得2分 （2）在上述工作中，每一项完成不及时的，扣1分；其中第1至第9项工作不认真、质量不高的，扣2～5分	会计主管	财务经理	董事长总经理
	日常会计核算工作75分	（1）下述工作全部按时、保质、保量完成的为达标，得满分75分 ·负责公司往来账款会计凭证的归集整理，编制记账凭证，登记人账等的核算工作，得20分 ·负责销售出货时对“销货清单”的审核，严格按照《销售合同》规定额度、账期、回款速度进行签发，及时追要收货回单，得15分 ·负责客户往来账款的对账工作，及时追要对账确认回单，账目有差异时，应及时查明原因，并做出书面说明报告，请示处理方案并调整有关账目，得5分 ·负责将已到账期、逾期款项的有关资料提供给相关人员追讨货款，得5分 ·负责库存商品的核算工作，搜集整理库存商品进、销、存的有关单证，进行审核并登记入账，得15分 ·负责仓库日常工作的指导和监督，每周对库存商品进行抽查核对，并做出库存商品抽查情况报告，责成各仓管员认真打理好各自库房，做到账实相符，得5分 ·在日常会计核算工作中，发现问题应及时向会计主管汇报，请示处理方案和解决办法，得5分 ·协助会计主管搞好日常的会计核算工作和财务经理搞好日常的财务管理工作，得5分	会计员	财务经理	董事长总经理

（续表）

序号	考核项目	考核办法	责任人	监督考核人	审核人
4	日常会计核算工作75分	(2) 上述工作中，每一项完成不及时的，扣1分；不认真、质量不高的，扣2～8分	会计员	财务经理	董事长总经理
		(1) 下述工作全部按时、保质、保量完成的为达标，得满分75分 ·及时向各生产车间追要员工产值、产量报表归集整理，负责全部计件员工的工资核算，及时向会计主管提供计件员工的工资信息，得10分 ·负责增值税专用发票的购买、缴销和开具工作，开具发票时，应向受票方(购货方）索取相关的开票资料并认真核对，发现差异及时请示处理，得10分 ·物料采购回来后要及时跟踪物料数量、价格，并做好记录台账，得5分 ·在生产部门领料生产时，要跟踪仓库发料情况和数据，协同生产跟单员跟进督导生产车间产量、品质控制、人员工资、使用机台数量和使用时间等事项，并做好跟踪台账，减少浪费、降低成本，得10分 ·当本厂生产能力受限，需要外发委托加工的，应及时跟进，记录有关外发原辅材料的数量、产品加工完工入库数量，退回原辅材料情况、加工费用等事项，得10分 ·订单产品生产完毕入库后，应及时将该批订单产品的成本核算出来(即该批订单产品生产期间的制造费用：料——原、辅材料；工——生产人员工资、生产管理人员工资、辅助生产人员工资；费——生产人员的劳保福利费、水电费、机器设备的修理损耗费、厂房的折旧费等)，并将该批订单产品成本核算的有关表单送交财务部门，且对数据的真实性负责，得15分 ·所有产品成本均分订单进行核算，做到生产前计划预算，生产中跟踪核算，完工入库后分析对比，并作出相应的成本核算文本、表单进行存档备案，得5分	成本核算员	财务经理	董事长总经理

（续表）

序号	考核项目	考核办法	责任人	监督考核人	审核人
4	日常会计核算工作75分	·在日常会计核算工作中，发现问题应及时向会计主管汇报，请示处理方案和解决办法，得5分 ·协助会计主管搞好日常的会计核算工作和财务经理搞好日常的财务管理工作，得5分 （2）在上述工作中，每一项完成不及时的，扣1分；不认真、质量不高的，扣2～8分	成本核算员	财务经理	董事长总经理
5	安全生产5分	（1）讲究卫生，个人仪容仪表整洁大方，得1分；反之扣1分 （2）办公环境干净整洁、办公物品摆放整齐有序，得1分；反之扣1分 （3）下班后关好门窗，关闭电源，做好防火防盗工作，得1分；反之扣1分 （4）无生产安全事故发生得2分；反之扣2分	全体财务人员	财务经理	董事长总经理
6	其他规定	（1）财务部每个财务人员拿出其月基本工资的30%作为月绩效考核工资，其月绩效考核工资按照百分比进行分配 （2）本方案适合财务部全体财务人员 （3）财务部中任一财务人员有错，财务经理需承担40%的管理责任	全体财务人员	会计主管	董事长总经理

6.考核程序

考核按下列程序进行：

6.1 第一考核人对财务部一般会计人员按其所在岗位的考核内容及标准，逐岗进行考核。

6.2 第二考核人对考核结果进行审核、确认，并对第一考核人进行考核。

6.3 将考核结果通报被考核者，并记录考核结果。

7.考核申诉

7.1 被考核者对考核结果不服时，允许向考核者申诉。

7.2 考核者接到申诉后，应当进行复议，认为申诉理由充分，可以变更考核结果，并通知申诉人；认为申诉理由不成立，维持原考核结果，通知申诉人并说明理由。

7.3 申诉人对复议结果不服者，可以向财务部领导再申诉，在申诉期间暂不改变原考核结果，待接到财务部通知后，再按通知执行。

第四部分

绩效管理表格

引言：

表单化管理就是把各个岗位员工的绩效考核内容、工作质量标准和评价标准用简洁的考核表列出来，一岗一表、同岗同表，可以完成全部的考核工作，既一目了然又易于操作。企业要把制定好的绩效考核表事先发放到每个员工手里，让他们全面熟悉掌握，在实际工作中按照绩效考核的要求做好每一天、每一项工作。

范本一 绩效合约

1-1 营销副总裁绩效合约

营销副总裁绩效合约

合同编号：____________

受约人姓名： 发约人姓名：

受约人职位： 发约人职位：

合同有效期：____年___月___日至____年___月___日

为使公司____年经营计划落到实处，经双方商定，同意签订____年绩效合约。业绩指标如下：

关键绩效指标	目标值	考核标准					考核信息来源
1.销售回款		30分	25分	20分	10分	0分	财务部财务报表
2.营业费用控制		30分	25分	20分	10分	0分	财务部财务报表
3.所辖部门费用控制		15分	13分	10分	5分	0分	财务部财务报表
4.库存控制		15分	13分	10分	5分	0分	计划物流部报表
5.销售市场经济事件发生数		10分	8分	5分	3分	0分	集团审计监察中心监察报告

发约人将依据本绩效合约对受约人____年度经营业绩进行考核，销售回款、费用、库存以____年度公司财务决算为准。如果销售回款或利润实现低于目标值的80%，则取消受约人绩效年薪的发放。发约人根据合同完成情况，按公司的薪酬管理办法给予奖罚。

受约人签名：__________ 发约人签名：__________

签署时间：____年___月___日

1-2　市场总监绩效合约

市场总监绩效合约

合同编号：____________

受约人姓名：　　　　　　　　　　发约人姓名：

受约人职位：　　　　　　　　　　发约人职位：

合同有效期：____年___月___日至____年___月___日

为使公司_____年经营计划落到实处，经双方商定，同意签订_____年绩效合约。业绩指标如下：

关键绩效指标	目标值	考核标准					考核信息来源
1.品牌销售额目标完成情况		30分	25分	20分	10分	0分	财务部
2.市场促销方案认可度		20分	15分	10分	5分	0分	营销副总裁、其他业务总监和省办经理
		90%以上	80%～90%	70%～80%	60%～70%	60%以下	
3.新产品销售比例		20分	15分	10分	5分	0分	财务部
		20%以上	15%～20%	10%～15%	5%～10%	5%以下	
4.部门协作满意度		10分	8分	6分	4分	0分	营销副总裁和其他业务部门总监
		90%以上	80%～90%	70%～80%	60%～70%	60%以下	
5.客户满意度		10分	8分	6分	4分	0分	客户服务记录表
6.部门费用控制率		10分	8分	6分	4分	0分	财务部
		80%以内	80%～100%	100%～110%	110%～120%	120%以上	

发约人将依据本绩效合约对受约人_____年度经营业绩进行考核。发约人根据合同完成情况，按公司的薪酬管理办法给予奖罚。

受约人签名：____________　　　　　　发约人签名：____________

签署时间：_____年____月____日

1-3　广告公关部总监绩效合约

广告公关部总监绩效合约

合同编号：____________

受约人姓名：　　　　　　　　　　发约人姓名：

受约人职位：　　　　　　　　　　发约人职位：

合同有效期：____年___月___日至____年___月___日

为使公司____年经营计划落到实处，经双方商定，同意签订____年绩效合约。业绩指标如下：

关键绩效指标	目标值	考核标准					考核信息来源
1.销售额目标完成情况		10分	8分	6分	4分	0分	财务部
2.广告计划和方案的认可度		30分	25分	20分	15分	0分	营销副总裁、其他业务总监打分
		90%以上	80%～90%	70%～80%	60%～70%	60%以下	
3.广告费用控制率		20分	15分	10分	5分	0分	广告合同成本同比增长幅度
4.公关活动策划案的认可度和实施效果		20分	15分	10分	5分	0分	营销副总裁、其他业务总监和相关省办经理打分
5.危机公关策划质量和组织效果		10分	8分	6分	4分	0分	
6.部门费用控制率		10分	8分	6分	4分	0分	财务部
		80%以内	80%～100%	100%～110%	110%～120%	120%以上	

发约人将依据本绩效合约对受约人____年度经营业绩进行考核。发约人根据合同完成情况，按公司的薪酬管理办法给予奖罚。

受约人签名：____________　　　　　　发约人签名：____________

签署时间：____年___月___日

1-4 区域经理绩效合约

区域经理绩效合约

合同编号：________

受约人姓名：　　　　　　　　　　发约人姓名：

受约人职位：　　　　　　　　　　发约人职位：

合同有效期：____年___月___日至____年___月___日

为使公司____年经营计划落到实处，经双方商定，同意签订____年绩效合约。业绩指标如下：

关键绩效指标	目标值	考核标准					考核信息来源
1.销售回款完成		30分	20分	15分	10分	0分	财务部财务报表
2.KA渠道销售回款完成		5分	4分	3分	2分	0分	财务部财务报表
3.本销售部各省办费用控制		15分	13分	10分	5分	0分	财务部财务报表
4.销售部费用控制		5分	4分	3分	2分	0分	财务部财务报表
5.经销商覆盖率		10分	8分	5分	1分	0分	经公司盖章的经销商合同覆盖率
6.终端铺货率		5分	4分	3分	2分	0分	市场部抽查，专业公司市场调查报告
7.销售计划准确率		10分	8分	5分	1分	0分	计划物流部分析
8.市场价格维护度		10分	8分	5分	1分	0分	集团审计监察部检查市场
9.部门协作满意度		10分	8分	5分	1分	0分	其他部门总监打分

发约人将依据本绩效合约对受约人____年度经营业绩进行考核，____销售回款、KA渠道销售回款、本销售部各省办事处费用和销售部部门费用以____年度公司财务决算为准。发约人根据合同完成情况，按公司的薪酬管理办法给予奖罚。当出现以下几种情况时，则取消受约人的绩效年薪。

受约人签名：________　　　　　　发约人签名：________

签署时间：____年___月___日

1-5 重点客户部总监绩效合约

重点客户部总监绩效合约

合同编号：____________

受约人姓名： 发约人姓名：

受约人职位： 发约人职位：

合同有效期：____年___月___日至____年___月___日

为使公司____年经营计划落到实处，经双方商定，同意签订____年绩效合约。业绩指标如下：

关键绩效指标	目标值	考核标准					考核信息来源
1.KA销售额目标完成情况		30分	25分	20分	10分	0分	财务部
2.客户费用控制率（KA市场费、KA合同费、条码费）		20分	15分	10分	5分	0分	财务部
3.KA网络建设目标		15分	13分	10分	5分	0分	营销副总裁
4.货款逾期率		15分	13分	10分	5分	0分	客户
		3%以下	3%～5%	5%～10%	10%～20%	20%以上	
5.部门协作满意度		10分	8分	6分	4分	0分	营销副总裁和其他业务部门总监打分
		90%以上	80%～90%	70%～80%	60%～70%	60%以下	
6.部门费用控制率		10分	8分	6分	4分	0分	财务部
		80%以下	80%～100%	100%～110%	110%～120%	120%以上	

发约人将依据本绩效合约对受约人____年度经营业绩进行考核。发约人根据合同完成情况，按公司的薪酬管理办法给予奖罚。

受约人签名：__________ 发约人签名：__________

签署时间：____年___月___日

1-6 计划物流部总监绩效合约

计划物流部总监绩效合约

合同编号：____________

受约人姓名：　　　　　　　　　　　　发约人姓名：

受约人职位：　　　　　　　　　　　　发约人职位：

合同有效期：______年____月____日至______年____月____日

为使公司______年经营计划落到实处，经双方商定，同意签订______年绩效合约。业绩指标如下：

关键绩效指标	目标值	考核标准					考核信息来源
1.销售回款完成		20分	15分	10分	5分	0分	财务部财务报表
2.存货周转率		10分	8分	5分	1分	0分	财务部财务分析报告
3.断货次数		15分	13分	10分	5分	0分	销售部反馈
4.部门费用控制		5分	4分	3分	2分	0分	财务部财务报表
5.单位产品运输成本控制		10分	8分	5分	1分	0分	财务部财务分析
6.仓储费用控制		10分	8分	5分	1分	0分	财务部财务报表
7.物流制度执行		10分	8分	5分	1分	0分	集团审计监察中心及营销副总裁检查
8.客户服务		10分	8分	5分	1分	0分	销售部反映客户对物流服务的投诉
9.部门协作满意度		10分	8分	5分	1分	0分	其他部门总监打分

发约人将依据本绩效合约对受约人____年度经营业绩进行考核，____库存控制以安全库存为准，部门费用、仓储费用和单位产品运输成本以____年度公司财务决算为准。发约人根据合同完成情况，按公司的薪酬管理办法给予奖罚。若断货次数在考核期间内高于____次（含____次），则取消受约人的绩效年薪。

受约人签名：____________　　　　　　　　发约人签名：____________

签署时间：______年____月____日

1-7 人力资源部总监绩效合约

人力资源部总监绩效合约

合同编号：____________

受约人姓名： 发约人姓名：

受约人职位： 发约人职位：

合同有效期：____年___月___日至____年___月___日

为使公司____年经营计划落到实处，经双方商定，同意签订____年绩效合约。业绩指标如下：

关键绩效指标	目标值	考核标准					考核信息来源
1.工资总额控制		25分	20分	15分	10分	0分	财务部
2.部门费用控制		15分	13分	10分	5分	0分	财务部
3.培训费用控制		15分	13分	10分	5分	0分	财务部
4.部门协作满意度		20分	15分	10分	5分	0分	其他部门总监打分
5.培训满意度		15分	13分	10分	5分	0分	培训效果评估表
6.人才流失率		10分	8分	5分	1分	0分	人力资源部统计

发约人将依据本绩效合约对受约人____年度经营业绩进行考核，____工资总额、部门费用和培训费用以____年度公司财务决算为准。发约人根据合同完成情况，按公司的薪酬管理办法给予奖罚。

受约人签名：__________ 发约人签名：__________

签署时间：____年___月___日

1–8 生产管理部总监绩效合约

生产管理部总监绩效合约

合同编号：______________

受约人姓名： 发约人姓名：

受约人职位： 发约人职位：

合同有效期：______年____月____日至______年____月____日

为使公司______年经营计划落到实处，经双方商定，同意签订______年绩效合约。业绩指标如下：

关键绩效指标	目标值	考核标准					考核信息来源
1.目标利润		30分	25分	20分	10分	0分	财务部
2.产量计划完成率		15分	13分	10分	5分	0分	计划物流部
3.供货及时率		15分	13分	10分	5分	0分	计划物流部
4.废品率		15分	13分	10分	5分	0分	市场部、生产管理部
5.原料库存资金占用		15分	13分	10分	5分	0分	财务部
6.部门协作满意度		10分	8分	5分	1分	0分	其他部门总监打分

发约人将依据本绩效合约对受约人______年度经营业绩进行考核，________目标利润和原料库存资金占用以______年度公司财务决算为准。发约人根据合同完成情况，按部门总监的薪酬管理办法给予奖罚。

受约人签名：______________ 发约人签名：______________

签署时间：______年____月____日

1-9 生产厂厂长绩效合约

生产厂厂长绩效合约

合同编号：____________________

受约人姓名： 发约人姓名：

受约人职位： 发约人职位：

合同有效期：______年____月____日至______年_____月____日

为使公司______年经营计划落到实处，经双方商定，同意签订______年绩效合约。业绩指标如下：

关键绩效指标	目标值	考核标准					考核信息来源
1.目标利润		25分	20分	15分	10分	0分	财务部
2.产量计划完成率		15分	13分	10分	5分	0分	计划物流部
3.供货及时率		20分	15分	10分	5分	0分	计划物流部
4.废品率		15分	13分	10分	5分	0分	市场部、生产部
5.生产安全事故控制		15分	13分	10分	5分	0分	生产部

发约人将依据本绩效合约对受约人______年度经营业绩进行考核，________目标利润以______年度公司财务决算为准。发约人根据合同完成情况，对生产厂厂长进行奖罚。

受约人签名：______________ 发约人签名：______________

签署时间：______年____月____日

1-10 财务部总监绩效合约

财务部总监绩效合约

合同编号：__________________

受约人姓名： 发约人姓名：

受约人职位： 发约人职位：

合同有效期：_____年___月___日至_____年___月___日

为使公司_____年经营计划落到实处，经双方商定，同意签订_____年绩效合约。业绩指标如下：

关键绩效指标	目标值	考核标准					考核信息来源
1.公司上市策划推进的进度和质量		30分	25分	20分	15分	10分	董事长、总裁打分
2.资金供应及时性		10分	8分	6分	4分	0分	董事长、总裁打分
3.财务费用		10分	8分	6分	4分	0分	财务部
4.公司总体预算费用控制率		20分	25分	20分	15分	10分	财务部
5.部门协作满意度		20分	13分	10分	5分	0分	总裁、副总裁和其他业务部门总监打分
		90%以上	80%～90%	70%～80%	60%～70%	60%以下	
6.部门费用控制率		10分	8分	6分	4分	0分	财务部

发约人将依据本绩效合约对受约人_____年度经营业绩进行考核。发约人根据合同完成情况，按公司的薪酬管理办法给予奖罚。

受约人签名：____________ 发约人签名：____________

签署时间：_____年___月___日

1-11 财务部副总监绩效合约

财务部副总监绩效合约

合同编号：__________

受约人姓名：　　　　　　　　　　　　发约人姓名：
受约人职位：　　　　　　　　　　　　发约人职位：
合同有效期：____年____月____日至____年____月____日

为使公司____年经营计划落到实处，经双方商定，同意签订____年绩效合约。业绩指标如下：

关键绩效指标	目标值	考核标准					考核信息来源
1.会计核算体系合理性		20分	15分	10分	5分	0分	审核监察委员会
2.财务核算及报表的及时性和有效性		20分	25分	20分	15分	10分	财务信息使用部门
3.应收账款控制		20分	15分	10分	5分	0分	财务部
4.公司总体预算费用控制率		20分	15分	10分	5分	0分	财务部
5.部门协作满意度		20分	15分	10分	5分	0分	总裁、副总裁和其他业务部门总监打分
		90%以上	80%～90%	70%～80%	60%～70%	60%以下	

发约人将依据本绩效合约对受约人____年度经营业绩进行考核。发约人根据合同完成情况，按公司的薪酬管理办法给予奖罚。

受约人签名：__________　　　　　　发约人签名：__________

签署时间：____年____月____日

范本二　生产部绩效考核表

2-1　生产经理岗位绩效考核表

生产经理岗位绩效考核表

部门：生产部　　被考核岗位：生产经理　　被考核人：

项目	序号	考核指标	目标值	分值	完成情况	考核得分
KPI（70%）	1	生产计划完成率	100%完成	10		
	2	劳动生产效率	98%以上	9		
	3	交货期准时率	100%准时	9		
	4	产品抽检合格率	≥98%	8		
	5	生产成本下降率	2%	8		
	6	生产设备利用率	95%以上	5		
	7	生产安全事故次数	0次	5		
	8	下属行为管理	出勤率98%以上，违规事件数少于2次/月	4		
	9	关键员工流失率	流失率控制在1%以内	4		
	10	对下属绩效考核	及时、公平、公正，做好业绩沟通	4		
	11	部门内部管理	本部门的规章制度规范，工作流程顺畅	4		
工作态度（10%）	1	向上级汇报工作	及时准确	2		
	2	关注公司长期的发展方向及长期目标的实施	非常关注，有具体的建议与措施	2		
	3	严守期限，达成目标	按期完成	3		
	4	遵守上级指示	严格遵守、执行	3		

（续表）

项目	序号	考核指标	目标值	分值	完成情况	考核得分
工作能力（20%）	1	领导力	利用各种管理技巧，有效激励和调动生产部员工的工作积极性和主动性	4		
	2	应变力	处理生产意外情况，灵活多变，适时而动	4		
	3	执行力	不折不扣地执行生产计划	4		
	4	分析能力	能运用QC手法，对公司生产问题、质量问题进行分析	4		
	5	把握政策能力	正确贯彻执行安全法规、质量法规、劳动法规	4		
总计考核得分						

被考核人确认：　　　　　　　　　　考核人确认：

2-2　生产主管绩效考核表

生产主管绩效考核表

岗位：生产主管　　　　被考核人：　　　　　　考核时期：　　年　　月

项目	序号	考核项目	基准目标	分值	完成情况	考核分数
KPI（60%）	1	生产计划完成率	100%完成	10		
	2	交货准时率	100%准时	10		
	3	直通率	≥98%	10		
	4	物料损耗率	≤0.5‰	8		
	5	生产现场5S管理	每次检查不超过5个不符合项	8		
	6	生产安全事故次数	0次	6		
	7	质量体系执行度	原始记录，程序文件规范	4		
	8	工人离职率	≤3%	4		

（续表）

项目	序号	考核项目	基准目标	分值	完成情况	考核分数
工作态度（15%）	1	遵章守纪	能认真执行各项规章制度	3		
	2	政策性与原则性	严格按政策与原则办事	5		
	3	责任感	责任感很强，力图将自己的工作做得最好	3		
	4	团队精神	积极协助其他部门和同事共同达成工作目标	4		
工作能力（25%）	1	领导力	能利用各种管理技巧，有效激励和调动生产员工的工作积极性和主动性	6		
	2	应变力	在配合客户验厂、客户质量检验、质量认证及日常生产的处理等工作中，能灵活、机智地应对	7		
	3	执行力	有效贯彻落实公司的各项政策方针和生产计划	6		
	4	分析能力	能对工厂的人力负荷、设备负荷、生产能力与业务计划进行有效的分析	6		
总计考核得分						

被考核人确认：　　　　　　　　　　考核人确认：

2-3　车间主任绩效考核表

车间主任绩效考核表

岗位：车间主任　　　　被考核人：　　　　　　考核时期：　　　年　　　月

项目	序号	考核项目	基准目标	分值	完成情况	考核分数
KPI（60%）	1	交货准时率	100%准时	10		
	2	计划完成率	100%完成	10		
	3	产品抽检合格率	≥98%	10		
	4	返工率	＜2%	7		

（续表）

项目	序号	考核项目	基准目标	分值	完成情况	考核分数
KPI（60%）	5	损耗（废品）率	≤2‰	5		
	6	生产安全事故次数	0次	5		
	7	产品防护	各区域划分清楚，产品按要求做好防护	5		
	8	现场5S管理	每次检查不超过4个不符合项	5		
	9	员工离职率	≤3%	3		
工作态度（15%）	1	遵章守纪	能认真执行各项规章制度	4		
	2	政策性与原则性	严格按政策与原则办事	4		
	3	责任感	责任感很强，力图将自己的工作做得最好	4		
	4	团队精神	积极协助其他部门和同事共同达成工作目标	3		
工作能力（25%）	1	领导力	能利用各种管理技巧，有效激励和调动生产员工的工作积极性和主动性	7		
	2	应变力	在配合客户验厂、客户质量检验、质量认证及日常生产的处理等工作中，能灵活、机智地应对	6		
	3	执行力	有效贯彻落实公司的各项政策方针和生产计划	6		
	4	分析能力	能对工厂的人力负荷、设备负荷、生产能力与业务计划进行有效的分析	6		
总计考核得分						

被考核人确认：　　　　　　　　　　考核人确认：

2-4 班长（拉长）绩效考核表

班长（拉长）绩效考核表

岗位：班长（拉长）　　被考核人：　　考核时期：　　年　　月

项目	序号	考核项目	基准目标	分值	完成情况	考核分数
KPI（60%）	1	合理组织生产，产量完成率	100%完成	7		
	2	计划完成及时率	100%及时	7		
	3	直通率	≥98%	7		
	4	废品率	≤2%	7		
	5	返工率	＜2%	7		
	6	客户验货合格率为	≥98%	7		
	7	物料损耗率	≤0.5‰	6		
	8	生产现场5S管理	每次检查不超过5个不符合项	6		
	9	安全事故	0次	6		
工作态度（15%）	1	遵章守纪	能认真执行各项规章制度	5		
	2	政策性与原则性	严格按政策与原则办事	5		
	3	责任感	责任感很强，力图将自己的工作做得最好	5		
	4	团队精神	积极协助其他部门和同事共同达成工作目标	5		
工作能力（25%）	1	领导力	会利用各种管理技巧，有效激励和调动班组成员的工作积极性和主动性	5		
	2	执行力	有效贯彻落实公司的生产、质量、安全方针	5		
	3	分析能力	能运用统计分析方法，对生产质量问题、安全问题、生产设备问题进行分析	5		
	4	沟通能力	主动、积极地与相关部门就生产问题进行有效沟通，善于倾听	4		
总计考核得分						

被考核人确认：　　考核人确认：

2-5 生产计划员绩效考核表

生产计划员绩效考核表

岗位：生产计划员　　被考核人：　　考核时期：　年　月

项目	序号	考核项目	基准目标	分值	完成情况	考核分数
KPI（50%）	1	订单完成率	100%完成	10		
	2	产品准时交付率	100%准时	10		
	3	下单准确率	100%准确	10		
	4	生产计划漏项	0项	10		
	5	计划错误导致报废或返工次数	0次	10		
工作态度（20%）	1	遵章守纪	能认真执行各项规章制度	5		
	2	政策性与原则性	严格按政策与原则办事	5		
	3	责任感	责任感很强，力图将自己的工作做得最好	5		
	4	协作精神	与各部门、业务部、仓库、生产现场配合沟通协调得好，协作度评价高	5		
工作能力（30%）	1	计划力	能根据订单及上级的安排来编订生产计划	10		
	2	沟通力	有效地与上下级、同事及各相关部门沟通，就生产计划工作达成共识	7		
	3	协调力	能有效地协调生产计划、出货计划的达成	7		
	4	执行力	具有效贯彻落实公司的各项政策方针的能力	6		
总计考核得分						

被考核人确认：　　考核人确认：

2-6 生产跟单员绩效考核表

生产跟单员绩效考核表

岗位：生产跟单员　　被考核人：　　考核时期：　年　月

项目	序号	考核项目	基准目标	分值	完成情况	考核分数
KPI（50%）	1	开单准确率	100%准确	10		
	2	交货准时率	100%准时	8		
	3	停工待料次数	0次	8		
	4	报表及其他信息准确率	无差错	8		
	5	发货准确率	100%准确	8		
	6	装车及发车及时	合理、及时	8		
工作态度（25%）	1	遵章守纪	能认真执行各项规章制度	6		
	2	政策性与原则性	严格按政策与原则办事	6		
	3	责任感	责任感很强，力图将自己的工作做到最好	6		
	4	团队精神	积极协助其他部门和同事共同达到工作目标	7		
工作能力（25%）	1	计划力	能根据订单及上级的要求来制订生产计划，准确地将生产订单转化为生产作业单	6		
	2	沟通力	有效地与上下级、同事及各相关部门（生产现场、业务部、仓库、品管部）沟通，就订单的进展跟踪工作达成共识	6		
	3	协调力	能有效地协调生产部按时、保质、保量、准确地出货	7		
	4	执行力	具有效贯彻落实公司的各项政策方针的能力	6		
总计考核得分						

被考核人确认：　　考核人确认：

2-7 领料员绩效考核表

领料员绩效考核表

岗位：领料员　　被考核人：　　考核时期：　　年　　月

项目	序号	考核项目	基准目标	分值	完成情况	考核分数
KPI (50%)	1	领料及时率	100%及时	8		
	2	领料准确率	100%准确	8		
	3	车间原材料和辅助材料的搬运	有防护措施，注意搬运安全，无安全事故发生	6		
	4	车间原材料和辅助材料的发放	按时发放，定量、节约	6		
	5	车间原材料和辅助材料的保管	在规定区域分类放置，无因车间保管不当而影响质量	6		
	6	生产现场的定量管理及5S管理	达到公司要求	8		
	7	材料的发放、数据的准确	未发生错误发放问题，未发现报表数字错误	8		
工作态度 (25%)	1	遵章守纪	能认真执行各项规章制度	7		
	2	政策性与原则性	严格按政策与原则办事	7		
	3	责任感	责任感很强，力图将自己的工作做到最好	7		
	4	团队精神	积极协助其他部门和同事共同达到工作目标	4		
工作能力 (25%)	1	计划力	能根据生产计划和生产通知单及上级的要求来制订物料领用计划	6		
	2	沟通力	有效地与上下级、同事及各相关部门（仓库、品管部）沟通，就物料的领用达成共识	6		
	3	协调力	能有效地协调仓库、生产现场，使物料及时发放到生产线上	7		
	4	执行力	具有效贯彻落实公司的各项政策方针的能力	6		
总计考核得分						

被考核人确认：　　考核人确认：

2-8 生产统计员绩效考核表

生产统计员绩效考核表

岗位：生产统计员　　被考核人：　　考核时期：　　年　　月

项目	序号	考核项目	基准目标	分值	完成情况	考核分数
KPI (50%)	1	生产日报的准确性	准确	8		
	2	各类生产统计报表的及时性、准确性	及时、准确	8		
	3	员工产量计算	计算准确	8		
	4	车间损耗、报废统计	统计准确	8		
	5	生产信息的传递	及时上报生产信息	8		
	6	协助、协调生产进度	积极、主动	5		
	7	事务性工作完成率	无不满意、无投诉	5		
工作态度 (25%)	1	遵章守纪	能认真执行各项规章制度	7		
	2	政策性与原则性	严格按政策与原则办事	7		
	3	责任感	责任感很强，力图将自己的工作做到最好	7		
	4	团队精神	积极协助其他部门和同事共同达到工作目标	4		
工作能力 (25%)	1	沟通力	有效地与上下级、同事及生产主管、班组长、员工就产量的核算、统计工作进行沟通	9		
	2	协调力	能有效地配合生产主管协调生产现场，确保生产进度	8		
	3	执行力	具有效贯彻落实公司的各项政策方针的能力	8		
总计考核得分						

被考核人确认：　　考核人确认：

2-9 生产工人绩效考核表

生产工人绩效考核表

岗位：生产工人　　被考核人：　　考核时期：　年　月

项目	序号	考核项目	基准目标	分值	完成情况	考核分数
KPI (50%)	1	产量计划完成率	100%完成	10		
	2	直通率	≥95%	10		
	3	废品率	≤2%	8		
	4	返工率	＜2%	8		
	5	生产安全	无安全事故	7		
	6	作业区域5S活动	每次检查不合格项少于8项	7		
工作态度 (30%)	1	遵章守纪	能认真执行各项规章制度	8		
	2	政策性与原则性	严格按政策与原则办事	8		
	3	责任感	责任感很强，力图将自己的工作做到最好	8		
	4	团队精神	积极协助其他部门和同事共同达到工作目标	6		
工作能力 (20%)	1	沟通力	有效地与班组长及同事进行沟通	7		
	2	理解力	能正确地理解班组长所下达的指令，能准确理解操作规程、质量标准等方面的内容，并运用于工作中	7		
	3	执行力	不折不扣地执行班组长的工作要求	6		
总计考核得分						

被考核人确认：　　考核人确认：

范本三　品管部绩效考核表

3-1　品管经理岗位绩效考核表

品管经理岗位绩效考核表

部门：品管部　　　　被考核岗位：品管经理　　　　被考核人：

项目	序号	考核指标	目标值	分值	完成情况	考核得分
KPI（70%）	1	客户投诉率	10%	8		
	2	漏检误判次数	0次	8		
	3	质量事故发生次数	5次	8		
	4	质量事故原因分析及时有效性	质量事故分析及时有效	8		
	5	质量事故跟踪监督	质量事故规定时间处理	6		
	6	体系标准建立	按计划执行	6		
	7	验厂通过率	100%	6		
	8	发生工伤事故次数	0次	4		
	9	5S现场管理	100%	4		
	10	下属行为管理	出勤率98%以上，违规事件数少于2次/月	3		
	11	关键员工流失率	流失率控制在1%以内	3		
	12	对下属绩效考核	及时、公平、公正，做好业绩沟通	3		
	13	部门内部管理	本部门的规章制度规范，工作流程顺畅	3		
工作态度（10%）	1	向上级汇报工作	及时准确	2		
	2	关注公司长期的发展方向及长期目标的实施	非常关注，有具体的建议与措施	2		
	3	严守期限，达到目标	按期完成	3		
	4	遵守上级指示	严格遵守、执行	3		

（续表）

项目	序号	考核指标	目标值	分值	完成情况	考核得分
工作能力（20%）	1	领导力	能利用各种管理技巧，有效激励和调动下属的工作积极性和主动性	4		
	2	策划能力	能运用ISO 9000、ISO 14001、OHSAS 18001标准，策划和完善管理体系	4		
	3	协调能力	能针对品管中出现的问题和矛盾，妥善处理好各方面关系	4		
	4	应变力	妥善处理品质体系中涉及的有关紧急及突发事件	4		
	5	执行力	能运用品质管理手法，贯彻执行公司的品质政策	4		
总计考核得分						

被考核人确认： 考核人确认：

3-2 品质工程师绩效考核表

品质工程师绩效考核表

岗位：品质工程师 被考核人： 考核时期： 年 月

项目	序号	考核项目	基准目标	分值	完成情况	考核分数
KPI（60%）	1	质量成本控制	认真分析质量成本，并采取具体措施予以降低	9		
	2	质量文件、检验规程的科学、有效、合理	科学、有效、合理	9		
	3	处理现场质量问题的及时率、正确率	及时率100%，正确率达98%以上	10		
	4	废品率（产品合格率）	合格率≥98%	8		
	5	现场检验工对培训与指导的满意度	积极、主动、耐心	8		
	6	品质数据分析的准确度	数据准确，根据分析结果采取的措施有效	8		
	7	供应商评估	积极参与，并给出具体评价分	8		

（续表）

项目	序号	考核项目	基准目标	分值	完成情况	考核分数
工作态度（15%）	1	遵章守纪	能认真执行各项规章制度	3		
	2	原则性	对品管过程中出现问题，严格按公司规定处理	5		
	3	责任感	责任感很强，力图将自己的工作做得最好	4		
	4	团队精神	积极协助其他部门和同事共同达到工作目标	3		
工作能力（25%）	1	协调力	能针对品管中出现的问题和矛盾，妥善处理好各方面关系	7		
	2	沟通能力	熟练运用沟通技巧，正确传达公司品质政策，了解员工对品质体系建议和意见	6		
	3	督导能力	能运用品管技术，对现有的或潜在的品质缺陷，提出纠正和预防措施	6		
	4	执行力	理解上级工作意图，制订相应工作计划并有效实施	6		
总计考核得分						

被考核人确认：　　　　　　　　　　考核人确认：

3-3　品质班长绩效考核表

品质班长绩效考核表

岗位：品质班长　　被考核人：　　　　　　考核时期：　　年　　月

项目	序号	考核项目	基准目标	分值	完成情况	考核分数
KPI（60%）	1	首件/巡检/出货报表的确认失误率为零	0次	10		
	2	制程品质异常的处理及时性	100%及时	10		
	3	供应商来料异常纠正措施的有效性追踪达成率	＞85%以上	5		

（续表）

项目	序号	考核项目	基准目标	分值	完成情况	考核分数
KPI（60%）	4	制程品质异常纠正措施的有效性追踪达成率	＞85%以上	5		
	5	客诉异常纠正措施的有效性追踪达成率	＞85%以上	5		
	6	品保内部人员培训达成率	每月/4H	5		
	7	临时交办任务完成及时率	100%及时	5		
	8	试验设备点检、校验的及时率	100%	5		
	9	5S管理达标率	＞90分/月	5		
	10	人员督导与管理的失控率	＞0次/月	5		
工作态度（15%）	1	遵章守纪	能认真执行各项规章制度	3		
	2	原则性	对品管过程中出现问题，严格按公司规定处理	5		
	3	责任感	责任感很强，力图将自己的工作做到最好	4		
	4	团队精神	积极协助其他部门和同事共同达到工作目标	3		
工作能力（25%）	1	协调力	能针对品管中出现的问题和矛盾，妥善处理好各方面关系	6		
	2	沟通能力	熟练运用沟通技巧，正确传达公司品质政策，了解员工对品质体系建议和意见	6		
	3	督导能力	能运用品管技术，对现有的或潜在的品质缺陷，提出纠正和预防措施	7		
	4	执行力	理解上级工作意图，制订相应工作计划并有效实施	6		
总计考核得分						

被考核人确认：　　　　　　　　　　　　考核人确认：

3-4 ISO体系专员绩效考核表

ISO体系专员绩效考核表

岗位：ISO体系专员　　被考核人：　　考核时期：　　年　　月

项目	序号	考核项目	基准目标	分值	完成情况	考核分数
KPI（50%）	1	质量体系建立、运行状况	运行良好，各部门各岗位质量职责明确	8		
	2	不合格项整改有效完成率	100%及时跟踪，有记录	8		
	3	产品批次不合格率	低于2%/月	6		
	4	质量培训计划完成率	100%完成，员工质量意识高	8		
	5	公司ISO评审	评审通过，年审通过	8		
	6	品质记录管理	有记录，归档规范，可追溯	5		
	7	质量体系文件的管理	为有效版本，发放范围严格按规定控制	5		
	8	稽核评估供应商	积极参与	2		
工作态度（25%）	1	遵章守纪	能认真执行各项规章制度	7		
	2	政策性与原则性	严格按政策与原则办事	6		
	3	责任感	责任感很强，力图将自己的工作做到最好	6		
	4	团队精神	积极协助其他部门和同事共同达到工作目标	6		
工作能力（25%）	1	协调力	与上下级、本部门同事、生产现场人员及供应商保持良好关系	6		
	2	沟通能力	能与生产现场、各部门就质量体系的运行、质量培训工作交换意见，最终达成共识	6		
	3	把握方针的能力	把握企业的质量管理方针、政策	6		
	4	执行力	有效贯彻落实公司的质量方针、目标、质量管理制度	7		
总计考核得分						

被考核人确认：　　　　考核人确认：

3-5 来料检验员（IQC）绩效考核表

来料检验员（IQC）绩效考核表

岗位：来料检验员（IQC）　　被考核人：　　考核时期：　　年　　月

项目	序号	考核项目	基准目标	分值	完成情况	考核分数
KPI (50%)	1	客户（现场生产人员、供应商）投诉次数	0次	10		
	2	生产部反馈材料的不合格率	＜3%	10		
	3	检验及时率	100%及时	8		
	4	材料异常处理的及时性	及时	6		
	5	质量信息反馈的及时性	及时	6		
	6	进料检验文件的有效性	为有效版本	6		
	7	来料区域的整理、整顿	整洁，标志齐全，各区域划分清楚、明了	4		
工作态度 (25%)	1	遵章守纪	能认真执行各项规章制度	7		
	2	政策性与原则性	严格按政策与原则办事	6		
	3	责任感	责任感很强，力图将自己的工作做到最好	6		
	4	团队精神	积极协助其他部门和同事共同达到工作目标	6		
工作能力 (25%)	1	协调力	与上下级、本部门同事、生产现场人员及供应商保持良好关系	6		
	2	沟通能力	能与生产现场、供应商就来料检验工作交换意见，最终达成共识	6		
	3	把握检验方案的能力	把握来料检验方案及公司有关来料检验、质量管理制度	6		
	4	执行力	有效贯彻落实公司的质量方针、目标、质量管理制度	7		
总计考核得分						

被考核人确认：　　考核人确认：

3-6 过程检验员（IPQC）绩效考核表

过程检验员（IPQC）绩效考核表

岗位：过程检验员（IPQC） 被考核人： 考核时期： 年 月

项目	序号	考核项目	基准目标	分值	完成情况	考核分数
KPI（50%）	1	首件检验漏失件数	0件	8		
	2	成品检验漏失件数	0件	8		
	3	巡检漏失不良件数	0件	8		
	4	培训考核合格率	90%	6		
	5	报表的填写正确性	1次/月	6		
	6	部门沟通的投诉件数	0次	4		
	7	检验的及时性	100%	5		
	8	现场5S达标率	＞90分/月	5		
工作态度（25%）	1	遵章守纪	能认真执行各项规章制度	7		
	2	政策性与原则性	严格按政策与原则办事	6		
	3	责任感	责任感很强，力图将自己的工作做到最好	6		
	4	团队精神	积极协助其他部门和同事共同达到工作目标	6		
工作能力（25%）	1	协调力	与上下级、本部门同事、生产现场人员及供应商保持良好关系	6		
	2	沟通能力	能与生产现场、工程技术部就过程检验工作交换意见，最终达成共识	6		
	3	把握检验方案的能力	把握过程检验方案及公司有关过程检验、质量管理制度	6		
	4	执行力	有效贯彻落实公司的质量方针、目标、质量管理制度	7		
总计考核得分						

被考核人确认： 考核人确认：

3-7 最终检验员（OQC）绩效考核表

最终检验员（OQC）绩效考核表

岗位：最终检验员（OQC） 被考核人： 考核时期： 年 月

项目	序号	考核项目	基准目标	分值	完成情况	考核分数
KPI（50%）	1	成品检验合格率	≥98%	8		
	2	检验及时率	100%及时	8		
	3	重大质量事故	无	6		
	4	统计报表上交的及时性	及时	6		
	5	客户投诉处理率	100%处理	6		
	6	量具管理的规范性	97%能正常使用或损坏率在3%以下	6		
	7	现场质量文件管理规范性	每年复审后版本	5		
	8	质检区域的整理、整顿（5S工作）	整洁，标志齐全，各区域划分清楚、明了	5		
工作态度（25%）	1	遵章守纪	能认真执行各项规章制度	7		
	2	政策性与原则性	严格按政策与原则办事	6		
	3	责任感	责任感很强，力图将自己的工作做到最好	6		
	4	团队精神	积极协助其他部门和同事共同达到工作目标	6		
工作能力（25%）	1	协调力	与上下级、本部门同事、生产现场人员、业务部门及客户保持良好关系	6		
	2	沟通能力	能与生产现场、业务部、仓库就出货检验工作交换意见，最终达成共识	6		
	3	把握检验方案的能力	把握出货检验方案及公司有关出货检验、质量管理制度	6		
	4	执行力	有效贯彻落实公司的质量方针、目标及质量管理制度	7		
总计考核得分						

被考核人确认： 考核人确认：

范本四　研发部绩效考核表

4-1　研发经理岗位绩效考核表

研发经理岗位绩效考核表

部门：研发部　　　　被考核岗位：研发经理　　　　被考核人：

项目	序号	考核指标	目标值	分值	完成情况	考核得分
KPI (70%)	1	开发任务完成情况	100%高质量地完成	10		
	2	新产品立项数量	立项数量达到　　项	10		
	3	研发成果转率	达到85%	10		
	4	新产品投入市场的技术稳定性	非常稳定，没有因为技术问题导致不合格的产品批次数或因为技术质量问题导致技术更改次数	8		
	5	技术信息搜集有效性	非常完整	6		
	6	技术文档整理规范性	很规范	6		
	7	预算控制情况	在预算范围内	5		
	8	关键人员流失率	流失率控制在1%以内	5		
	9	对下属绩效考核	及时、公平、公正，做好业绩评估	5		
	10	部门内部管理	本部门的规章制度规范，工作流程顺畅	5		
工作态度 (10%)	1	向上级汇报工作	及时、准确	2		
	2	关注公司长期的发展方向及长期目标的实施	非常关注，有具体的建议与措施	2		
	3	严守期限，达到目标	按期完成	3		
	4	遵守上级指示	严格遵守、执行	3		

（续表）

项目	序号	考核指标	目标值	分值	完成情况	考核得分
工作能力（20%）	1	领导力	具利用各种管理技巧，有效激励和调动下属的工作积极性和主动性的能力	4		
	2	组织协调能力	得心应手把握全局，计划非常合理，措施得力	4		
	3	决策和分析判断能力	能果断地分析和判定失误，决策正确	4		
	4	管理和专业知识	全面掌握知识且运用较好	4		
	5	创新能力	年度内创新建议5项以上，且实施效果较好	4		
总计考核得分						

被考核人确认：　　　　　　　　考核人确认：

4-2　产品开发工程师绩效考核表

产品开发工程师绩效考核表

岗位：产品开发工程师　　　被考核人：　　　　　　考核时期：　　年　　月

项目	序号	考核项目	基准目标	分值	完成情况	考核分数
KPI（60%）	1	新产品开发周期	在规定周期内完成	8		
	2	技术评审合格率	在____%以上	8		
	3	项目计划完成率	在____%以上	8		
	4	设计的可生产性	设计出来的产品生产的可行性高，产品化程度达____%以上	8		
	5	研发成本降低率	在____%以上	7		
	6	技术信息搜集有效性	提交的各类报表、报告中数据出错的次数控制在____次以内	7		
	7	技术文档整理规范性	在____%以上	7		
	8	新产品开发周期	在规定周期内完成	7		

（续表）

项目	序号	考核项目	基准目标	分值	完成情况	考核分数
工作态度（15%）	1	遵章守纪	能认真执行各项规章制度	2		
	2	政策性与原则性	严格按政策与原则办事	3		
	3	事业心与责任感	对事业倾注自己很大的热情，责任感很强，力图将自己的工作做到最好	5		
	4	团队精神	积极协助其他部门和同事共同达到工作目标	5		
工作能力（25%）	1	分析判断能力	能正确分析事物、作出准确判断	5		
	2	创新能力	年度内创新建议4项以上，且实施效果较好	8		
	3	人际关系能力	能够同周围的人沟通和合作，在增进了解和传达信息方面有较好表现	4		
	4	专业知识	熟悉公司产品生产的工艺工序、工作原理；熟练掌握公司产品及生产工艺技术应用方面的知识；掌握AutoCAD、Office等相关计算机软件	8		
总计考核得分						

4-3　产品开发技术员绩效考核表

产品开发技术员绩效考核表

岗位：产品开发技术员　　　被考核人：　　　　　考核时期：　　年　　月

项目	序号	考核项目	基准目标	分值	完成情况	考核分数
KPI（60%）	1	新产品可行性分析的科学性、准确性	具科学性，准确性比较高	9		
	2	图纸正确性	图纸正确	9		
	3	工艺文件及时性、正确性	工艺文件制作及时，并且正确	9		
	4	技术文件更改准确性	技术文件更改及时，且准确度高	8		
	5	现场技术质量问题的解决及时性	及时解决，不拖延	8		
	6	不合格品的处理率	100%	7		
	7	外购品的合格率	100%	5		
	8	对外部供应商评价的及时性、客观性、公正性	及时、客观、公正	5		

（续表）

项目	序号	考核项目	基准目标	分值	完成情况	考核分数
工作态度(15%)	1	遵章守纪	能认真执行各项规章制度	2		
	2	政策性与原则性	严格按政策与原则办事	3		
	3	事业心与责任感	对事业倾注自己很大的热情，责任感很强，力图将自己的工作做到最好	5		
	4	团队精神	积极协助其他部门和同事共同达到工作目标	5		
工作能力(25%)	1	分析判断能力	能正确分析事物、作出准确判断	5		
	2	创新能力	年度内创新建议4项以上，且实施效果较好	8		
	3	人际关系能力	能够同周围的人沟通和合作，在增进了解和传达信息方面有较好表现	4		
	4	专业知识	熟悉公司产品生产的工艺工序、工作原理；熟练掌握公司产品及生产工艺技术应用方面的知识；掌握AutoCAD、Office等相关计算机软件	8		
总计考核得分						

4-4 工艺工程师绩效考核表

工艺工程师绩效考核表

岗位：工艺工程师　　被考核人：　　考核时期：　年　月

项目	序号	考核项目	基准目标	分值	完成情况	考核分数
KPI(60%)	1	工艺规程编写及时、准确	编写及时、准确	10		
	2	工艺资料管理的规范性	完整有序归档，符合质量管理规范要求	9		
	3	工艺技术培训完成率	100%按时完成，员工真正学会按工艺规程来操作	9		
	4	现场工艺技术问题的及时处理率	现场解决问题及时，未对生产造成影响	9		

（续表）

项目	序号	考核项目	基准目标	分值	完成情况	考核分数
KPI (60%)	5	材料定额编制的合理性	定额合理，损耗低	7		
	6	二类工装设计的质量、及时性、实际使用效果	设计及时、实际使用效果好，能提升操作人员的工作效率，并减轻劳动强度	7		
	7	各种试验的及时完成率	100%	6		
	8	车间的满意度	满意度高，未有投诉	3		
工作态度 (15%)	1	遵章守纪	能认真执行各项规章制度	2		
	2	政策性与原则性	严格按政策与原则办事	3		
	3	事业心与责任感	对事业倾注自己很大的热情，责任感很强，力图将自己的工作做到最好	5		
	4	团队精神	积极协助其他部门和同事共同达到工作目标	5		
工作能力 (25%)	1	分析判断能力	能正确分析事物、作出准确判断	5		
	2	创新能力	年度内创新建议4项以上，且实施效果较好	8		
	3	人际关系能力	能够同周围的人沟通和合作，在增进了解和传达信息方面有较好表现	4		
	4	专业知识	熟悉公司产品生产的工艺工序、工作原理；熟练掌握公司产品及生产工艺技术应用方面的知识；掌握AutoCAD、Office等相关计算机软件	8		
总计考核得分						

4-5 设备模具工程师绩效考核表

设备模具工程师绩效考核表

岗位：设备模具工程师　　　被考核人：　　　　　　考核时期：　　年　　月

项目	序号	考核项目	基准目标	分值	完成情况	考核分数
KPI (60%)	1	模具设计计划完成率	100%	10		
	2	模具设计阶段评审完成率	＞95%	9		
	3	模具维修计划完成率	按计划执行	9		
	4	模具档案齐全	资料完整有序归档，符合质量管理规范要求，有据可查，可追溯	9		
	5	模具维护保养费用降低	无浪费现象，且逐年有降低	8		
	6	模具文件和具体操作规程的制定	编写及时、准确	8		
	7	车间的满意度	满意度高	7		
工作态度 (15%)	1	遵章守纪	能认真执行各项规章制度	2		
	2	政策性与原则性	严格按政策与原则办事	3		
	3	事业心与责任感	对事业倾注自己很大的热情，责任感很强，力图将自己的工作做到最好	5		
	4	团队精神	积极协助其他部门和同事共同达到工作目标	5		
工作能力 (25%)	1	分析判断能力	能正确分析事物、作出准确判断	5		
	2	创新能力	年度内创新建议4项以上，且实施效果较好	8		
	3	人际关系能力	能够同周围的人沟通和合作，在增进了解和传达信息方面有较好表现	4		
	4	专业知识	熟悉公司产品生产的工艺工序、工作原理；熟练掌握公司产品及生产工艺技术应用方面的知识；掌握AutoCAD、Office等相关计算机软件	8		
总计考核得分						

4-6 机械工程师绩效考核表

机械工程师绩效考核表

岗位：机械工程师　　　　被考核人：　　　　　　　　考核时期：　　年　　月

项目	序号	考核项目	基准目标	分值	完成情况	考核分数
KPI（60%）	1	设备完好率	100%	8		
	2	设备利用率	＞95%	8		
	3	设备维修计划完成率	按计划执行	7		
	4	现场维修及对维修工人的指导	及时、耐心地指导维修工人，无因设备维修不好而影响生产的情况	7		
	5	设备档案齐全	资料完整有序归档，符合质量管理规范要求，有据可查，可追溯	7		
	6	设备维护保养费用降低	无浪费现象，且逐年有降低	6		
	7	设备到期校准达成率	及时、准确，100%在计划期内完成	7		
	8	设备文件和具体操作规程的制定	编写及时、正确	5		
	9	车间的满意度	满意度高	5		
工作态度（15%）	1	遵章守纪	能认真执行各项规章制度	2		
	2	政策性与原则性	严格按政策与原则办事	3		
	3	事业心与责任感	对事业倾注自己很大的热情，责任感很强，力图将自己的工作做到最好	5		
	4	团队精神	积极协助其他部门和同事共同达到工作目标	5		
工作能力（25%）	1	分析判断能力	能正确分析事物、作出准确判断	5		
	2	创新能力	年度内创新建议4项以上，且实施效果较好	8		
	3	人际关系能力	能够同周围的人沟通和合作，在增进了解和传达信息方面有较好表现	4		
	4	专业知识	熟悉产品生产的工艺工序、工作原理；熟练掌握产品及生产工艺技术应用方面的知识；掌握AutoCAD、Office等相关计算机软件	8		
总计考核得分						

4–7 研发部文员绩效考核表

研发部文员绩效考核表

岗位：研发部文员　　被考核人：　　考核时期：　　年　　月

项目	序号	考核项目	基准目标	分值	完成情况	考核分数
KPI (50%)	1	技术文件完好率	100%	10		
	2	文件发放准确率	＞95%	10		
	3	技术文件更改准确率	出错率＜5%	10		
	4	文件齐套性	无遗失现象	7		
	5	文件的规范化管理	资料完整有序归档，符合质量管理规范要求，有据可查，可追溯	7		
	6	部门内日常事务工作	无浪费现象，且逐年有降低	6		
工作态度 (25%)	1	忠诚度	高度认同公司文化，随时保持公司形象，处处维护公司利益	2		
	2	敬业精神	热爱本职工作并全身心投入，为实现公司目标而不懈努力	3		
	3	遵纪守章	能认真遵守企业的各项规章制度	5		
	4	自我开发热情	具备良好的进取心，不断学习和接受新思维、新观念并加以运用	5		
	5	保密原则	严守企业的研发技术秘密，无任何泄秘现象	5		
工作能力 (25%)	1	表达力	有很强的文字表达、口头表达能力	8		
	2	计划力	能根据上司意图制订合理的工作计划	4		
	3	沟通能力	能正确理解并传达上司意图，能与同事及相关部门顺畅地沟通	8		
总计考核得分						

范本五　物控部绩效考核表

5-1　物控经理岗位绩效考核表

物控经理岗位绩效考核表

部门：物控部　　　　被考核岗位：物控经理　　　　被考核人：

项目	序号	考核指标	目标值	分值	完成情况	考核得分
KPI（70%）	1	物资入库差错率	0次	8		
	2	出货差错率	0次	8		
	3	单位库存成本降低率	2%	8		
	4	库存货损率	＜2%	8		
	5	仓库环境良好	仓库区域划分明确，物品按三定原则存放	7		
	6	库存盘点账实不符的次数	一年少于3次	7		
	7	仓库报表与台账出错次数	一年少于3次	7		
	8	仓储设施完好率	98%	7		
	9	对下属绩效考核	及时、公平、公正，做好业绩沟通	5		
	10	部门内部管理	本部门的规章制度规范，工作流程顺畅	5		
工作态度（10%）	1	向上级汇报工作	及时、准确	2		
	2	节俭意识	工作中注意节约，不铺张浪费，自觉控制费用，节省开销，合理利用公司各种资源	2		
	3	严守期限，达到目标	按期完成	3		
	4	遵守上级指示	严格遵守、执行	3		

（续表）

项目	序号	考核指标	目标值	分值	完成情况	考核得分
工作能力（20%）	1	组织能力	合理、有效地调配各种资源，顺利启动物控工作并驱动各项工作任务顺利完成	4		
	2	计划能力	科学地制订和分解物控计划，保证物控计划得以落实执行	4		
	3	沟通协调能力	涉及多方面工作关系（生产、采购、质量、业务、供应商等）时，能够合理协调处理，在工作流程遇到阻碍的情况下，能够及时处理并使工作恢复顺畅	4		
	4	专业技能	能够按照要求处理物控管理所需要的各项专业工作，并能有效解决专业性问题	4		
	5	解决问题	对物控管理过程中发生的问题，知道如何分析，并探究其真正原因，提出应对方案	4		
总计考核得分						

被考核人确认：　　　　　　　　　考核人确认：

5-2　物控员绩效考核表

物控员绩效考核表

岗位：物控员　　　被考核人：　　　　　　　　考核时期：　　年　　月

项目	序号	考核项目	基准目标	分值	完成情况	考核分数
KPI（50%）	1	加速存货周转率	____%	9		
	2	物料进仓库计划完成率	____%	9		
	3	物料紧缺时间	因物料计划不当导致物料紧缺次数	9		
	4	物料计划下达及时率	____%	9		
	5	物料计划变更及时率	____%	9		
	6	物控文件管理规范性	合格	5		

（续表）

项目	序号	考核项目	基准目标	分值	完成情况	考核分数
工作态度（25%）	1	敬业精神	热爱物控工作并全身心投入，为企业的物控体系的有效运行而不懈努力	5		
	2	遵章守纪	能遵守公司的各项规章制度，与物控管理相关的各项规章制度则认真贯彻执行	5		
	3	团队精神	积极协助同事及其他部门共同达到工作目标	5		
	4	自我开发热情	具有良好的进取心，不断学习和接受新的管理思想、方法并加以运用	5		
	5	协作精神	与各部门、供应商、仓库、生产现场配合沟通协调得好，协作度评价高	5		
工作能力（25%）	1	分析判断能力	能正确分析事物、作出准确判断	6		
	2	执行力	具有效贯彻落实公司的各项政策方针、工作计划的能力	6		
	3	人际关系能力	能够同周围的人沟通和合作，在增进了解和传达信息方面有较好表现	6		
	4	沟通能力	能与生产现场、各部门就物控计划的完成、物控工作交换意见，最终达成共识	7		
总计考核得分						

被考核人确认：　　　　　　　　　　　考核人确认：

5-3 采购主管绩效考核表

采购主管绩效考核表

岗位：采购主管　　　被考核人：　　　　　　考核时期：　　年　　月

项目	序号	考核项目	基准目标	分值	完成情况	考核分数
KPI（60%）	1	采购计划完成率	100%完成	8		
	2	采购订单按时完成率	100%完成	8		
	3	成本降低目标完成率	2%	8		
	4	订货差错率	0次	7		
	5	采购资金节约率	节约2%	7		
	6	采购质量合格率	98%以上	7		

（续表）

项目	序号	考核项目	基准目标	分值	完成情况	考核分数
KPI（60%）	7	供应商履约率	100%履约	7		
	8	下属行为管理	出勤率98%以上，违规事件数少于2次/月	3		
	9	关键人员流失率	流失率控制在1%以内	2		
	10	部门合作满意度	部门合作满意度高	3		
工作态度（15%）	1	忠诚度	高度认同公司文化，随时保持公司形象，处处维护公司利益	3		
	2	敬业精神	热爱本职工作并全身心投入，为实现公司目标而不懈努力	2		
	3	表率性	以身作则，从严要求自己，起到模范及表率作用	5		
	4	原则性	在任何情况下，能坚持按原则办事	5		
工作能力（25%）	1	谈判能力	能正确分析事物、作出准确判断	6		
	2	成本分析控制能力	能够同周围的人沟通和合作，在增进了解和传达信息方面有较好表现	6		
	3	执行力	能根据各部门的请购需求，采购合格物料和进行合理管理	6		
	4	创新力	能把握最新市场信息，引进新材料、新技术	7		
总计考核得分						

被考核人确认：　　　　　　　　　　考核人确认：

5-4　采购工程师绩效考核表

采购工程师绩效考核表

岗位：采购工程师　　　　被考核人：　　　　　　　　考核时期：　　年　　月

项目	序号	考核项目	基准目标	分值	完成情况	考核分数
KPI（50%）	1	供应商档案资料完备率	100%	7		
	2	材料价格合理性	价格合理	7		

（续表）

项目	序号	考核项目	基准目标	分值	完成情况	考核分数
KPI (50%)	3	采购费用预算节省率	2%	7		
	4	采购质量检验合格率	98%以上	7		
	5	采购计划完成率	100%完成	8		
	6	物料供货率，是否导致停工	100%及时，从不造成停工	7		
	7	采购资金占用率	在公司规定范围内	7		
工作态度 (20%)	1	遵章守纪	能认真执行各项规章制度	6		
	2	政策性与原则性	严格按政策与原则办事	7		
	3	协作精神	与各部门、供应商、仓库、生产现场、研发部、品管部配合沟通协调得好，协作度评价高	7		
工作能力 (30%)	1	组织能力	合理、有效地调配各种资源，顺利启动采购认证工作并驱动任务顺利完成	6		
	2	计划能力	科学地制订和分解采购计划，保证采购计划得以落实执行	6		
	3	专业技能	能够按照要求处理采购的各项专业工作，并能有效解决专业性问题	6		
	4	解决问题	对采购工作发生的问题，知道如何分析，并探究其真正原因，提出应对方案	6		
	5	钻研能力	对采购工作所需信息通过多渠道的收集和整理，以及对业务领域的工作内容进行钻研和分析	6		
总计考核得分						

被考核人确认：　　　　　　　　　　考核人确认：

5-5 采购员绩效考核表

采购员绩效考核表

岗位：采购员　　被考核人：　　考核时期：　年　月

项目	序号	考核项目	基准目标	分值	完成情况	考核分数
KPI (50%)	1	订单处理工作效率	高效	8		
	2	订单跟催及时性	及时	7		
	3	采购物品的质量	符合质量要求	7		
	4	采购信息反馈的及时率	100%及时	7		
	5	采购品的库存金额	不超过规定限额	7		
	6	采购品的按时交付率	100%按时	7		
	7	采购文件的管理	规范，符合公司文件管理要求	7		
工作态度 (25%)	1	遵章守纪	能认真执行各项规章制度	6		
	2	政策性与原则性	严格按政策与原则办事	7		
	3	服从性	坚决服从上级安排，正确执行公司各项规章制度	6		
	4	团队精神	积极协助其他部门和同事共同达到工作目标	6		
工作能力 (25%)	1	表达力	具能用语言准确表达自己的见解的能力	6		
	2	理解力	具正确理解上级指示及公司各项规章制度并执行的能力	6		
	3	市场调研能力	具依据市场行情提供物料信息的能力	7		
	4	分析判断能力	具对采购物料质量、价格、信息源等作出正确判断的能力	6		
总计考核得分						

被考核人确认：　　考核人确认：

5-6 仓库主管绩效考核表

仓库主管绩效考核表

岗位：仓库主管　　　　被考核人：　　　　　　　考核时期：　　年　　月

项目	序号	考核项目	基准目标	分值	完成情况	考核分数
KPI (60%)	1	存储损耗率	<____%	8		
	2	合理库存量	按财务指标定	8		
	3	备料、备货的及时性	及时	8		
	4	备料、备货的准确性	准确	8		
	5	仓库管理成本控制	控制在____范围内	8		
	6	盘点的及时性、准确性	及时，且100%准确	8		
	7	仓库5S状况	每次检查不合格项少于3项	6		
	8	安全事故发生次数	0次	6		
工作态度 (15%)	1	敬业精神	热爱仓库管理工作并全身心投入	5		
	2	表率性	以身作则，从严要求自己，起到模范及表率作用	5		
	3	团队精神	积极协助其他部门和同事共同达到工作目标	5		
工作能力 (25%)	1	组织能力	合理、有效地调配各种资源，顺利进行仓库管理工作并确保仓库的任务顺利完成	6		
	2	沟通协调能力	涉及多方面工作关系（采购、生产、质量、业务、供应商）时，能够合理协调处理	6		
	3	专业技能	能有效解决仓库管理专业性问题	6		
	4	解决问题	知道如何分析仓库管理中发生的问题，并探究其真正原因，提出应对方案	7		
总计考核得分						

被考核人确认：　　　　　　　　　　　　考核人确认：

5-7 仓管员绩效考核表

仓管员绩效考核表

岗位：仓管员　　被考核人：　　考核时期：　　年　　月

项目	序号	考核项目	基准目标	分值	完成情况	考核分数
KPI (50%)	1	账物卡相符率	100%相符	8		
	2	仓库5S管理	每次检查不合格项少于3项	5		
	3	物料摆放合格	完全按三定原则及包装要求规定的方式来摆放，未出现因摆放不合理使质量变坏的情况	5		
	4	发料（货）及时性	及时，未发生因延误影响生产或销售的情况	6		
	5	发料（货）准确率	100%准确	7		
	6	盘点及时性	及时	6		
	7	盘点准确率	100%准确	7		
	8	呆滞料统计、上报处理及时性	定期上报	6		
工作态度 (25%)	1	遵章守纪	能认真执行各项规章制度	6		
	2	政策性与原则性	严格按政策与原则办事	6		
	3	责任感	责任感很强，力图将自己的工作做到最好	7		
	4	团队精神	积极协助其他部门和同事共同达到工作目标	6		
工作能力 (25%)	1	统计分析能力	对物料的库存量、损耗、成本等进行综合分析	8		
	2	鉴别能力	对库存物料的质量、保存期、坏料、危险源等能进行鉴别	9		
	3	理解和执行力	能理解上级所下达的指示和公司的规章制度并执行	8		
总计考核得分						

被考核人确认：　　考核人确认：

5-8 搬运工绩效考核表

搬运工绩效考核表

岗位：搬运工　　被考核人：　　考核时期：　年　月

项目	序号	考核项目	基准目标	分值	完成情况	考核分数
KPI (50%)	1	搬运及时率	100%及时	10		
	2	搬运的安全事故次数	0次	10		
	3	物料的搬运防护	按规定做好防护	6		
	4	物料的堆放	按规定要求堆放	6		
	5	搬运器械的管理	定期保养、不违章操作	6		
	6	5S工作	每次检查不合格项少于3项	6		
	7	出勤率	从未迟到或早退	6		
工作态度 (25%)	1	遵章守纪	能认真执行各项规章制度	6		
	2	政策性与原则性	严格按政策与原则办事	6		
	3	责任感	责任心强，工作勤勤恳恳	7		
	4	团队精神	积极协助其他部门和同事共同达到工作目标	6		
工作能力 (25%)	1	搬运器械操作能力	有上岗证，能熟练地操作仓库各种运输器械	7		
	2	领悟能力	能正确理解上司的指示并执行	6		
	3	执行能力	认真贯彻公司的各项规章制度	6		
	4	沟通能力	能与上下级、平级及其他部门的同事进行有效的沟通，无因沟通不畅影响工作的情况发生	6		
总计考核得分						

被考核人确认：　　考核人确认：

范本六　销售部绩效考核表

6-1　销售经理岗位绩效考核表

销售经理岗位绩效考核表

部门：销售部　　　　被考核岗位：销售经理　　　　被考核人：

项目	序号	考核指标	目标值	分值	完成情况	考核得分
KPI（70%）	1	销售额/销售量	_____万元	8		
	2	销售计划完成率	＞100%	7		
	3	新产品销售收入	_____万元	7		
	4	核心产品销售收入	_____万元	7		
	5	销售回款率	100%回率	7		
	6	销售费用节省率	2%	7		
	7	坏账率	2%	7		
	8	新增客户数量	每月个	7		
	9	市场占有率	提升______%	7		
	10	关键员工流失率	流失率控制在1%以内	2		
	11	对下属绩效考核	及时、公平、公正，做好业绩沟通	2		
	12	部门内部管理	本部门的规章制度规范，工作流程顺畅	2		
工作态度（10%）	1	向上级汇报工作	及时准确	2		
	2	关注公司长期的发展方向及长期目标的实施	非常关注，有具体的建议与措施	2		
	3	严守期限，达到目标	按期完成	3		
	4	遵守上级指示	严格遵守、执行	3		
工作能力（20%）	1	组织能力	合理、有效地调配各种资源，顺利启动销售工作并驱动各项任务顺利完成	4		
	2	计划能力	科学地制订和分解各种销售计划，保证销售计划得以落实执行	4		

（续表）

项目	序号	考核指标	目标值	分值	完成情况	考核得分
工作能力（20%）	3	沟通协调能力	涉及多方面工作关系时，能够合理协调处理，在工作流程遇到阻碍的情况下，能够及时了解处理并使工作恢复顺畅	4		
	4	解决问题	对日常工作发生的问题，知道如何分析，并探究其真正原因，提出应对方案	4		
	5	市场掌握能力	积极吸取及掌握市场发展的最新趋势，并应用在工作改善方面	4		
总计考核得分						

被考核人确认：　　　　　　　　　　考核人确认：

6-2　大区经理绩效考核表

大区经理绩效考核表

岗位：大区经理　　　　被考核人：　　　　　　　　考核时期：　　　年　　　月

项目	序号	考核项目	基准目标	分值	完成情况	考核分数
KPI（60%）	1	销售额/销售量完成率	100%完成	6		
	2	销售任务完成率	100%完成	6		
	3	回款完成率	10%	6		
	4	年销售增长率	控制在3%以内	6		
	5	销售费用率	＜1%	6		
	6	坏账率	每月5%	6		
	7	新增客户数量	提升_____%	6		
	8	区域市场占有率	_____%	6		
	9	新产品利润率	_____%	6		
	10	核心产品利润率	_____%	6		
工作态度（15%）	1	遵章守纪	能认真执行各项规章制度	2		
	2	政策性与原则性	严格按政策与原则办事	3		
	3	事业心	事业心很强，力图将自己所在区域的销售做到最好	5		
	4	团队精神	积极协助市场部、财务部、物流运输的同事共同达到工作目标	5		

（续表）

项目	序号	考核项目	基准目标	分值	完成情况	考核分数
工作能力（25%）	1	领导力	能利用各种管理技巧，有效激励和调动下属业务人员的工作积极性和主动性的能力	5		
	2	协调力	与上下级、平级及客户保持良好关系	5		
	3	计划力	能根据公司的营销计划制订本区域的营销推广计划	5		
	4	市场分析能力	具运用各种分析方法，对公司产品的市场销售状况进行分析的能力	5		
	5	把握政策能力	具正确贯彻公司的营销政策、制度的能力	5		
总计考核得分						

被考核人确认：　　　　　　　　　　考核人确认：

6-3　渠道经理绩效考核表

渠道经理绩效考核表

岗位：渠道经理　　　被考核人：　　　　　　　　考核时期：　　年　　月

项目	序号	考核项目	基准目标	分值	完成情况	考核分数
KPI（60%）	1	销售额/销售量	_____万元/月	7		
	2	渠道开发计划实现率	95%以上	7		
	3	年销售增长率	10%	7		
	4	回款完成率	100%完成	7		
	5	销售费用节省率	≥3%	6		
	6	渠道库存量控制	控制在_____元内	7		
	7	新增渠道成员数量	每月增加_____个成员	7		
	8	渠道满意度	95%以上	6		
	9	代理商培训计划完成率	100%完成	6		

（续表）

项目	序号	考核项目	基准目标	分值	完成情况	考核分数
工作态度(15%)	1	遵章守纪	能认真执行各项规章制度	2		
	2	政策性与原则性	严格按政策与原则办事	3		
	3	事业心	事业心很强，力图将自己的工作做到最好	5		
	4	团队精神	积极协助大区经理、财务部、物流运输部的同事共同达成工作目标	5		
工作能力(25%)	1	领导力	能利用各种管理技巧，有效激励和调动下属的工作积极性和主动性的能力	5		
	2	计划力	能根据公司的营销政策和计划制订渠道开发计划	5		
	3	分析能力	能运用各种分析方法，对公司产品的销售渠道状况进行分析	5		
	4	把握政策能力	具正确贯彻公司的营销政策、制度的能力	5		
	5	沟通能力	具良好的沟通技巧，与各方交换意见，最终达成共识	5		
总计考核得分						

被考核人确认：　　　　　　　　　　　考核人确认：

6-4　销售代表绩效考核表

销售代表绩效考核表

岗位：销售代表　　　被考核人：　　　　　　　考核时期：　　年　　月

项目	序号	考核项目	基准目标	分值	完成情况	考核分数
KPI(50%)	1	销售额完成率	＞100%	9		
	2	销售增长率	10%	9		
	3	销售回款率	100%	9		
	4	新客户开发数量	每月开发2个	9		
	5	市场信息收集的及时性、完整性	及时、完整	5		

（续表）

项目	序号	考核项目	基准目标	分值	完成情况	考核分数
KPI（50%）	6	报告提交及时性、完整性	及时、完整	5		
	7	销售制度执行	严格按制度执行	4		
工作态度（25%）	1	遵章守纪	能认真执行各项规章制度	6		
	2	自我开发热情	具良好的进取心，不断学习和接受新的营销思想、方法并加以运用	7		
	3	责任感	责任感很强，力图将自己的工作做到最好	6		
	4	团队精神	积极协助其他部门和同事共同达到工作目标	6		
工作能力（25%）	1	计划能力	科学地制订客户拜访计划、终端巡视计划，并保证工作计划得以落实执行	6		
	2	沟通协调能力	涉及多方面工作关系时，能够合理协调处理	6		
	3	分析判断能力	能迅速地对客观环境作出较正确的判断，并灵活运用到实际工作中，取得较好的销售业绩	6		
	4	灵活应变能力	应变能力较强，能根据客观环境的变化灵活地采取相应的措施	7		
总计考核得分						

被考核人确认：　　　　　　　　　　　考核人确认：

6–5　促销主管绩效考核表

促销主管绩效考核表

岗位：促销主管　　　被考核人：　　　　　　考核时期：　　年　　月

项目	序号	考核项目	基准目标	分值	完成情况	考核分数
KPI（60%）	1	促销计划完成率	100%	8		
	2	（因促销活动）销售增长率	40%	8		
	3	年销售增长率	20%	7		

（续表）

项目	序号	考核项目	基准目标	分值	完成情况	考核分数
KPI（60%）	4	促销费用节省率	≥3%	7		
	5	产品市场占有率	提高2%	6		
	6	宣传品制作完成率	100%	8		
	7	促销效果评估	及时，有分析，提出改进建议	8		
	8	促销方案预期目标完成率	95%以上	8		
工作态度（15%）	1	遵章守纪	能认真执行各项规章制度	3		
	2	政策性与原则性	严格按政策与原则办事	3		
	3	责任感	责任感很强，力图将自己的工作做到最好	4		
	4	团队精神	积极协助其他部门和同事共同达到工作目标	5		
工作能力（25%）	1	策划能力	具有很强的促销策划能力，能策划出有效的促销方案	5		
	2	组织能力	合理、有效地调配各种资源，顺利实施促销工作并驱动促销任务顺利完成	5		
	3	沟通协调能力	当促销涉及多方面工作关系时，能够合理协调处理	5		
	4	专业技能	能够按照要求处理促销管理的各项专业工作，并能有效解决专业性问题	5		
	5	解决问题	对日常工作发生的问题，知道如何分析，并探究其真正原因，提出应对方案	5		
总计考核得分						

被考核人确认：　　　　　　　　　　　　考核人确认：

6-6 外贸业务主管绩效考核表

外贸业务主管绩效考核表

岗位：外贸业务主管　　　被考核人：　　　　　　考核时期：　　年　　月

项目	序号	考核项目	基准目标	分值	完成情况	考核分数
KPI (60%)	1	出口任务完成率	100%完成	8		
	2	出口利润率	____%	8		
	3	年出口销售增长率	____%	8		
	4	出口回款及时率	100%及时	8		
	5	出口创汇率	100%	6		
	6	交单及时、准确率	100%及时、准确	6		
	7	客户满意度	高度满意	6		
	8	新客户开发数	每月新开发客户	6		
工作态度 (15%)	1	遵章守纪	能认真执行各项规章制度	6		
	2	政策性与原则性	严格按政策与原则办事	6		
	3	事业心	事业心很强，力图将自己的工作做到最好	7		
	4	团队精神	积极协助其他部门和同事共同达到工作目标	6		
工作能力 (25%)	1	风险管理能力	能有效地进行信用风险管理和汇率风险管理	7		
	2	函电处理能力	函电处理准确、技巧	6		
	3	业务操作能力	各个环节的业务流程、方法都做到快速、准确、合理	6		
	4	信息处理能力	外贸信息的传播、收集、筛选、分类、统计和汇总、归档做到完美	6		
总计考核得分						

被考核人确认：　　　　　　　　　　　　考核人确认：

6-7 外贸业务员绩效考核表

外贸业务员绩效考核表

岗位：外贸业务员　　被考核人：　　考核时期：　年　月

项目	序号	考核项目	基准目标	分值	完成情况	考核分数
KPI（50%）	1	订单任务完成率	100%	6		
	2	销售量增长率	10%	6		
	3	到期货款回收率	100%	6		
	4	客户满意度	客户反映良好	6		
	5	发货通知准确率	100%	6		
	6	客户信息管理	及时收集、管理规范	5		
	7	新开发客户	每月开发2个	5		
	8	合同完善性、准确性	没有因合同的错误而引发企业损失	5		
	9	客户投诉、索赔情况	无	5		
工作态度（20%）	1	遵章守纪	能认真执行各项规章制度	5		
	2	政策性与原则性	严格按政策与原则办事	5		
	3	责任感	责任感很强，力图将自己的工作做到最好	5		
	4	团队精神	积极协助其他部门和同事共同达到工作目标	5		
工作能力（30%）	1	函电处理能力	函电处理准确、及时	10		
	2	业务操作能力	业务操作快速、准确，未引发争议	10		
	3	信息处理能力	外贸信息的传播、收集、筛选、分类、统计和汇总、归档及时、准确	10		
总计考核得分						

被考核人确认：　　考核人确认：

6-8 单证员绩效考核表

单证员绩效考核表

岗位：单证员　　被考核人：　　考核时期：　年　月

项目	序号	考核项目	基准目标	分值	完成情况	考核分数
KPI (50%)	1	单证任务完成率	100%完成	8		
	2	单证办理准确率	100%准确	8		
	3	退单率	0%	8		
	4	单证制作及时率、准确率	100%及时、准确	8		
	5	客户满意度	客户很满意，无投诉	6		
	6	单证准时提交率	100%准时	6		
	7	商检及时、合格率	100%及时、合格	6		
工作态度 (25%)	1	遵章守纪	能认真执行各项规章制度	6		
	2	政策性与原则性	严格按政策与原则办事	6		
	3	责任感	责任感很强，力图将自己的工作做到最好	6		
	4	团队精神	积极协助其他部门和同事共同达到工作目标	7		
工作能力 (25%)	1	知识能力	具有功底深厚的国际贸易专业基础理论和专业外语知识	6		
	2	计算机处理业务的能力	熟练操作，无差错	6		
	3	独立制作、协调和管理各种单据的能力	在制单时沟通顺畅、先后有序、总览全局	7		
	4	业务核算能力	价格、运费、保险费和汇率等业务的运算正确无误	6		
总计考核得分						

被考核人确认：　　考核人确认：

6-9 销售部文员绩效考核表

销售部文员绩效考核表

岗位：销售部文员　　被考核人：　　考核时期：　年　月

项目	序号	考核项目	基准目标	分值	完成情况	考核分数
KPI (50%)	1	信息采集的及时性、准确性	及时、准确	8		
	2	信息分析	有分析报告	7		
	3	统计报表的及时、准确	及时、准确，未接到营销人员投诉	7		
	4	督办工作的质量	主动、及时向相关人员汇报	7		
	5	资料的保管	规范，符合公司文件管理规定	7		
	6	来访客户的接待	有礼有节、热情	7		
	7	其他日常工作完成的时效性	从不拖延	7		
工作态度 (25%)	1	遵章守纪	能认真执行各项规章制度	6		
	2	政策性与原则性	严格按政策与原则办事	7		
	3	责任感	责任感很强，力图将自己的工作做到最好	6		
	4	团队精神	积极协助其他部门和同事共同达到工作目标	6		
工作能力 (25%)	1	沟通协调能力	涉及多方面工作关系时，能够合理协调处理	9		
	2	解决问题	对日常工作发生的问题，知道如何分析，并探究其真正原因，提出应对方案	8		
	3	分析能力	运用各种分析方法，对所搜集的市场营销信息进行分析，并提出合理化建议	8		
总计考核得分						

被考核人确认：　　考核人确认：

范本七 财务部绩效考核表

7-1 财务经理岗位绩效考核表

财务经理岗位绩效考核表

部门：财务部　　　　被考核岗位：财务经理　　　　被考核人：

项目	序号	考核指标	目标值	分值	完成情况	考核得分
KPI (70%)	1	拟订公司年度预算、财务收支计划、信贷计划	及时、合理、详细、有据可依、可操作	10		
	2	监督、指导有关计划的实施工作	给予有力的监督、指导，及时发现并解决问题，确保计划顺利完成	9		
	3	审核公司应缴税款，完成公司税务策划工作	及时、准确、差错为0次	10		
	4	审核有关统计报表	及时、准确；所报送的报表中无差错	8		
	5	提交财务分析报告	报告上交及时，内容全面，数据准确，问题分析、建议合理	10		
	6	与银行部门沟通，取得信用援助	经常与银行部门沟通联系，关系良好，取得良好信誉，能及时获得所需信贷	8		
	7	对下属绩效考核	及时、公平、公正，做好业绩沟通	6		
	8	财务部内部管理	本部门的规章制度规范，工作流程顺畅	9		
工作态度 (10%)	1	向上级汇报工作	及时、准确	2		
	2	关注公司长期的发展方向及长期目标的实施	非常关注，有具体的建议与措施	2		
	3	严守期限，完成目标	按期完成	3		
	4	遵守上级指示	严格遵守、执行	3		

（续表）

项目	序号	考核指标	目标值	分值	完成情况	考核得分
工作能力（20%）	1	策划力	具策划对公司有重大影响的投资项目、资产重组、对外投资等方案的能力	4		
	2	应变力	在配合银行、税务、审计等部门工作中，灵活运用政策的能力	4		
	3	执行力	具有效贯彻落实国家相关政策、法规，公司的各项政策方针的能力	4		
	4	财务分析能力	具运用财务分析方法，对公司经营状况进行财务分析的能力	4		
	5	把握政策能力	具正确贯彻执行会计法规、企业会计制度的能力	4		
总计考核得分						

被考核人确认： 考核人确认：

7-2 资金小组组长绩效考核表

资金小组组长绩效考核表

岗位：资金小组组长 被考核人： 考核时期： 年 月

项目	序号	考核项目	基准目标	分值	完成情况	考核分数
KPI（50%）	1	资金计划执行及时、准确	100%及时、准确	9		
	2	融资资料准备、手续的及时、准确完成	金融机构要求之日起10日内提交	7		
			投诉1次	7		
	3	银行出纳、现金出纳工作检查频度	银行出纳：至少每月1次 现金出纳：至少每周1次	9		
	4	银行出纳、现金出纳工作检查中所发现问题的解决	至多半个月内解决发现的问题	9		
	5	月度现金预测表、融资分析、资金使用、月末税金预测的及时、准确	100%及时、准确	9		

（续表）

项目	序号	考核项目	基准目标	分值	完成情况	考核分数
工作态度（20%）	1	任务完成情况	认真完成任务	5		
	2	上级指示的遵守情况	认真遵守上级指示	5		
	3	工作汇报	及时准确向上级汇报工作	5		
	4	责任感	有责任感，愿意承担更多的责任	5		
工作能力（30%）	1	监督力	具审核经济业务相关原始票据的真实性、完整性、准确性的能力	8		
	2	把握政策能力	具正确贯彻执行会计法规、企业会计制度的能力	8		
	3	执行力	正确理解上级工作意图，贯彻落实公司的各项指示、方针的能力	8		
	4	资料管理能力	具备一定管理财务档案的能力	6		
总计考核得分						

被考核人确认：　　　　　　　　　　　　考核人确认：

7-3　核算组组长岗位绩效考核表

核算组组长岗位绩效考核表

岗位：核算组组长　　被考核人：　　　　　　考核时期：　　年　　月

项目	序号	考核项目	基准目标	分值	完成情况	考核分数
KPI（60%）	1	日常核算组织工作及时	及时：月度在3日之前；年度在翌年1月15日之前	10		
	2	日常核算准确性	准确：错误次数为0	10		
	3	税项工作的及时、准确完成	达到税务要求	10		
	4	固定资产日常账务处理正确	出错次数：0次	10		
	5	固定资产管理、盘点的正确率	100%正确	10		
	6	档案保管完整、及时	100%完整、及时	10		
工作态度（15%）	1	任务完成情况	认真完成任务	3		
	2	上级指示的遵守情况	认真遵守上级指示	4		
	3	工作汇报	准确、及时向上级汇报工作	4		
	4	责任感	有责任感，愿意承担更多的责任	4		

（续表）

项目	序号	考核项目	基准目标	分值	完成情况	考核分数
工作能力（25%）	1	监督力	具审核经济业务相关原始票据的真实性、完整性、准确性的能力	7		
	2	把握政策能力	具正确贯彻执行会计法规、企业会计制度的能力	7		
	3	执行力	正确理解上级工作意图，贯彻落实公司的各项指示、方针的能力	6		
	4	资料管理能力	具备一定管理财务档案的能力	5		
总计考核得分						

被考核人确认：　　　　　　　　　　考核人确认：

7-4　销售、应收款会计绩效考核表

销售、应收款会计绩效考核表

岗位：销售、应收款会计　　　被考核人：　　　　　考核时期：　　年　　月

项目	序号	考核项目	基准目标	分值	完成情况	考核分数
KPI（50%）	1	发票保管与开具的出错率	出错率次数为0	8		
	2	发票邮寄的及时性	15日、25日开具的发票在月底前寄出，月底开具的发票在次月5日前必须寄出	5		
	3	与经销商定期对账工作的及时完成	每季度第一个月前15日内发出对账通知单	8		
	4	应收款分析	每季提交分析报告，从账期、额度方面分析	7		
	5	报税资料准备工作的及时、准确完成	100%及时、准确	8		
	6	应收款日常账务处理的及时完成	月底前当月应出完的凭证未及时出完的不多于2笔	7		
	7	提交销售核算明细表及有关报表	销售核算明细表及有关报表提交及时，数据准确，计算正确；无重大差错	7		

（续表）

项目	序号	考核项目	基准目标	分值	完成情况	考核分数
工作态度（20%）	1	任务完成情况	认真完成任务	5		
	2	遵守上级指示的情况	认真遵守上级指示	5		
	3	工作汇报	及时、准确向上级汇报工作	5		
	4	责任感	有责任感，愿意承担更多的责任	5		
工作能力（30%）	1	监督力	具审核经济业务相关原始票据的真实性、完整性、准确性的能力	8		
	2	把握政策能力	具正确贯彻执行会计法规、企业会计制度的能力	8		
	3	执行力	正确理解上级工作意图，贯彻落实公司的各项指示、方针的能力	7		
	4	资料管理能力	具备一定管理财务档案的能力	7		
总计考核得分						

被考核人确认：　　　　　　　　　　　　考核人确认：

7-5　存货会计绩效考核表

存货会计绩效考核表

岗位：存货会计　　被考核人：　　　　　　考核时期：　　年　　月

项目	序号	考核项目	基准目标	分值	完成情况	考核分数
KPI（50%）	1	原材料、成品采购及原始单据整理和邮寄的及时性	收到有效单据后要及时处理，当月供应商提供的票据当月处理完毕	8		
	2	原材料、成品采购及原始单据整理和邮寄的准确性	每月出错次数为0	8		
	3	采购核算的准确性	每月出错次数为0	8		
	4	进项税金抵扣发票的整理的及时性	每月6日前	8		
	5	进项税金抵扣发票的整理的准确性	每月出错次数为0	9		
	6	应付款分析报表和存货状况表	100%及时、准确完成	9		

（续表）

项目	序号	考核项目	基准目标	分值	完成情况	考核分数
工作态度(20%)	1	任务完成情况	认真完成任务	5		
	2	上级指示的执行情况	认真执行上级指示	5		
	3	工作汇报	及时准确向上级汇报工作	5		
	4	责任感	有责任感，愿意承担更多的责任	5		
工作能力(30%)	1	监督力	具审核经济业务相关原始票据的真实性、完整性、准确性的能力	8		
	2	把握政策能力	具正确贯彻执行会计法规、企业会计制度的能力	8		
	3	执行力	正确理解上级工作意图，贯彻落实公司的各项指示、方针的能力	7		
	4	资料管理能力	具备一定管理财务档案的能力	7		
总计考核得分						

被考核人确认：　　　　　　　　　　　考核人确认：

7-6　现金出纳绩效考核表

现金出纳绩效考核表

岗位：现金出纳　　被考核人：　　　　　考核时期：　　年　　月

项目	序号	考核项目	基准目标	分值	完成情况	考核分数
KPI(50%)	1	现金收付业务的准确完成	投诉次数每月为0	9		
	2	银行凭证录入的及时性	大额汇出当日录入；其余次日下班前录入	9		
	3	银行凭证录入的准确性	每月投诉次数低于1次	8		
	4	回款登记与核对的及时、准确性	100%及时、准确	8		
	5	个人往来账清理工作	人员、金额准确	8		
	6	库存现金账实相符、银行预留鉴印、各类单据的安全保管	安全	8		

（续表）

项目	序号	考核项目	基准目标	分值	完成情况	考核分数
工作态度（20%）	1	任务完成情况	认真完成任务	5		
	2	上级指示的执行情况	认真执行上级指示	5		
	3	工作汇报	及时、准确向上级汇报工作	5		
	4	责任感	有责任感，愿意承担更多的责任	5		
工作能力（30%）	1	监督力	具审核经济业务相关原始票据的真实性、完整性、准确性的能力	8		
	2	把握政策能力	具正确贯彻执行会计法规、企业会计制度的能力	8		
	3	执行力	正确理解上级工作意图，贯彻落实公司的各项指示、方针政策的能力	7		
	4	资料管理能力	具备一定管理财务档案的能力	7		
总计考核得分						

被考核人确认：　　　　　　　　　　考核人确认：

7–7　银行出纳绩效考核表

银行出纳绩效考核表

岗位：银行出纳　　　被考核人：　　　　　　考核时期：　　年　　月

项目	序号	考核项目	基准目标	分值	完成情况	考核分数
KPI（50%）	1	银行收、付款业务（准确性）	以组长认可的有效投诉为准	8		
	2	现金工作的准确完成率	100%准确完成	7		
	3	工资审核、制表的及时性、准确性	员工投诉次数为0	7		
	4	保险费审核的准确性	错误率次数为0	7		
	5	保管凭证、银行印鉴（财务专用章）、支票	安全、无遗失	7		

（续表）

项目	序号	考核项目	基准目标	分值	完成情况	考核分数
KPI（50%）	6	完成银行日记账对账工作	银行日记账对账工作及时、准确，无差错；每月10日前完成对账工作，编制银行存款调节表，查明未达账原因	7		
	7	完成有关制证工作	有关凭证填写完整、准确、清晰；审核细致认真；制证及时、规范，保存完好；当日制证	7		
工作态度（20%）	1	任务完成情况	认真完成任务	5		
	2	上级指示的执行情况	认真执行上级指示	5		
	3	工作汇报	及时准确向上级汇报工作	5		
	4	责任感	有责任感，愿意承担更多的责任	5		
工作能力（30%）	1	监督力	具审核经济业务相关原始票据的真实性、完整性、准确性的能力	8		
	2	把握政策能力	具正确贯彻执行会计法规、企业会计制度的能力	8		
	3	执行力	正确理解上级工作意图，贯彻落实公司的各项指示、方针政策的能力	7		
	4	资料管理能力	具备一定管理财务档案的能力	7		
总计考核得分						

被考核人确认： 考核人确认：

7-8 成本核算会计绩效考核表

成本核算会计绩效考核表

岗位：成本核算会计 被考核人： 考核时期： 年 月

项目	序号	考核项目	基准目标	分值	完成情况	考核分数
KPI（50%）	1	提供各类成本核算明细表	各类成本核算明细表提交及时，数据准确，计算正确；错误率不超过1%	10		
	2	提供产品、配件建议价格表	各类产品、配件建议价格表提交及时，数据准确，计算正确；错误率不超过1%	10		

（续表）

项目	序号	考核项目	基准目标	分值	完成情况	考核分数
KPI（50%）	3	提交成本分析报告	报告上交及时，内容全面，报告数据准确，分析问题，建议合理	10		
	4	完成有关制证工作	有关凭证填写完整、准确、清晰；制证及时、规范，保存完好；发生错误不超过5次	10		
	5	保守工作秘密	无	10		
工作态度（20%）	1	任务完成情况	认真完成任务	5		
	2	上级指示的执行情况	认真执行上级指示	5		
	3	工作汇报	及时、准确向上级汇报工作	5		
	4	责任感	有责任感，愿意承担更多的责任	5		
工作能力（30%）	1	监督力	具审核经济业务相关原始票据的真实性、完整性、准确性的能力	8		
	2	把握政策能力	具正确贯彻执行会计法规、企业会计制度的能力	8		
	3	执行力	正确理解上级工作意图，贯彻落实公司的各项指示、方针政策的能力	7		
	4	资料管理能力	具备一定管理财务档案的能力	7		
总计考核得分						

被考核人确认：　　　　　　　　　　考核人确认：

7-9　材料会计绩效考核表

材料会计绩效考核表

岗位：材料会计　　被考核人：　　　　考核时期：　　年　　月

项目	序号	考核项目	基准目标	分值	完成情况	考核分数
KPI（50%）	1	管理出入库单据、发票	提供出入库单据、发票及时、准确	8		
	2	期末盘点库房，核查有关账目	期末盘点全面、准确，做到账账相符、账实相符，如有问题应查明有关原因，差错率不超过1%	7		

（续表）

项目	序号	考核项目	基准目标	分值	完成情况	考核分数
KPI（50%）	3	提交材料盘点分析报告	报告上交及时，内容全面，报告数据准确，分析问题，建议合理	7		
	4	材料领用审核差错率	差错率次数为0	7		
	5	合理库存控制与分析	每半年核实一次检查库存量是否合理，是否存在长期不用物资，并出具分析报告	7		
	6	核算材料采购成本、发出成本	各类材料成本核算及时，数据准确，计算正确；差错率不超过1%	7		
	7	完成有关制证工作	有关凭证填写完整、准确、清晰；制证及时、规范，保存完好；差错率不超过1%	7		
工作态度（20%）	1	任务完成情况	认真完成任务	5		
	2	上级指示的执行情况	认真执行上级指示	5		
	3	工作汇报	及时准确向上级汇报工作	5		
	4	责任感	有责任感，愿意承担更多的责任	5		
工作能力（30%）	1	监督力	具审核经济业务相关原始票据的真实性、完整性、准确性的能力	8		
	2	把握政策能力	具正确贯彻执行会计法规、企业会计制度的能力	8		
	3	执行力	正确理解上级工作意图，贯彻落实公司的各项指示、方针政策的能力	7		
	4	资料管理能力	具备一定管理财务档案的能力	7		
总计考核得分						

被考核人确认：　　　　　　　　　　　考核人确认：

范本八 行政部绩效考核表

8-1 行政经理岗位绩效考核表

行政经理岗位绩效考核表

部门：行政部　　　　被考核岗位：行政经理　　　　被考核人：

项目	序号	考核指标	目标值	分值	完成情况	考核得分
KPI (70%)	1	行政工作计划完成率	100%完成	9		
	2	行政费用预算控制	控制在预算范围之内	9		
	3	行政办公设备完好率	100%完好	8		
	4	办公用品采购按时完成率	100%完成	8		
	5	后勤服务满意度	无重大投诉	8		
	6	车辆调度合理性	调度合理，未引起部门之间的冲突，能满足各部门的需要	8		
	7	消防安全事故发生次数	发生次数为0	8		
	8	管理下属行力	出勤率98%以上，违规事件数少于2次/月	3		
	9	关键员工流失率	流失率控制在1%以内	3		
	10	对下属绩效考核	及时、公平、公正，做好业绩沟通	3		
	11	部门内部管理	本部门的规章制度规范，工作流程顺畅	3		
工作态度 (10%)	1	向上级汇报工作	及时准确	2		
	2	关注公司长期的发展方向及长期目标的实施	非常关注，有具体的建议与措施	2		
	3	严守期限，达到目标	按期完成	3		
	4	执行上级指示	严格执行	3		
工作能力 (20%)	1	领导力	利用各种管理技巧，有效激励和调动下属的工作积极性和主动性	4		
	2	执行力	有效贯彻落实国家相关政策、法规，公司的各项方针政策	4		

（续表）

项目	序号	考核指标	目标值	分值	完成情况	考核得分
工作能力（20%）	3	协调力	与上下级、平级及行业内外专业机构、主管部门保持良好关系	3		
	4	沟通能力	与各方交换意见，最终达成共识	3		
	5	把握政策能力	能把握行政管理工作不偏离国家政策法规、公司相关制度	3		
	6	行政费用分析控制能力	能运用成本分析技术，对行政事务发生费用进行分析、控制	3		
总计考核得分						

被考核人确认：　　　　　　　　　　考核人确认：

8-2　网络管理员绩效考核表

网络管理员绩效考核表

岗位：网络管理员　　　被考核人：　　　　　　　考核时期：　　年　　月

项目	序号	考核项目	基准目标	分值	完成情况	考核分数
KPI（50%）	1	软件系统建设、维护进度完成率	100%完成	12		
	2	系统使用培训次数	按公司规定培训	12		
	3	信息技术服务记录完整性	在____%以上	12		
	4	公司信息系统安全情况	在____%以上	14		
工作态度（25%）	1	遵章守纪	能认真执行各项规章制度	6		
	2	政策性与原则性	严格按政策与原则办事	6		
	3	责任感	责任感很强，力图将自己的工作做到最好	7		
	4	团队精神	积极协助其他部门和同事共同达到工作目标	6		
工作能力（25%）	1	执行力	贯彻落实国家相关政策、法规，公司的各项方针政策	6		
	2	计划力	能根据行政部经理的要求制订合理的工作计划	6		

（续表）

项目	序号	考核项目	基准目标	分值	完成情况	考核分数
工作能力（25%）	3	沟通能力	能正确地了解各部门关于网络使用方面的问题并作有效的沟通，得出合适的意见与建议	6		
	4	学习能力	能积极地学习网络管理方面的新知识、新技术，并运用于工作中	7		
总计考核得分						

被考核人确认：　　　　　　　　　　考核人确认：

8-3　秘书绩效考核表

秘书绩效考核表

岗位：秘书　　　被考核人：　　　　　　考核时期：　　年　　月

项目	序号	考核项目	基准目标	分值	完成情况	考核分数
KPI（50%）	1	文书记录起草情况	文书起草及时，符合企业行文规范	8		
	2	信息收集、反馈的及时性	及时	7		
	3	信息收集、反馈的准确性	准确	7		
	4	印章的保管	按规定保管、使用	7		
	5	重要公文的保密管理	按保密规定处理，未有泄密现象	7		
	6	车辆管理制度执行情况	严格执行车辆管理制度	7		
	7	其他日常程序性工作完成的时效性	及时完成	7		
工作态度（25%）	1	遵章守纪	能认真执行各项规章制度	6		
	2	政策性与原则性	严格按政策与原则办事	6		
	3	责任感	责任感很强，力图将自己的工作做到最好	6		
	4	保密原则	时刻严守公司机密，防止泄露	7		
工作能力（25%）	1	文书写作能力	具有很强的文字表达能力，善于撰写各种行政文书	5		
	2	执行力	具有效贯彻落实国家相关政策、法规，公司的各项方针政策的能力	5		

（续表）

项目	序号	考核项目	基准目标	分值	完成情况	考核分数
工作能力(25%)	3	计划力	具根据上级意图制订合理的工作计划的能力	5		
	4	沟通能力	具正确理解并传达上级意图，正确反馈各部门意见与建议的能力	5		
	5	把握政策能力	具把握行政管理工作不偏离国家政策法规、公司相关制度的能力	5		
总计考核得分						

被考核人确认：　　　　　　　　　　　　考核人确认：

8-4　行政事务专员绩效考核表

行政事务专员绩效考核表

岗位：行政事务专员　　　　被考核人：　　　　　　考核时期：　　年　　月

项目	序号	考核项目	基准目标	分值	完成情况	考核分数
KPI(50%)	1	公司证照年审	各种证照年检，未超期、未漏检	7		
	2	办公家具、设备的选购与使用管理	选购货比三家，价位合理，使用的分配合理	7		
	3	办公区域环境卫生情况	办公区域干净整洁	7		
	4	员工宿舍管理	宿舍利用率高，无意外事件发生	7		
	5	办公用品的选购与管理	货比三家，严格进行领用控制，降低成本	8		
	6	车辆管理	及时办理公司车辆的年检手续及统计人员用车的费用	7		
	7	内部沟通协调	与各部门沟通协调良好，无投诉	7		
工作态度(30%)	1	遵章守纪	能认真执行各项规章制度	6		
	2	政策性与原则性	严格按政策与原则办事	6		
	3	责任感	责任感很强，力图将自己的工作做到最好	6		
	4	团队精神	积极协助其他部门和同事共同达到工作目标	6		
	5	保密原则	时刻严守公司机密，防止泄露	7		

（续表）

项目	序号	考核项目	基准目标	分值	完成情况	考核分数
工作能力（20%）	1	分析判断能力	能正确分析事物、作出准确判断	6		
	2	执行力	贯彻落实国家相关政策、法规，公司的各项方针政策	6		
	3	人际关系能力	能够同周围的人沟通和合作，在增进了解和传达信息方面有较好表现	7		
总计考核得分						

被考核人确认：　　　　　　　　　　考核人确认：

8–5　前台绩效考核表

前台绩效考核表

岗位：前台　　　被考核人：　　　　　　　　考核时期：　　年　　月

项目	序号	考核项目	基准目标	分值	完成情况	考核分数
KPI（50%）	1	接待事务处理差错延迟次数	0	6		
	2	接待服务质量	客人投诉次数为0	6		
	3	报纸、信件、刊物等分发事务	分发无差错、无延迟	6		
	4	外来人员进入办公室登记工作的严格性	登记记录完整，没有未登记情况	6		
	5	前台接待服务礼仪	符合公司相关工作规范	6		
	6	办理票务准确与及时性	差错、延迟数为0	5		
	7	办公室钥匙管理	无违规使用情况	5		
	8	办公室门窗的管理	及时，到位	5		
	9	监督、督促办公室的清洁工作	认真，办公环境整洁	5		
工作态度（25%）	1	遵章守纪	能认真执行各项规章制度	6		
	2	政策性与原则性	严格按政策与原则办事	7		
	3	责任感	责任感很强，力图将自己的工作做到最好	6		
	4	团队精神	积极协助其他部门和同事共同达到工作目标	6		

（续表）

项目	序号	考核项目	基准目标	分值	完成情况	考核分数
工作能力（25%）	1	分析判断能力	能正确分析事物、作出准确判断	6		
	2	沟通能力	能正确理解并传达上级意图，能与员工及来访客人进行有效的沟通，提供正确的指引	7		
	3	人际关系能力	能够同周围的人沟通和合作，在增进了解和传达信息方面有较好表现	6		
	4	执行力	严格执行公司有关前台接待及其他各项规章制度	6		
总计考核得分						

被考核人确认：　　　　　　　　　　考核人确认：

8-6　司机绩效考核表

司机绩效考核表

岗位：司机　　　被考核人：　　　　　考核时期：　　年　　月

项目	序号	考核项目	基准目标	分值	完成情况	考核分数
KPI（50%）	1	出车准确率	按照业务所需，准确率达100%	9		
	2	出车安全	遵守交通规则，安全驾驶、不违章行驶，无交通事故发生	9		
	3	车辆用油	车辆用油控制在合理范围内	8		
	4	车辆维护	定期日常保养维护，发现问题及时汇报，车况良好，车况点检表记录完整，无因主观原因造成车辆机件损坏的情况	8		
	5	车辆卫生	定期清扫车辆，保持车辆整洁	8		
	6	车辆保险	及时办理好车辆的年审、保险、报验工作	8		
工作态度（25%）	1	服从性	服从行政主管的工作安排，正确执行公司各项规章制度	5		
	2	责任感	积极主动完成出车任务，为实现公司目标而不懈努力	5		

（续表）

项目	序号	考核项目	基准目标	分值	完成情况	考核分数
工作态度（25%）	3	遵章守纪	遵守公司的各项管理制度，尤其是车辆管理方面的制度	5		
	4	集体荣誉感	热爱企业，愿意为企业长期服务，团结同事，不做有损本部门、本企业形象及利益的事	5		
	5	制度遵守	无未经批准将车辆转借给他人，或公车私用的，或私自出车的情况	5		
工作能力（25%）	1	驾驶技能	具熟练驾驶技能	8		
	2	保养技能	具对所驾驶车辆进行一般保养的能力	7		
	3	成本控制能力	具依据公司成本控制要求适当控制车辆使用费的能力	10		
总计考核得分						

被考核人确认：　　　　　　　　　　考核人确认：

8-7 保安绩效考核表

保安绩效考核表

岗位：保安　　被考核人：　　　　　　考核时期：　　年　　月

项目	序号	考核项目	基准目标	分值	完成情况	考核分数
KPI（50%）	1	消防设施的管理	100%在规定时间内进行检查、维护保养	7		
	2	消防安全事故发生次数	发生次数为0	7		
	3	巡逻、巡查	按规定频次进行	7		
	4	维持厂区、宿舍、食堂秩序	良好	7		
	5	治安事件发生次数	发生次数为0	8		
	6	按程序管制人员进出公司	没有无关人员入内，严格执行来访登记制度	7		
	7	突发事件处理的及时性	及时，在5分钟之内反应到位	7		
工作态度（25%）	1	服从性	坚决服从上级安排，正确执行公司各项规章制度	5		
	2	责任心	积极主动完成保安的工作任务	5		
	3	纪律性	遵守公司的规章制度，严格按制度来执行安全护卫工作	5		

（续表）

项目	序号	考核项目	基准目标	分值	完成情况	考核分数
工作态度（25%）	4	自我提升意识	不断加强自我学习，不断提高保安工作所需的专业技能	5		
	5	原则性	严格按原则办事，不徇私情	5		
工作能力（25%）	1	判断能力	准确地判断事务的性质及状况并作出及时、准确的反应	6		
	2	理解力	正确理解上级指示及公司各项规章制度并执行	6		
	3	人际交往能力	具有良好的待人接物能力	6		
	4	突发事件处理能力	具工作范围内安全防范技能，有突发事件处理能力	7		
总计考核得分						

被考核人确认：　　　　　　　　　　　　考核人确认：

8-8　保洁员绩效考核表

保洁员绩效考核表

岗位：保洁员　　　被考核人：　　　　　　　考核时期：　　年　　月

项目	序号	考核项目	基准目标	分值	完成情况	考核分数
KPI（50%）	1	清洁完成率	100%完成	9		
	2	不合格发生率	＜2%	9		
	3	不合格发生处理率	100%处理	8		
	4	有效投诉处理率	100%处理	8		
	5	各部门、各场所对清洁工作满意率	＞95%（以客户或业主回访的形式）	8		
	6	出勤率	100%出勤	8		
工作态度（30%）	1	服从性	坚决服从上级安排，正确执行公司各项规章制度	8		
	2	责任感	不怕苦、不怕累、不怕脏，刻苦耐劳、认真负责	7		
	3	纪律性	遵章守纪、维护公司利益	7		

（续表）

项目	序号	考核项目	基准目标	分值	完成情况	考核分数
工作态度（30%）	4	保密原则	严格保守公司秘密，不将工作过程中听到的、看到的到处宣扬	8		
工作能力（20%）	1	理解力	正确理解上级指示及公司各项规章制度并执行	10		
	2	执行力	严格按照公司的要求去执行，不打折扣	10		
总计考核得分						

被考核人确认：　　　　　　　　考核人确认：

范本九　人力资源部绩效考核表

9-1　人力资源经理岗位绩效考核表

人力资源经理岗位绩效考核表

部门：人力资源部　　　　被考核岗位：人力资源经理　　　　被考核人：

项目	序号	考核指标	目标值	分值	完成情况	考核得分
KPI (70%)	1	人力资源工作计划按时完成率	100%完成	9		
	2	招聘计划完成率	控制在预算范围之内	9		
	3	培训计划完成率	在____%以上	8		
	4	绩效考核计划按时完成率	在_____%以上	8		
	5	绩效考核申诉处理及时率	在_____%以上	8		
	6	工资与奖金计算差错次数	提交的各类报表、报告中数据出错的次数控制在_____次以内	8		
	7	核心员工流失率	在_____%以下	8		
	8	对下属绩效考核	及时、公平、公正，做好业绩沟通	6		
	9	部门内部管理	本部门的规章制度规范，工作流程顺畅	6		
工作态度 (10%)	1	向上级汇报工作	及时、准确	2		
	2	关注公司长期的发展方向及长期目标的实施	非常关注，有具体的建议与措施	2		
	3	严守期限，达到目标	按期完成	3		
	4	执行上级指示	严格执行	3		
工作能力 (20%)	1	领导力	能利用各种管理技巧，有效激励和调动下属的工作积极性和主动性	4		
	2	把握政策能力	能把握人力资源管理工作不偏离国家政策法规、公司相关制度	4		
	3	执行力	有效贯彻落实国家相关政策、法规，公司的各项方针政策	4		
	4	创新力	能吸收最新的管理理念并运用于公司的管理之中	4		

（续表）

项目	序号	考核指标	目标值	分值	完成情况	考核得分
工作能力（20%）	5	人力资源经济分析能力	能运用人力资源经济分析技术，对人力资源投入产出进行分析	4		
总计考核得分						

被考核人确认： 考核人确认：

9-2 招聘专员绩效考核表

招聘专员绩效考核表

岗位：招聘专员 被考核人： 考核时期： 年 月

项目	序号	考核项目	基准目标	分值	完成情况	考核分数
KPI（50%）	1	招聘计划、培训计划的制订	计划规范，有可执行性	8		
	2	招聘目标完成率	98%完成	10		
	3	招聘人员的质量/业绩表现	招聘人员适合所聘岗位，试用期内离职率低于2%	8		
	4	人员结构比率	各职务层次人才比率符合预定目标	8		
	5	招聘费用	控制在预算范围内	8		
	6	事务性工作完成率	及时、质量高、效率高	8		
工作态度（25%）	1	遵章守纪	能认真执行各项规章制度	6		
	2	政策性与原则性	严格按政策与原则办事	6		
	3	责任感	责任感很强，力图将自己的工作做到最好	6		
	4	团队精神	积极协助其他部门和同事共同达到工作目标	7		
工作能力（25%）	1	协调力	与上下级、平级及行业内外专业机构、主管部门保持良好关系	6		
	2	沟通能力	能与各方交换意见，最终达成共识	6		
	3	把握政策能力	把握人力资源管理工作不偏离国家政策法规、公司相关制度	7		
	4	执行力	有效贯彻落实国家相关政策、法规，公司的各项方针政策	6		
总计考核得分						

被考核人确认： 考核人确认：

9-3 培训专员绩效考核表

培训专员绩效考核表

岗位：培训专员　　被考核人：　　考核时期：　　年　　月

项目	序号	考核项目	基准目标	分值	完成情况	考核分数
KPI（50%）	1	培训工作计划的完成率	100%完成	10		
	2	员工对培训工作的满意度	98%满意	8		
	3	培训覆盖率	85%以上覆盖	8		
	4	培训费用	控制在预算范围内	8		
	5	培训考核达标率	90%以上达标	8		
	6	事务性工作完成率	100%完成	8		
工作态度（25%）	1	遵章守纪	能认真执行各项规章制度	6		
	2	政策性与原则性	严格按政策与原则办事	6		
	3	责任感	责任感很强，力图将自己的工作做到最好	6		
	4	团队精神	积极协助其他部门和同事共同达到工作目标	7		
工作能力（25%）	1	协调力	与上下级、平级及与外部培训机构、内部培训讲师保持良好关系	6		
	2	沟通能力	能与各方就培训工作交换意见，最终达成共识	7		
	3	把握政策能力	把握人力资源管理工作不偏离国家政策法规、公司相关制度	6		
	4	执行力	有效贯彻落实国家相关政策、法规，公司的各项培训政策、制度	6		
总计考核得分						

被考核人确认：　　考核人确认：

9-4 培训师绩效考核表

培训师绩效考核表

岗位：培训师　　被考核人：　　考核时期：　　年　　月

项目	序号	考核项目	基准目标	分值	完成情况	考核分数
KPI (50%)	1	培训计划的完成率	100%完成	8		
	2	课程内容的实用性	内容符合企业实际需要	6		
	3	课程的范围与深度	范围与深度符合学员的实际	6		
	4	授课方式的适宜性	课堂气氛的掌控能力，宽松、和谐、活跃	6		
	5	课程结构的合理性	课程结构合理，能系统地介绍知识	6		
	6	对培训教材的满意程度	学员满意度高	6		
	7	授课准备程度（包括出勤）	准备比较充分，全勤	6		
	8	培训考核达标率	95%以上达标	6		
工作态度 (25%)	1	遵章守纪	能认真执行各项规章制度	6		
	2	政策性与原则性	严格按政策与原则办事	6		
	3	责任感	责任感很强，力图将自己的工作做到最好	7		
	4	团队精神	积极协助其他部门和同事共同达到工作目标	6		
工作能力 (25%)	1	协调力	与上下级、平级及与外部培训机构保持良好关系	5		
	2	沟通能力	能与各方就培训工作交换意见，最终达成共识	5		
	3	授课能力	掌握各种授课技巧、灵活运用各种方法来培训	5		
	4	培训教材设计能力	能根据员工的实际需要来设计教材	5		
	5	执行力	有效贯彻落实国家相关政策、法规，公司的各项培训政策、制度	5		
总计考核得分						

被考核人确认：　　　　考核人确认：

9-5 薪酬专员绩效考核表

薪酬专员绩效考核表

岗位：薪酬专员 被考核人： 考核时期： 年 月

项目	序号	考核项目	基准目标	分值	完成情况	考核分数
KPI (50%)	1	薪酬调查工作	定期开展薪酬调查，并有调查报告	8		
	2	薪酬（工资与奖金）计算准确率	100%准确	9		
	3	员工保险、福利计算与发放准确率	100%准确	9		
	4	员工薪酬满意度调查与沟通	定期开展调查，并出具调查报告，积极与员工就薪酬进行沟通	8		
	5	薪酬资料管理	资料及时归档，管理规范，可追溯	8		
	6	事务性工作完成情况	及时、质量高、效率高	8		
工作态度 (25%)	1	遵章守纪	能认真执行各项规章制度	7		
	2	政策性与原则性	严格按政策与原则办事	6		
	3	责任感	责任感很强，力图将自己的工作做到最好	6		
	4	团队精神	积极协助其他部门和同事共同达到工作目标	6		
工作能力 (25%)	1	协调力	与上下级、平级及与其他部门员工、外部薪酬调查机构保持良好关系	6		
	2	沟通能力	能与各方就薪酬政策及日常工作交换意见，最终达成共识	7		
	3	把握政策能力	把握人力资源管理工作不偏离国家政策有关薪酬的法律法规、公司的薪酬政策、薪酬制度	6		
	4	执行力	有效贯彻落实国家相关政策、法规，公司的薪酬政策、薪酬制度	6		
总计考核得分						

被考核人确认： 考核人确认：

9-6 绩效考核专员绩效考核表

绩效考核专员绩效考核表

岗位：绩效考核专员　　被考核人：　　考核时期：　　年　　月

项目	序号	考核项目	基准目标	分值	完成情况	考核分数
KPI (50%)	1	绩效考核计划按时完成率	100%完成	12		
	2	绩效评估报告提交及时性	于考核结束后日内提交	12		
	3	考核数据的准确性	每项数据都有来源，是客观、准确的	10		
	4	考核文件资料管理的规范性	资料及时归档，管理规范，可追溯	10		
	5	事务性工作完成情况	及时、质量高、效率高	6		
工作态度 (25%)	1	遵章守纪	能认真执行各项规章制度	6		
	2	政策性与原则性	严格按政策与原则办事	7		
	3	责任感	责任感很强，力图将自己的工作做到最好	6		
	4	团队精神	积极协助其他部门和同事共同达到工作目标	6		
工作能力 (25%)	1	协调力	与上下级、平级及与其他部门员工保持良好关系	6		
	2	沟通能力	能与各方就绩效考核政策及日常事务工作交换意见，最终达成共识	6		
	3	把握政策能力	把握人力资源管理工作不偏离国家政策有关法律法规、公司的绩效政策、绩效考核制度	6		
	4	执行力	有效贯彻落实国家相关政策、法规，公司的绩效政策、绩效考核制度	7		
总计考核得分						

被考核人确认：　　考核人确认：

范本十　绩效管理应用表单

10-1　绩效计划表（1）

绩效计划表（1）

序号	项目名称	项目界定	计算公式	绩效指标			权重	评分规则	数据来源	考核周期
				最高	考核	最低				

10-2　绩效计划表（2）

绩效计划表（2）

职位名称：　　　　　　　任职者签名：　　　　　　　上级管理者签名：

计划适用于　　　　至　　　（年—月—日）

工作要领	目的	重要性	权重	潜在障碍	绩效目标	可能的业绩评价标准	行动计划

10-3 日常工作检查记录表

日常工作检查记录表

姓名/工号	不符合事项记录	时间	扣分
注：此表用于月奖金评估的依据。			评估人：

10-4 年度部门绩效考核表

年度部门绩效考核表

考核月份： 考核时间： 年 月 日 考核者签名：

序号	考核指标	绩效考核标准					权重(%)	实绩	考核得分	单项得分
		优秀(100分)	良好(80分)	一般(60分)	可接受(40分)	差(0分)				

10-5 员工工作业绩评估表

员工工作业绩评估表

部门：　　　　　　　　　　　　　　项目组：

被评估人及职位：　　　　　　　　　主评人及职位：

<table>
<tr><td colspan="2">本季度工作目标/工作内容及评估标准（含季度初沟通和工作期间增加的内容）</td><td rowspan="3">员工对本季度的工作进行总结</td><td rowspan="3">协作方评价意见</td><td colspan="3">直接主管评估</td></tr>
<tr><td colspan="2"></td><td rowspan="2">权重</td><td rowspan="2">分数</td><td rowspan="2">对员工下一阶段工作改善的指导意见或下一阶段的工作目标安排</td></tr>
<tr><td>工作目标/工作内容</td><td>评估标准/工作要求</td></tr>
<tr><td></td><td></td><td></td><td></td><td></td><td></td><td></td></tr>
<tr><td></td><td></td><td></td><td></td><td></td><td></td><td rowspan="6"></td></tr>
<tr><td></td><td></td><td></td><td></td><td></td><td></td></tr>
<tr><td></td><td></td><td></td><td></td><td></td><td></td></tr>
<tr><td></td><td></td><td></td><td></td><td></td><td></td></tr>
<tr><td></td><td></td><td></td><td></td><td></td><td></td></tr>
<tr><td></td><td></td><td></td><td></td><td></td><td></td></tr>
<tr><td colspan="7">本季度工作业绩总得分：</td></tr>
</table>

主评人意见		被评估人意见		部门负责人审核意见	

附：业绩评估分数说明。

A类：完全超过岗位要求(X＝100分)。工作业绩在部门内有目共睹，是团队工作中的“领头羊”和“领跑者”，积极努力，工作表现持续超过了岗位要求和主管期望，对团队阶段性目标的实现起着举足轻重的作用。

B类：部分超过岗位要求(85≤X<100分)。业绩表现突出，工作的完成情况令人满意，有许多方面能够成为他人学习的榜样、工作积极，没有工作失误的现象发生，工作表现部分超出了主管期望。

C类：符合岗位要求(75≤X<85分)。是一种可胜任的、称职的工作表现，工作完成情况符合岗位要求和主管期望，工作积极，基本上没有发生工作失误现象。

D类：部分符合岗位要求(60≤X<75分)。工作表现基本称职，有部分工作的完成情况不令人满意，需要一定的培训和指导，工作不太积极，有时需要督促或提醒。

E类：达不到岗位要求(60分以下)。工作业绩令人无法接受，经培训和指导后仍不能胜任岗位要求，无法再交互工作，处于这一水平的员工建议调岗或解聘。

10-6 员工行为评估表(季度评估用表)

员工行为评估表（季度评估用表）

被评估人： 职位： 评估人： 评估日期：

各要素及总分		评估等级 （请依据行为评估标准！）	主管意见和期望
团队合作 (10分)	合作精神(5分)	5 ( ) 4 ( ) 3 ( ) 2 ( ) 1 ( )	
	关心他人(3分)	5 ( ) 4 ( ) 3 ( ) 2 ( ) 1 ( )	
	激励他人(2分)	5 ( ) 4 ( ) 3 ( ) 2 ( ) 1 ( )	
协作、沟通 (10分)	沟通态度(5分)	5 ( ) 4 ( ) 3 ( ) 2 ( ) 1 ( )	
	沟通效果(3分)	5 ( ) 4 ( ) 3 ( ) 2 ( ) 1 ( )	
	联系方便(2分)	5 ( ) 4 ( ) 3 ( ) 2 ( ) 1 ( )	
系统思考(10分)		5 ( ) 4 ( ) 3 ( ) 2 ( ) 1 ( )	
分析、回顾与总结(10分)		5 ( ) 4 ( ) 3 ( ) 2 ( ) 1 ( )	
学习与创新(10分)		5 ( ) 4 ( ) 3 ( ) 2 ( ) 1 ( )	
工作态度 (20分)	积极性(6分)	5 ( ) 4 ( ) 3 ( ) 2 ( ) 1 ( )	
	责任心(10分)	5 ( ) 4 ( ) 3 ( ) 2 ( ) 1 ( )	
	纪律性(4分)	5 ( ) 4 ( ) 3 ( ) 2 ( ) 1 ( )	
客户服务导向 (20分)	服务态度(10分)	5 ( ) 4 ( ) 3 ( ) 2 ( ) 1 ( )	
	客户信息管理(10分)	5 ( ) 4 ( ) 3 ( ) 2 ( ) 1 ( )	
质量保证 (10分)	文档(5分)	5 ( ) 4 ( ) 3 ( ) 2 ( ) 1 ( )	
	流程执行情况(5分)	5 ( ) 4 ( ) 3 ( ) 2 ( ) 1 ( )	
评估总得分：			

注：评估要素及分值各部门可根据部门实际要求进行调整，报人力资源部备案。

1.本季度绩效评估总得分及总体评价：
2.为提高绩效，该员工应加强以下的学习或注意以下几方面不足(若填写空间不够，可另附件)：

评估人(我同意)： 被评估人(我同意)：

10-7 员工工作能力考核表

员工工作能力考核表

编号：

姓名		岗位	
单位名称		部门名称	
考核期	年 月至 年 月		

能力考核项目	权重	考核要点	评分
知识、技能	20%	1.基础知识和专业知识 2.工作经验 3.工作技能	
逻辑思维能力	20%	1.对岗位工作内容的理解 2.对上级下达的指示的理解 3.分析、归纳和总结能力 4.洞察能力以及判断的失误率	
创新能力	20%	1.管理创新 2.技术创新 3.合理化建议被采纳数	
人际沟通能力	20%	1.上下级、同事之间沟通 2.部门之间的沟通与协调	
表达能力	20%	1.口头表达能力 2.文字表达能力	
总得分：			

被考核者签名		直接主管签名		部门主管签名	
备注	考核结果需到人力资源部备案				

10-8 员工工作态度考核表

员工工作态度考核表

编号：

<table>
<tr><td>姓名</td><td colspan="3"></td><td>岗位</td><td colspan="2"></td></tr>
<tr><td>单位</td><td colspan="3"></td><td>部门</td><td colspan="2"></td></tr>
<tr><td>考核期</td><td colspan="6">年　　月至　　年　　月</td></tr>
<tr><td>考核项目</td><td colspan="5">考核要点</td><td>评分</td></tr>
<tr><td rowspan="3">纪律性
25%</td><td colspan="5">是否严格遵守工作纪律，很少迟到、早退、缺勤</td><td rowspan="3"></td></tr>
<tr><td colspan="5">对待上级、同事、外部人员是否有礼貌，注重礼仪</td></tr>
<tr><td colspan="5">是否严格遵守工作汇报制度（口头、书面），按时完成工作报告</td></tr>
<tr><td rowspan="3">团队协作
25%</td><td colspan="5">工作是否充分考虑他人处境</td><td rowspan="3"></td></tr>
<tr><td colspan="5">是否能够主动协助上级、同事和下属的工作</td></tr>
<tr><td colspan="5">是否努力使工作气氛活跃、协调，充满团队精神</td></tr>
<tr><td rowspan="5">敬业精神
25%</td><td colspan="5">工作是否热情饱满，且能经常提出合理化建议</td><td rowspan="5"></td></tr>
<tr><td colspan="5">对分配的任务是否讲条件、主动、积极、尽量多做工作</td></tr>
<tr><td colspan="5">是否积极学习与业务相关的知识，不断提高业务技能</td></tr>
<tr><td colspan="5">是否积极参加公司组织的各类培训</td></tr>
<tr><td colspan="5">是否敢于承担责任，不推卸责任</td></tr>
<tr><td rowspan="2">奉献意识
25%</td><td colspan="5">为公司和组织的目标和利益不计较个人得失</td><td rowspan="2"></td></tr>
<tr><td colspan="5">不搞部门本位主义，坚持事业部全局观点</td></tr>
<tr><td>总得分</td><td colspan="6"></td></tr>
<tr><td>被考核者
签名</td><td></td><td>直接主管
签名</td><td></td><td>部门主管
签名</td><td colspan="2"></td></tr>
<tr><td>备注</td><td colspan="6">考核结果需到人力资源部备案。</td></tr>
</table>

10-9 员工工作绩效第____季度考核表

员工工作绩效第____季度考核表

<table>
<tr><td colspan="5">处级及以上管理人员绩效考核　A岗位职责×40%＋B工作目标×40%＋C行为表现×20%
一般职员绩效考核　A岗位职责×80%＋C行为表现×20%
或　B工作目标×80%＋C行为表现×20%
注：考核内容的确定由直接主管提议，部门经理审核确定，报人力资源部备案，更改亦同。</td><td colspan="2">评分说明：
自我评分与审核评分按权重对应的整数分值减去相应扣分，如权重为20%，换算为100×20%＝20分
无扣分要求的考核项按评分标准进行评分，具体参照《员工绩效管理手册》</td></tr>
<tr><td>员工姓名</td><td></td><td>工号</td><td></td><td>直接上级姓名</td><td></td></tr>
<tr><td>部门/处</td><td></td><td>岗位/职务</td><td></td><td>职务</td><td></td></tr>
<tr><td>填表日期</td><td></td><td></td><td></td><td></td><td></td></tr>
</table>

第一部分：岗位职责					
A.关键考核要项	考核标准	权重	自我评分	审核评分	备注
1.					
2.					
3.					
4.					
5.					
6.					
A.岗位职责评分＝Σ审核评分×设定比例（　　）＝（　　）					

第二部分：工作目标							
B.工作目标	起止时间	预期效果／考核标准	完成情况	权重	自我评分	审核评分	备注
1.							
2.							
3.							
4.							
5.							
6.							
B.工作目标评分＝Σ审核评分×设定比例（　　）＝（　　）							

（续表）

<table>
<tr><td colspan="6">第三部分：行为表现</td></tr>
<tr><td>C.考核项</td><td>权重</td><td>具体行为标准</td><td>自我评分</td><td>上级评分</td><td>备注</td></tr>
<tr><td>1.客户满意</td><td>20%</td><td>考核内外客户满意度；职能部门主要考核内部客户满意度</td><td></td><td></td><td></td></tr>
<tr><td>2.执行力</td><td>20%</td><td>考核对应的流程、制度的合理性和执行力情况，包括ISO；鼓励对流程改进以提高工作效率和质量的行为</td><td></td><td></td><td></td></tr>
<tr><td>3.学习成长</td><td>20%</td><td>考核自我成长和团队建设，主要考虑技能成长</td><td></td><td></td><td></td></tr>
<tr><td>4.主人翁精神</td><td>20%</td><td>考核员工的主人翁精神，主要依据各部门和岗位的具体行为进行考核</td><td></td><td></td><td></td></tr>
<tr><td>5.团队合作</td><td>20%</td><td>重点考核管理人员、员工团队精神，主要依据各部门和岗位的具体行为进行考核</td><td></td><td></td><td></td></tr>
<tr><td colspan="6">C.行为表现评分＝Σ审核评分×20%＝（　　）</td></tr>
<tr><td colspan="6">绩效考核总分 ＝ Σ审核评分（A ＋ B ＋ C）＝ （　　　）——未选择的考核内容计为0。</td></tr>
<tr><td colspan="6">附：员工绩效改进/发展计划（此栏由考核者与被考核员工在进行绩效面谈时共同讨论后制定）</td></tr>
<tr><td>改进或发展领域</td><td colspan="2">具体行动计划/建议学习课程</td><td colspan="3">期望结果</td></tr>
<tr><td>1.</td><td colspan="2"></td><td colspan="3"></td></tr>
<tr><td>2.</td><td colspan="2"></td><td colspan="3"></td></tr>
<tr><td>3.</td><td colspan="2"></td><td colspan="3"></td></tr>
<tr><td>4.</td><td colspan="2"></td><td colspan="3"></td></tr>
<tr><td>5.</td><td colspan="2"></td><td colspan="3"></td></tr>
<tr><td colspan="3">被考核员工签名：</td><td colspan="3">日期：</td></tr>
<tr><td colspan="3">考核者签名：</td><td colspan="3">日期：</td></tr>
</table>

说明：

被考核的员工填写 “自我评分”；直接上级填写“审核评分”，对分数进行统计，并填写“员工绩效改进/发展计划”。

“岗位职责”可添加“临时任务”的考核项；若临时任务包括多项，可在“绩效标准”中具体罗列。

季度工作目标最多不要超过6项；在完成工作目标的过程中，如果有新的目标，则加入到“工作目标”栏中，权重调整须报上级领导确认。

当职责或目标无法按考核标准完成或者大大超出考核标准时，请注明原因，写入备注栏内。

10-10 员工绩效评述表

员工绩效评述表

员工姓名：__________工号：__________部门/处：__________岗位/职位：__________

绩效评述目的：（若应用本表，请在绩效面谈前与绩效考核表一起交给主管）

- 保证你的工作在受考核时也将你的观点列入考虑
- 帮助你，使你的绩效面谈更有效果

1.工作要项：就你的看法将你的工作要项逐一列出，主要包括关键岗位职责、主要工作目标等。下面几个问题可以帮助你列出工作要项：上级对你要求的成果有哪些？你的主管强调的是什么？你花费较多时间和心力的工作有哪些？如果没有你的工作，会有哪些重要的事无法完成？假如你本身也负有督导他人的责任，请将下列各点纳入你的工作要项中：组织规划，信息沟通，合作协调及下属发展。即使你并无督导他人，如果这些要点也适用你的工作，也请一并列入。

____

____

2.主要贡献：逐一检讨你的工作要项，记下你所作的贡献。这可能包括：你所解决的一个重要问题，你成功将一个新构想付之于行动，你工作上一项重大改进，完成一项工作目标，或是圆满完成一个困难的任务等

____

____

3.工作阻碍：检讨工作要项，找出困难所在，即阻碍你不能发挥应有绩效的问题。同时记下你需要哪些支持协助来扫除这些障碍

____

____

4.行动计划：仔细思考前面的工作要项、贡献和障碍，你就能规划出下一个考核周期完整的行动。当你作规划时，参考下面的方针：

- 行动计划所包括的应是你能够做到的事，而且能增进你的工作成效，扫除工作障碍
- 行动计划应该具体，使你确能掌握其是否完成
- 行动计划应指出有无训练及教育的需要

____

____

5.事业目标：描述你近期或长期的事业目标

____

____

附注意见：如果你还有其他问题想在绩效面谈时讨论，请填入下面空白处

____

____

签字：　　　　　　　　　　　　　　日期：

说明：在绩效面谈前，主管须将面谈通知与本表的填写说明同时告知被考核员工，季度绩效考核是否填写或提交本表，由被考核员工决定。年度绩效考核必须填写并提交本表

被考核员工也可至人力资源部或从网上提取本表格的电子格式，填写完整交于直接上级

10-11 客户评价/绩效记录表

客户评价/绩效记录表

姓名：　　　　　　　　　　职位：　　　　　　　　　　部门：

序号	工号	姓名	日期	事件/行为	评价来源（客户类别）	绩效评价（±分值）

说明：

1.本表主要为管理人员在工作过程中收集员工绩效信息所用。

2.评价来源主要指绩效信息的客户来源，分三类：A.内部客户；B.外部客户；C.直接上级。C类直接上级的评价主要指对下属工作过程中绩效信息的评价记录。

3.绩效评价采取分值表示法，评价对应分值为：很好+2分；好+1分；差-1分；很差-2分，分数可以评为0.5分、1.5分、-1.5分、-0.5分。

本表由管理人员每季度汇总一次，作为填写员工工作绩效季度/年度考核表的参考。

10-12 绩效面谈记录表

绩效面谈记录表

谈话日期________年________月________日

员工姓名：________工号：________部门/处：____________岗位/职位：________

上级姓名：________职位：________

确认工作目标和任务：（讨论岗位职责与工作目标完成情况及效果，目标实现与否；双方阐述部门目标与个人目标，并使两者相一致；提出工作建议和意见）

____

____

____

____

工作评估：（对工作进展情况与工作态度、工作方法作出评价，什么做得好，什么尚需改进；讨论工作现状及存在的问题）

____

____

____

____

改进措施：（讨论工作优缺点；在此基础上提出改进措施、解决办法与个人发展建议）

____

____

____

____

补充：

____

____

____

____

____

上级签名：____________　　　　被考核员工签名：____________

注：

1.在进行绩效沟通时，由上级填写，注意填写内容的真实性。

2.被考核员工分别在工作绩效考核表和面谈记录表上签名，签名并不代表你同意考核表上的内容，仅表示本次考核上级确曾与你讨论过。

3.该表与员工绩效评估表、部门考核汇总表、部门考核分析表共同交至人力资源部。

4.沟通准备与谈话内容可参考“绩效面谈指南”的相关内容。具体沟通内容可根据实际情况适当增删，不必完全拘泥于本表建议的内容与格式。

10-13 员工绩效考核面谈记录表

员工绩效考核面谈记录表

部门：　　　　　面谈双方：　　　　　面谈具体时间：　　年　月　日　时至　时

1.对员工在本考核期内所完成的工作的全面回顾及客观评价（含工作内容、进展与成效、不足与改进意见、工作成果评价、未完成的工作内容及原因分析等）
2.员工在下一个考核期的工作目标、工作计划/工作安排、工作内容或上级期望（本部分可由员工先考虑，面谈中再由双方进行修改确认）
3.为更好地完成本职工作和团队目标，员工在下一阶段需要努力和改善的绩效，直接主管的期望、建议、措施等
4.员工对部门（公司）工作的意见/建议、不满/抱怨、工作/生活/学习中的烦恼和困难、希望得到的帮助/支持/指导
5.以上面谈提纲中未涉及的其他面谈内容

员工签字（我同意面谈内容）：　　　　直接主管签字（我同意面谈内容）：

10-14 绩效考核沟通记录表

绩效考核沟通记录表

职员：　　　　部门：　　　　职务：

沟通时间：　　　　地点：

<table>
<tr><td colspan="3">考核人与员工本人回顾考核期内工作表现：</td></tr>
<tr><td colspan="3">考评综述（讨论存在问题的原因、总结成功的原因）

考核结论：
□杰出，超过职责要求　□优秀　□良好　□尚能达到职位基本要求
□除非尽快改进，否则无法胜任</td></tr>
<tr><td colspan="3">工作绩效改进计划</td></tr>
<tr><td>项目</td><td></td><td>完成时间</td></tr>
<tr><td>培训课程方向</td><td>1.
2.
3.
4.
5.</td><td></td></tr>
<tr><td>期望完成的工作改进及采取的措施</td><td>1.
2.
3.
4.
5.</td><td></td></tr>
<tr><td colspan="2">员工签名：</td><td>考核人签名：</td></tr>
<tr><td>部门负责人意见</td><td colspan="2"></td></tr>
<tr><td>人力资源部审核</td><td colspan="2"></td></tr>
</table>

10-15 绩效考核申诉表

绩效考核申诉表

年 月 日

申诉人姓名		所在单位		岗位	
申诉内容					
接待人		申诉日期			

10-16 员工绩效考核申诉表

员工绩效考核申诉表

填写日期： 年 月 日 接收日期： 年 月 日

姓名		所属部门、项目、小组		职位	
被考核期间		主考核人		上一级主管	
初评结束日期		主考核人是否曾经与你进行过正式的绩效交流			是（ ）否（ ）
详细描述申诉理由	申述人签名： 年 月 日				
调查事实描述	调查人签名： 年 月 日				
主考核人处理意见	主考核人签名： 年 月 日				
仲裁意见	仲裁人签名： 年 月 日				
特别说明：					

10-17 绩效考核申诉处理记录表

绩效考核申诉处理记录表

年 月 日

<table>
<tr><td>申诉人姓名</td><td colspan="2"></td><td>部门</td><td></td><td>职位</td><td></td></tr>
<tr><td>申诉内容</td><td colspan="6"></td></tr>
<tr><td>面谈时间</td><td colspan="3"></td><td>接待人</td><td colspan="2"></td></tr>
<tr><td rowspan="4">处理记录</td><td colspan="6">问题简要描述：</td></tr>
<tr><td colspan="6">调查情况：</td></tr>
<tr><td colspan="6">建议解决方案：</td></tr>
<tr><td colspan="6">协调结果：</td></tr>
<tr><td colspan="7">经办人：</td></tr>
<tr><td colspan="7">备注：</td></tr>
</table>

10-18 绩效改进计划表

绩效改进计划表

<table>
<tr><td colspan="2">姓名</td><td colspan="2"></td><td colspan="1">部门</td><td colspan="1"></td></tr>
<tr><td colspan="2">岗位</td><td colspan="2"></td><td colspan="1">改进计划时间</td><td colspan="1"></td></tr>
<tr><td>序号</td><td>必须改进的方面
（以优先顺序排序）</td><td>改进意义</td><td>要达到的目的</td><td>改进的方法</td><td>改进的时限</td></tr>
<tr><td></td><td></td><td></td><td></td><td></td><td></td></tr>
<tr><td></td><td></td><td></td><td></td><td></td><td></td></tr>
<tr><td></td><td></td><td></td><td></td><td></td><td></td></tr>
<tr><td></td><td></td><td></td><td></td><td></td><td></td></tr>
</table>

10-19 员工绩效改进计划表

员工绩效改进计划表

编号：

<table>
<tr><td>姓名</td><td></td><td>性别</td><td></td><td>年龄</td><td></td></tr>
<tr><td>单位</td><td></td><td>部门</td><td></td><td>岗位</td><td></td></tr>
<tr><td colspan="6">1.考绩摘要：</td></tr>
<tr><td colspan="2" rowspan="5">杰出的绩效
（按重要性排列）</td><td colspan="4">1.</td></tr>
<tr><td colspan="4">2.</td></tr>
<tr><td colspan="4">3.</td></tr>
<tr><td colspan="4">4.</td></tr>
<tr><td colspan="4">5.</td></tr>
<tr><td colspan="2" rowspan="5">需要改进的绩效
（按重要性排列）</td><td colspan="4">1.</td></tr>
<tr><td colspan="4">2.</td></tr>
<tr><td colspan="4">3.</td></tr>
<tr><td colspan="4">4.</td></tr>
<tr><td colspan="4">5.</td></tr>
<tr><td colspan="6">2.绩效改进计划：</td></tr>
<tr><td colspan="4">应采取的行动</td><td colspan="2">完成时间</td></tr>
<tr><td colspan="4"></td><td colspan="2"></td></tr>
<tr><td colspan="4"></td><td colspan="2"></td></tr>
<tr><td colspan="4"></td><td colspan="2"></td></tr>
<tr><td colspan="4"></td><td colspan="2"></td></tr>
<tr><td colspan="4"></td><td colspan="2"></td></tr>
<tr><td colspan="4"></td><td colspan="2"></td></tr>
<tr><td colspan="4"></td><td colspan="2"></td></tr>
<tr><td>被考核者
签名</td><td></td><td>直接主管
签名</td><td></td><td>部门主管
签名</td><td></td></tr>
<tr><td>备注</td><td colspan="5">需到人力资源部备案</td></tr>
</table>

10-20 个人发展计划表

个人发展计划表

姓名		岗位		部门	
有待发展的项目	发展原因	目前的水平	期望水平	发展所需资源	考核时间
制订计划时间		直接主管			

注：此表每年初由直接主管与员工沟通后填写，交人力资源部备案。

10-21 员工绩效考核结果汇总表

员工绩效考核结果汇总表

考核期间： 年 月 汇总人：

姓名	考核结果				总评
	第一季度	第二季度	第三季度	第四季度	

10-22 部门半年绩效考核汇总表

部门半年绩效考核汇总表

部门： 考核时间： 年 月至 年 月 部门负责人或分管领导签字：

序号	姓名	岗位	评价等级	部门负责人或分管领导打分	个人得分权重	公司业绩完成率	公司权重	个人总得分	领导修正		
									修正系数	修正理由	签字

备注：

1.评价分为优秀、良好、合格、待改进（对应分数为1.5、1.0、0.5、0）。

2.总监以上人员不参与部门考核成绩排序，由上级领导予以定级。

3.公司绩效系数根据半年度公司运营情况统一通知。

10-23 个人年度考核统计表

个人年度考核统计表

部门	姓名	岗位	月度绩效分												年度绩效分
			1	2	3	4	5	6	7	8	9	10	11	12	

10-24 绩效年度考核评估汇总表

绩效年度考核评估汇总表

姓名	工号	进厂时间	考核月份	当月评分	每分金额	当月奖金	备注
			1月				
			2月				
			3月				
			4月				
			5月				
			6月				
			7月				
			8月				
			9月				
			10月				
			11月				
			12月				
			年终合计				
			1月				
			2月				
			3月				
			4月				
			5月				
			6月				
			7月				
			8月				
			9月				
			10月				
			11月				
			12月				
			年终合计				

注：××××年，××部绩效考核共计参加人员××位，获得前三名优秀者分别是：第一名×××，第二名×××，第三名×××。

10-25 员工绩效考核结果处理表

员工绩效考核结果处理表

编号：

<table>
<tr><td>姓名</td><td></td><td>岗位</td><td></td><td>考核时间</td><td></td></tr>
<tr><td>工资序列</td><td></td><td>年龄</td><td></td><td>工龄</td><td></td></tr>
<tr><td>单位</td><td></td><td>部门</td><td colspan="3"></td></tr>
<tr><td>业绩考核
得分</td><td></td><td>能力评估
得分</td><td></td><td>态度评估
得分</td><td></td></tr>
<tr><td colspan="6">综合考核得分＝业绩得分 × 70%＋能力得分 × 20%+态度得分 × 10%</td></tr>
<tr><td colspan="6">绩效考核等级：□A（90～100分） □B（80～89分） □C（70～79分） □D（70分以下）</td></tr>
<tr><td rowspan="4">考核结
果处理
意见</td><td colspan="2">岗位异动</td><td colspan="2">工资序列变动</td><td>其他</td></tr>
<tr><td colspan="2"></td><td colspan="2"></td><td></td></tr>
<tr><td>被考核者意见</td><td colspan="2">直接主管意见</td><td>部门主管意见</td><td>人力资源部意见</td></tr>
<tr><td></td><td colspan="2"></td><td></td><td></td></tr>
<tr><td>备注</td><td colspan="5"></td></tr>
</table>

“制造业管理工具库”精品书目

第一体系　HOW-TO企业人手册系列

序号	书　目	定价（元）
1	《优秀仓管员手册》（畅销版）	23.00
2	《优秀采购员手册》（畅销版）	23.00
3	《优秀品管员手册》（畅销版）	23.00
4	《优秀班组长手册》（畅销版）	23.00
5	《优秀跟单员手册》（畅销版）	23.00
6	《优秀外贸员手册》（畅销版）	23.00
7	《优秀员工手册》（白金版）	20.00
8	《优秀生产主管手册》（白金版）	20.00
9	《优秀报关员手册》	23.00
10	《优秀行政文员手册》	21.80
11	《优秀人事文员手册》	21.80
12	《优秀生产文员手册》	21.80

第二体系　工厂管理简单讲系列

序号	书　目	定价（元）
1	《现场管理简单讲》（实战精华版）	35.00
2	《品质管理简单讲》（实战精华版）	35.00
3	《物料管理简单讲》（实战精华版）	35.00
4	《9S管理简单讲》（实战精华版）	30.00
5	《安全管理简单讲》（实战精华版）	30.00
6	《量规仪器简单讲》（实战精华版）	30.00
7	《采购管理简单讲》（实战精华版）	30.00
8	《管理体系简单讲》（实战精华版）	30.00
9	《质量工具简单讲》（实战精华版）	30.00
10	《工艺管理简单讲》	19.80
11	《设备管理简单讲》	19.80
12	《目视管理简单讲》	19.80
13	《员工管理简单讲》	19.80
14	《管理方法简单讲》	19.80
15	《过程控制简单讲》	35.00

第三体系　制造业部门作业指导手册系列

序号	书　目	定价（元）
1	《采购部作业指导手册》（附赠光盘）	26.00
2	《仓储部作业指导手册》（附赠光盘）	26.00
3	《培训部作业指导手册》（附赠光盘）	26.00

序号	书　目	定价（元）
4	《品质部作业指导手册》（附赠光盘）	26.00
5	《人力资源部作业指导手册》（附赠光盘）	26.00
6	《生产部作业指导手册》（附赠光盘）	26.00
7	《市场部作业指导手册》（附赠光盘）	26.00
8	《物控部作业指导手册》（附赠光盘）	26.00
9	《销售部作业指导手册》（附赠光盘）	26.00
10	《行政部作业指导手册》（附赠光盘）	26.00
11	《研发部作业指导手册》（附赠光盘）	26.00
12	《售后服务部作业指导手册》（附赠光盘）	26.00
13	《财务部作业指导手册》（附赠光盘）	26.00
14	《工程技术部作业指导手册》（附赠光盘）	26.00
15	《国际贸易部作业指导手册》（附赠光盘）	26.00

第四体系　工厂问题解决方案系列

序号	书　目	定价（元）
1	《现场改善解决方案》	26.00
2	《TPM 推进解决方案》	26.00
3	《安全生产解决方案》	26.00
4	《不良品消除方案》	26.00
5	《合理仓储解决方案》	26.00
6	《生产成本削减方案》	26.00
7	《生产效率提升解决方案》	26.00
8	《委外加工控制解决方案》	26.00

第五体系　卓越主管工作手册系列

序号	书　目	定价（元）
1	《卓越采购主管手册》（实战精华版）	29.50
2	《卓越仓库主管手册》（实战精华版）	29.50
3	《卓越物流主管手册》（实战精华版）	29.50
4	《卓越生产主管手册》（实战精华版）	29.50
5	《卓越财务主管手册》（实战精华版）	29.50
6	《卓越品质主管手册》（实战精华版）	29.50
7	《卓越人力资源主管》（实战精华版）	29.50
8	《卓越行政主管手册》（实战精华版）	29.50

第六体系　制造业经理人案头手册系列

序号	书　目	定价（元）
1	《生产经理案头手册》	48.00
2	《质量经理案头手册》	48.00
3	《技术经理案头手册》	45.00
4	《物控经理案头手册》	49.00